JN180981

地域と人びとをささえる資料

古文書からプランクトンまで

神奈川地域資料保全ネットワーク［編］

勉誠出版

序言

東日本大震災の記憶もまだ生々しいというのに、二〇一六年四月、巨大地震が今度は熊本を中心とする一帯を襲った。不可避とはわかっていてもあまりに突然やってくる大地震は、人にも地域にも地域の文化遺産にも、取り返しのつかぬ痛ましい爪痕を残す。ついさっきまで当たり前だった風景や環境は一変し、出口の見えぬ、やり場のない人びとの苦しみが、またも私たちの胸をしめつける。

阪神・淡路大震災や東日本大震災などを経験した私たちは、大災害が人の命のみならず、長く受け継がれてきた地域社会をも存亡の危機にさらすことを目の当たりにしてきた。その危機には、防災・減災対策がどうであったかだけではなく、復興を左右する地域のコミュニティや人びとのつながりがどう保たれてきたかといった問題が深くかかわっていることも痛感することとなった。予測の難しい様々な困難に打ち克ち、持続し発展する社会を築くためには、それぞれの専門の壁、専門家と市民の溝、様々な組織や団体の垣根を越えた連携と、日常的な人びとのつながりを、地域に根ざしてつくりあげていかねばならない。そして地域資料には、これらをつなぐ大きな力があることも、漠然とではあっても私たちは気づいている。では地域資料とは何か。地域資料はどのようにして発見され、どのようにして守られるべきなのか。この難しい問いを正面から取り上げたのが本書である。

本書のきっかけは、二〇一四年八月二日に関東学院大学関内メディアセンターで開催したシンポジウム「地域の人びとをささえる資料――文字資料から自然史資料まで」にある。その後、本シンポジウムを主催した神奈川資料ネット（神奈川地域資料保全ネットワーク）の運営委員会において、本書の企画が持ち上がった。資料を通して地域と向き合う様々な立場・分野の人びととともに、シンポジウムの成果と地域資料の現在をあらためて確認し、その可能性を探ってみようというのが、本書の企画の意図である。メインタイトル「地域の人びとをささえる資料」も、シンポジウムのタイトルをそのまま継承した。またサブタイトル「古文書からプランクトンまで」は、本書が扱う地域資料の広がりを表している。本書のタイトルには、私たちが見いだした地域資料の存在意義と多様性が示されている。

以上の意図のもと、本書では、シンポジウムの成果を収録する第一部と、それを発展させて、地域資料の現状と課題、地域資料の多様性と可能性を探る第二部の、二部構成をとることとした。

こうして第一部には、シンポジウムの報告に基づく論考と討論を収めたが、これらはいずれも、その成果をわかりやすく示すために内容を再構成している。冒頭の多和田雅保氏の論考は、主催団体の立場からシンポジウムにおいて行った同氏による趣旨説明とコメントを併せ再編したもので、いわば第一部の趣旨説明にあたる。これに続く大門正克氏の論考は、地域資料を「地域の人びとをささえる資料」として捉え直した、本書の総論として位置づけられるものである。東日本大震災後に東日本各地で開催したフォーラムの経験などを通して、地域資料と、それへの様々な人びとのかかわりが、人びとの〈生存〉を支えるものとなり得ることを説いたものである。次いで横松佐智子氏の論考は、市民の手により執筆された『かまくらの女性史』の編さん活動を振り返りながら、市民グループが地域資料を見いだしていく過程や、地域で資料を保全することの難しさを語る。市民が行政とかかわりながら、主体的、中心的に地域資料と地域史を発見していくことの意義を具体的に示した、貴重な事例報告である。そして最後に山本真土氏の論考が、東日本大震災後の陸前高田市における貝類標本の文化財レスキュー活動を紹介しつつ、自然史資料が地域の自然や歴史、さらには地域のアイデンティティを示すものとなりうることを明らかにする。ここにおいて地域資料の幅は、自然史資料へも広がっていくのである。

興味深いことにこれらの論考は、そのベースとなった地域との関わり方や専門分野が異なっているにもかかわらず、地域資料はいかにして成り立つか、地域資料は誰のためのものか、地域資料の役割は何かという問いに、いくつもの共通の答えを導き出している。そのことがシンポジウムでの報告者とフロアを交えた討論で、あらためて確認されることとなった。本書に収めた討論の記録からは、その様子がはっきりとわかる。

本書第二部は、以上の第一部を踏まえつつ、地域資料をめぐる問いをさらに深め、また広げるものである。ここでは「地域資料と対話する」と題し、各地で実際に地域資料と何らかのかかわりを持ち、かつシンポジウムにも参加された十名の方々に寄稿をお願いした。討論で発言をいただいた方も少なくない。寄稿者の肩書きは、大学、図書館、資料館や文書館、新聞社などの関係者、さらには各地で資料保全のための組織的な活動を行っている資料ネットワークや資料レスキューの関係者など多様で、専門分野も、理系から文系まで様々である。こうした〈ひろがり〉を敢えて選択した上で、それぞれの分野と立場から、地域資料を見いだし、またそれらを保存・保全、活用するための活動の意義や難しさを整理・確認することを通して、資料の多様性と可能性をさらに見いだしていく内容構成としたのである。本書のサブタイトルに古文書と対置してプランクトンを並べたのも、第二部で菊池知彦氏が、地球規模の気候変動を示す貴重資料として、東北区水産研究所の小達和子氏の、四十年にわたる海域での動物プランクトンの収集活動を紹介したことに基づく。

　以上のような意図と構成のもとに編まれた本書によって、地域資料が「地域」の〈存在〉、「人びと」の〈生存〉を示しささえるだけでなく、それらが様々な分野や立場の人たちによって発見され、読まれ、活用されることで、現在と過去、人と人とを新たに結びつけ、地域の未来をたぐり寄せるであろうことが、はっきりと見えてくるだろう。しかしその一方で地域資料には、地域への問いや、資料そのものへの問い、さらには地域環境の変化や、異なる立場の人びとの思いが複雑に錯綜し、容易には解決できない難題が数多く突きつけられていることも、浮き彫りとなるだろう。こうした難しい現実と向き合わなければ、地域資料を保全することも未来へ伝えることもできないのである。だからこそまずは私たちが、地域資料の現在について理解を深めつつ、その未来へと向かう無限の可能性と多様性に気づかねばなるまい。本書がその一助となることを、切に願うものである。

神奈川資料ネット運営委員
関東学院大学経済学部教授　**田中史生**

目次

第二部　地域資料と対話する

第一部

地域と人びとをささえる資料

――文字資料から自然史資料まで

資料ネットの方向を問い直す

多和田雅保

二〇一四年八月二日、神奈川歴史資料保全ネットワーク（略称・神奈川資料ネット）は、関東学院大学関内メディアセンターにおいてシンポジウム「地域と人びとをささえる資料――文字資料から自然史資料まで」を開いた。開催にあたっては、神奈川県図書館協会・神奈川県博物館協会・神奈川県歴史資料取扱機関連絡協議会・神奈川大学・神奈川地域史研究会・関東学院大学・横浜国立大学（五十音順）の後援を得た。冒頭で神奈川資料ネット運営委員の多和田から、シンポジウムの趣旨と神奈川資料ネットの活動内容が紹介され、現在資料ネットが抱えている課題について説明がなされた。本稿の第一節はその要約である。第二節はシンポジウムの討論時に多和田が説明したものだが、第一節と内容がかかわるためあわせてここに記した。なお、本稿の内容は本書

第二部における宇野淳子「地域でいきる『ネットワーク』をめざして――神奈川資料ネットの活動から」と密接に関連している。あわせてお読みいただければ幸いである。

一　シンポジウムの開催に至った経緯

最初に今回のシンポジウムの趣旨を掲げておこう。

神奈川県内には、昔から文字資料や絵画資料、美術品、伝承、地名、自然史資料など、さまざまな資料が伝えられてきました。こうした資料は現在でも、社会の営みに伴って日々作られ続け、またあらたに自然環境のなかから発見されていますが、同時に生活様式の変化や災害などによって、急激に失われ続けてもいます。

しかし、これらは歴史学・自然科学などの学術研究に役立つだけでなく、何よりも地域に暮らすすべての人びとの生存や生活と深く関わっており、人びとが現在から未来にわたって、よりよい生活のありかたを主体的に創造していくうえで、かけがえのない価値を持つはずです。資料はまさに、地域と人びとをささえるものなのです。

このシンポジウムでは、さまざまな資料を地域において守り伝えることがいかに重要か、各分野から報告者をお招きして考えます。

今回のシンポジウムはいかなる課題意識に基づいて企画されたのであろうか。神奈川資料ネットの設立以来、現在に至るまでの歩みを紹介しながら説明していきたい。

二〇一一年三月十一日十四時四十六分、東北地方太平洋沖地震が発生した。それによってもたらされた東日本大震災は、震源地から遠く離れた関東地方にも多大な影響を与えた。神奈川県でも大きな揺れが発生し、四名の死者を出すなど災害をもたらした。

県内では神奈川地域史研究会が、震災直前の二月五日、例会「大災害と文化財保存を考える1」を開いていたが、大震災を受け、同年七月三十日、みなとみらいエクステンションセンターKUポートスクエアにおいて「大災害における文化財の救出・保全を考える緊急集会」が開かれ、大勢の参加を得た。この催しは神奈川歴史資料保全ネットワーク準備会が主催し、神奈川大学日本常民文化研究所・神奈川地域史研究会・地域史料保全有志の会が共催したものである。この集会において、神奈川歴史資料保全ネットワークの設立が承認された。代表には有光友學氏（横浜国立大学名誉教授）が就任した。

神奈川資料ネットの設立後、評議員、運営委員が集まって組織の整備を進めた。運営委員には神奈川大学、関東学院大学、横浜国立大学（筆者含む）など複数の大学関係者が含まれ、神奈川県立図書館や寒川文書館の職員も参加した。評議員にはこれらの大学関係者とあわせて、神奈川県図書館協会会長（神奈川県立図書館長）、横浜市歴史博物館長らも加わることになった。

神奈川県は相模トラフを間近に控え、関東大震災でも甚大な被害を受けている。さらに県内には多くの活断層が走り、直下型地震が発生する可能性の高さが指摘されている。西部には富士山や箱根山がそびえているし、地震以外の災害のリスクも抱える。以上のことはかねてから指摘されており、今後来るべき災害に備えて、予防的に歴史資料の保全に関する措置を講ずる必要があることは、前述のとおり東日本大震災前から意識されていたが、結果的に大震災の発生が組織の設立を急がせたのである。同様の動きは、ほかのいくつかの県でもみられると思われるが、神奈川資料ネットは危機意識の先行した急ごしらえの組織であり、何から着手すべきかもよくわからないまま、手探りでのスタートを切ったのであった。とりあえず県内における歴史資料所在データベースの構築をめざし、情報収集をはかるとともに、県内外の諸団体・諸機関との連携につとめた。

資料ネットができてわずか半年後の二〇一二年四月十四日、文字通り活動を牽引してこられた有光代表が急逝するという非常に悲しい出来事があった。残された我々は強いショックを受けたが、県内外の人びととの連携、情報交換に比重を置きつつ、活動を継続した。同年八月四日にはシンポジウム「大災害から地域資料を救い出す――関東の資料保全ネットワークのとりくみ」（会場同上）が開かれ、茨城文化財・歴史資料救済・保全ネットワーク準備会、千葉歴史・自然資料救済ネットワークとともにそれぞれの活動を紹介しあい、情報交換の機会を設けた。

すでに二〇一二年四月十五日（有光代表逝去の翌日）には神奈川大学日本常民文化研究所において、同研究所との協同で水損資料応急処置ワークショップを開いていたが、二〇一三年九月八日には寒川文書館と共催で同様の催しを行い、多くの地域住民の参加を得た（会場は寒川町民センター）。二〇一三年三月から五月にかけては、大磯町郷土資料館との共同企画でパネル展示「災害から地域資料を守る――全国・県内でのとりくみ」を開催し（会場同館）、同年九月からはほぼ同じ内容の展示を寒川文書館においても行うなど、県内の自治体立機関との連携もはかりつつ、活動を続けてきた。

しかしこの間の神奈川資料ネットの運営が順調であったとは必ずしもいえない。なにしろ県内における認知度、ネットワーク作り、設備、資金、マンパワーのいずれにおいても、基盤がきわめて脆弱なのである。いざ災害が発生したとき、我々に何ができるというのか。

こうした現状をふまえて運営委員会が繰り返し開かれ、活動方針について議論が積み重ねられた。そのなかで、そもそも何ゆえに資料ネットが必要であり、歴史資料を後世に残さなければいけないのかという根源的な問題を、あらためて考える必要があるとの意見が浮上してきた。

そんなことはいわずもがなであり、これまでにも膨大な議論が蓄積されてきたはずだという反論もあろう。しかし、我々が重要だと考えたのはそういうことではない。この問題をほかならぬ「神奈川」のものとして把握し、県内において多様に展開する地域の事情にそくして、具体的に考えていく必要があるのではないか、という意味なのである。

とはいえいかなる地域であれ、資料はまずもって地域とそこに暮らす人びとをささえるためにかけがえのない価値を持つはずだという考えは、運営委員会としても異存がないところである。

たとえば先述した寒川におけるワークショップでの地域住民の積極的な反応も、そのことをうかがわせるものであったが、県内にはすでに、こうした認識に基づいて市町村レベルで活動している組織や団体がいくつも存在する。それぞれの活動が具体的にどのようになされているかを聞いてみたい、そうした方々と神奈川資料ネット、あるいはそうした方々どうしの相互交流と意見交換をはかる場を設けたいという思いが、今回のシンポジウムを企画する動機となったのである。

ところでこうした視座を獲得したことは、神奈川資料ネットのあり方自体を問い直すきっかけを与えることにもなった。地域に残されている資料は、文字資料と非文字資料をともに含み、文系・理系の差を超え、自然史資料も当然含み、時期についても古いものはもちろんのこと、近現代・現在から将来現出するものも含まれる。しかし、資料が地域における人びとの生存と生活をささえるものであるならば、その存在形態はこうした性質・形態の差異に起因する、専門的な学術研究の枠組みに基づいてジャンルごとに縦割りにされたありかたとは無縁の――さらにいえばそうした縦割りを拒否する――ものであるはずである。これらのモノがバラバラにではなく総合的に組み合わさることによって、人びとの生存や生活をささえているのである。

神奈川県内には、神奈川県博物館協会や神奈川県歴史資料取扱機関連絡協議会、神奈川県図書館協会など、市町村をまたいで専門機関どうしを横につなげた組織がいくつもあり、活発に活動している。それぞれの組織でも東日本大震災後、将来来るべき災害に備えて議論が積み重ねられている。いずれの組織もきわめて専門性が強く、具体的なモノの保全・修復・再生などを行ううえで、大きなメリットとなっている。このことはどんなに重視してもし過ぎることはない。ただし上記の視座に基づくのであれば、かかるメリットを大前提としつつも、特定の地域における保全活動は、ジャンルやセクションを超えて総合的に計画・遂行される必要があるのではないか。

我々神奈川資料ネットは、先述のとおり資金面その他で大きな問題を抱えているが、大学関係者、博物館、文書館、図書館の関係者、その他自治体職員、そして何よりも一般市民の方々が柔軟に参加しうるという点で、既存の組織にはない特色を持っているということもできる。地域の資料保全を総合的に行ううえで、この特色を伸ばしていくことが神奈川資料ネットには求められているのではないだろうか。

以上を念頭に置くならば、これまで「神奈川歴史資料保全ネットワーク」という名称で運営してきた我々自身の組織名についても再検討の余地があろう。最初に「歴史資料」という語句をあてはめたとき、我々自身は決して対象を歴史研究に資するものに限定していたのではないが、ともするとそういう印象を与えかねないのも、否定しがたいところである。運営委員会ではこの箇所を「地域資料」に変えて、「神奈川地域資料保全ネットワーク」（略称はいままで同様「神奈川資料ネット」）に変更することが望ましいのではないかという意見が出された。こうして今回のシンポジウムは〝改名〟のきっかけを与える場としても位置づけられることになったのである。

二　人口動態よりみる神奈川県内の現状

資料を地域と人びとをささえるものとしてとらえるならば、地域における人びとの生活構築のありようや現在に至るその変化の様相について関心を向けなくてはならないのは、至極当然のことである。

一般に地域資料の保全を目的とするネットワークの活動は、地震や水害などの災害から資料を守ることを目的としていると理解されがちだが、資料が失われていくプロセスは災害に限定されない。人間自身の活動に基づく地域社会の変化もまた、場合によっては資料保全の環境を悪化させる原因となる。神奈川県内における現状がいかなるものであるのか、もちろん詳細な検討が必要だろうけれども、ここではその前提として、近年の人口動態をもとに県内の傾向を俯瞰しておきたい。

提示した表は二〇〇八年一月から二〇一四年一月までの神奈川県内における人口増減の状況をまとめたものである。網かけ部分は前年より人口が減少している箇所、網かけ＋太字部分は人口減少と世帯数増加が同時進行（つまり一世帯あたりの人数が減少）している箇所を示す。これによれば、県全体の人口は二〇〇八年から一貫して増え続けていることがわかる。ただし、その傾向をささえているのは県内のほとんどの人口を擁する市部であり、わずかの人口を抱える郡部は、これとは対照的な様相をみせている。

市部についてはさらに細かく見る必要がある。県庁所在地である横浜市全体では、七年連続の人口増加がみられる。市内でも都筑区の傾向は、市全体の動向と一致しており、二〇〇八年から二〇一四年への増加率が一一〇％以上となっている。以上は首都圏における人口の増加に連動した動きだとみることができよう。横浜市よりさらに東部、東京都に近い川崎市は、多摩区を除いて武蔵小杉のある中原区を中心に、急激な増加ぶりをみせている。

しかし、同じ横浜市内でも減少傾向のみられるところがある。保土ヶ谷、旭、戸塚、栄、泉のような市域の中央部から西部を構成する区においては、二〇一二年あたりを境にして減少傾向がみられる。あきらかに東部の動向とは対照的である。

すなわち県内でも安定して人口増がみられるのは東京に近い一帯に限られるのである。シンポジウムでとりあげる鎌倉市については増加と減少の交錯がみられるし、横須賀市については表の範囲も超えてみると二〇〇二年から連続して減少している。

県西部の動向は東部とは全く対照的である。シンポジウムでとりあげる真鶴町については七年連続で減少している。松田町も同様の傾向を示すが、七年中五年は世帯数自体は増加しており、人口全体の減少とともに、一世帯あたりの構成人数の減少が発生していることも示している。

以上粗雑な検討を行ったが、県全体でみると人口が増えているようにみえても、地域ごとにみると著しい格差があることがうかがえる。広範な地域において、人口の減少がみられるのである。その理由としては、県東部も含めた首都圏への人口移動を想定する必要がある。

2012年1月1日	2013年1月1日	2014年1月1日	2008→14 増減費(%)	前 年 比 増加年数
9,060,257	9,072,533	9,083,839	101.9	7
8,757,341	8,771,198	8,784,958	102.1	7
302,916	**301,335**	**298,881**	98.0	1
3,691,240	3,697,035	3,703,258	102.0	7
274,415	276,888	280,234	104.7	7
232,943	233,478	234,496	104.1	6
95,986	96,826	97,251	108.8	7
145,863	147,094	**147,065**	102.8	4
195,192	**194,820**	**194,393**	99.3	2
220,128	**218,845**	**217,782**	98.3	1
205,610	**204,716**	**204,290**	99.5	4
250,310	**249,728**	**248,560**	100.1	3
162,139	**161,688**	161,968	98.5	2
207,795	**205,976**	**204,453**	96.9	0
332,365	334,857	338,969	105.5	7
177,569	178,209	178,783	103.0	6
306,042	307,078	307,844	102.6	7
204,619	207,762	209,626	111.2	7
273,908	**273,767**	273,962	101.5	5
124,612	**123,961**	**123,176**	99.0	4
155,446	**155,415**	**154,807**	100.3	4
126,298	**125,927**	**125,599**	98.8	1
1,431,409	1,440,124	1,450,097	105.6	7
216,662	217,337	218,445	103.4	6
155,002	156,522	157,418	106.4	7
235,112	236,509	240,696	109.1	7
219,393	221,720	222,923	105.5	7
220,714	222,488	223,476	105.2	7
213,335	**213,109**	213,419	102.5	5
171,191	172,439	173,720	107.3	7
719,791	720,111	721,155	102.1	7

近年の神奈川県内における人口増減

・典拠：神奈川県による人口統計(http://www.pref.kanagawa.jp/cnt/f10748/)。
平成22年国勢調査結果(確定数)を基礎としたものである。単位：人。
・網かけ部分は前年より人口が減少している箇所を示す。
・太字：人口減少と世帯数増加が同時に進行(ただし本表では世帯数は省略)。

		2008年1月1日	2009年1月1日	2010年1月1日	2011年1月1日
	県計	8,910,256	8,965,352	9,008,132	9,051,028
	市部計	8,605,366	8,660,946	8,704,245	8,746,109
	郡部計	304,890	**304,406**	**303,887**	304,919
	横浜市	3,631,236	3,654,427	3,672,789	3,689,022
1	鶴見区	267,562	269,617	270,607	272,444
2	神奈川区	225,293	228,026	230,400	233,337
3	西　区	89,349	92,272	93,022	94,860
4	中　区	143,070	144,140	146,684	145,964
5	南　区	**195,747**	196,354	197,283	**196,226**
6	港南区	221,611	221,671	**221,559**	**221,187**
7	保土ケ谷区	205,374	205,613	206,088	206,407
8	旭　区	**248,335**	248,377	249,018	251,013
9	磯子区	164,491	**163,913**	**163,462**	162,803
10	金沢区	**211,083**	**210,644**	**209,981**	208,969
11	港北区	321,387	323,733	325,659	329,868
12	緑　区	173,536	175,192	176,176	177,639
13	青葉区	300,050	300,740	302,769	304,606
14	都筑区	188,519	195,021	199,096	202,010
15	戸塚区	269,928	272,199	273,434	274,186
16	栄　区	124,466	124,890	124,899	124,919
17	泉　区	154,368	155,277	155,700	155,725
18	瀬谷区	**127,067**	**126,748**	126,952	126,859
	川崎市	1,373,630	1,393,760	1,410,826	1,426,372
19	川崎区	211,270	213,686	216,029	217,372
20	幸　区	147,881	151,133	153,298	154,718
21	中原区	220,565	226,149	229,871	233,992
22	高津区	211,313	212,529	215,161	217,641
23	宮前区	212,462	214,855	217,141	219,054
24	多摩区	208,265	210,559	211,585	213,588
25	麻生区	161,874	164,849	167,741	170,007
26	相模原市	706,342	710,149	712,923	718,321

177,143	**177,052**	**176,432**		
267,394	**267,281**	268,135		
275,254	275,778	276,588		
415,461	**412,739**	**409,340**	97.1	0
260,149	**259,179**	**258,076**	99.1	3
174,186	**173,907**	**173,448**	99.9	3
414,530	416,832	418,417	103.9	7
197,431	**196,692**	**195,958**	98.6	0
236,274	236,803	237,418	102.8	7
58,334	57,915	**57,868**	98.7	3
47,695	46,944	46,283	93.7	0
170,085	**169,925**	**169,326**	100.1	4
224,330	224,924	225,020	99.9	5
230,305	231,103	232,236	104.1	7
101,139	**100,945**	**100,850**	100.1	5
128,122	128,518	129,191	102.5	7
129,525	129,908	**129,548**	101.5	4
43,909	**43,817**	**43,566**	98.4	2
83,426	83,777	83,903	102.2	7
32,876	**32,812**	32,567	101.7	5
47,509	**47,470**	**47,438**	99.8	3
32,935	**32,688**	**32,533**	99.2	2
29,345	**29,264**	28,918	97.4	1
9,944	9,771	9,797	97.5	2
17,619	**17,490**	**17,356**	97.2	2
11,674	**11,570**	11,402	94.9	0
11,495	11,274	**11,075**	90.8	0
16,411	16,692	16,748	104.2	7
13,528	**13,399**	13,219	96.6	1
8,024	7,830	7,679	90.9	0
26,607	**26,356**	26,036	96.0	1
41,601	**41,382**	40,818	97.5	1
3,348	3,337	3,295	93.2	3
34	33	31		

				（緑区）	176,716
				（中央区）	266,995
				（南区）	274,610
27	横須賀市	**421,397**	**420,187**	**419,401**	417,788
28	平塚市	260,419	260,489	**260,085**	260,642
29	鎌倉市	173,588	**173,451**	174,081	174,360
30	藤沢市	402,628	405,705	407,766	410,427
31	小田原市	**198,841**	**198,586**	**198,523**	198,256
32	茅ヶ崎市	231,005	232,805	234,440	235,477
33	逗子市	58,654	**58,618**	58,789	58,321
34	三浦市	**49,371**	**48,884**	**48,579**	48,296
35	秦野市	169,201	169,993	170,388	170,069
36	厚木市	225,163	226,651	**225,797**	224,327
37	大和市	223,127	224,523	225,866	228,588
38	伊勢原市	100,779	100,973	100,974	101,095
39	海老名市	126,035	126,830	127,065	127,805
40	座間市	**127,582**	128,289	129,015	129,591
41	南足柄市	44,285	**44,110**	44,158	**44,017**
42	綾瀬市	82,083	82,516	82,780	83,335
43	三浦郡葉山町	32,019	32,194	32,380	32,802
44	高座郡寒川町	47,530	47,697	47,714	**47,573**
45	中郡大磯町	**32,798**	32,873	**32,785**	33,068
46	中郡二宮町	**29,698**	**29,566**	29,681	**29,507**
47	足柄上郡中井町	**10,046**	**9,998**	10,056	10,016
48	足柄上郡大井町	17,850	17,939	**17,937**	**17,919**
49	足柄上郡松田町	**12,011**	**11,838**	**11,699**	11,695
50	足柄上郡山北町	**12,201**	**12,006**	**11,870**	11,695
51	足柄上郡開成町	16,080	16,234	16,285	16,402
52	足柄下郡箱根町	**13,679**	13,450	**13,368**	13,813
53	足柄下郡真鶴町	8,449	8,298	**8,252**	8,183
54	足柄下郡湯河原町	27,112	**26,929**	**26,780**	26,828
55	愛甲郡愛川町	**41,882**	**41,829**	**41,524**	41,969
56	愛甲郡清川村	3,535	3,555	3,556	3,449
前年比人口減少自治体数（相模原市除く）		17	17	16	21

旧来の地域からの人口流出は、地域における生活環境自体を悪化させる原因となりうると同時に、地域資料の保全環境を悪化させる原因ともなりうる。いっぽう急激な増加傾向をみせる東部においても、一部の地域における宅地やマンション群の大規模開発などからうかがえるように、住民の多くは外部から流入してきた人びとであろう。こうしてあらたに現出した地域は、過去の地域におけるさまざまな紐帯とは途切れたところで存立している可能性が高い。

ただし、こうした見方もなお推測にとどまるのであって、人口の増減が地域の動向をどのように規定し、地域資料の保全環境にいかに作用するかについては、県内の地域ごとにわけいって、個別具体的に観察していく必要がある。それぞれの地域で現在何が起こっているのかという問題にていねいに向き合うことによって、資料保全活動にかんする今後の活動の方向性を、きめ細やかに考えていかなければならないだろう。

人びとの「生存」を支える資料と歴史
——三・一一後の東北でのフォーラムの経験から

大門正克

はじめに——三・一一後に歴史研究者として何ができるかを考え続けてきた

二〇一一年三月十一日の東日本大震災後、歴史研究者として何ができるのかを考え続けてきた。そのなかで、東北の近現代史を研究する友人たちと、東北被災地の歴史と現在にかかわる講座・フォーラムを三回開催してきた（資料1〜資料3）。最初は、二〇一二年四月から六月に新宿朝日カルチャーセンター講座として開催した「「生存」の歴史を掘り起こす——東北から問う近代一二〇年」であり、次が、その年の八月、宮城県気仙沼市で開催した気仙沼フォーラム「歴史から築く「生存」の足場——東北の近代一二〇年と災害・復興」、三回目が二〇一三年九月、岩手県陸前高田市で開いた陸前高田フォーラム「歴史が照らす「生存」の仕組み——三・一一災害後の

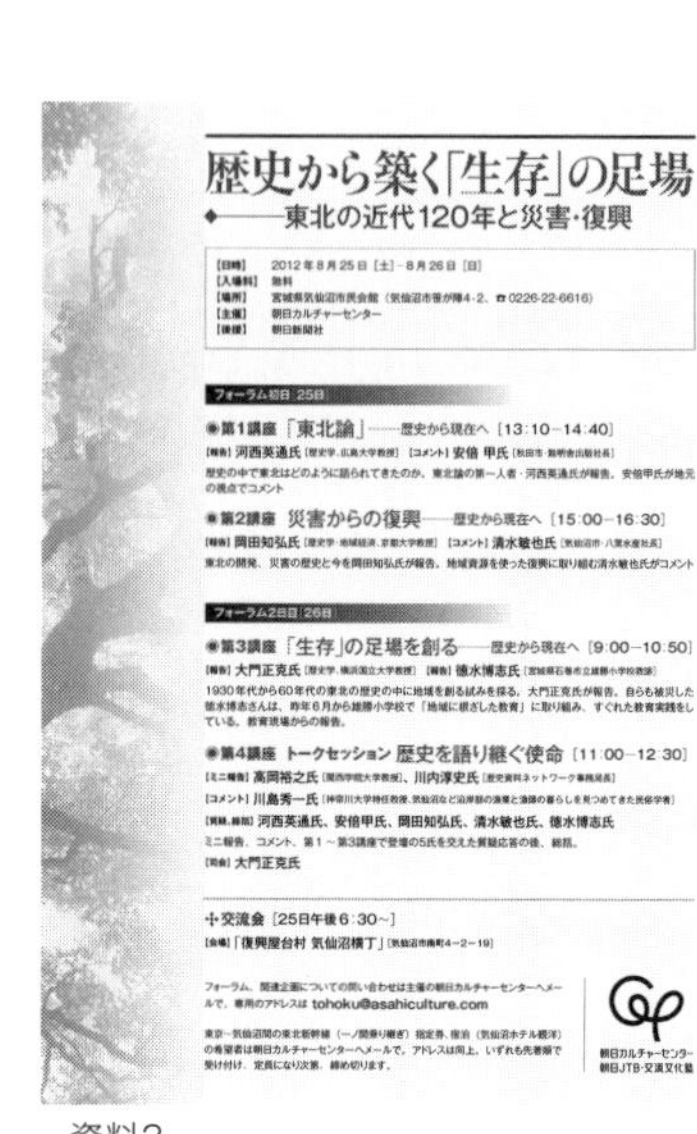

資料2

シリーズ

「生存」の歴史を掘り起こす
東北から問う近代120年

3・11以降、歴史学者の間で「生存」という言葉が静かな決意を込めて語られている。人びとが生きてきた、その場所に立脚する。生きていくための人の営みと人の生き方を規定するさまざまな要素に目をこらし、歴史を編み直す──。「生存」に軸足を置いて東北の近現代史を掘り起こし、歴史が照らし出すものを読み取る。3・11後をどう生きるか。歴史学の新たな挑戦がいま始まる。

【日時】 2012年4/25［水］－6/27［水］ 18:30－20:00
【受講料】 各2回［会員・一般］4,200円
［学生会員］ 1,000円（大学生は入会金2,625円。学生証をご提示ください）
【申し込み】 お電話でお申し込みいただくか、WEBサイトからお申し込みください。

1 災害と開発から見た東北史
［京都大学教授］岡田 知弘 【日時】4/25［水］、5/2［水］

2 総力戦と東北人
［歴史資料ネットワーク事務局長］川内 淳史 【日時】5/9［水］、16［水］
「総力戦」として行われたアジア太平洋戦争。東北に暮らす人々は、戦争の時代をどのように生きたのか。
同じように巨大な「共通体験」となった3・11をどう受け止めるのか。

3 東北の地域医療と「福祉国家」
［関西学院大学教授］高岡 裕之 【日時】5/21［月］、28［月］

4 近代日本と東北・東北人論
［広島大学教授］河西 英通 【日時】6/6［水］、13［水］

5 生活を改善し、記録した時代
［横浜国立大学教授］大門 正克 【日時】6/20［水］、27［水］

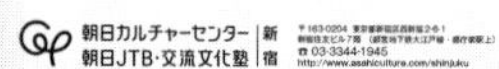

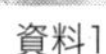

資料1

陸前高田フォーラム

歴史が照らす「生存」の仕組み
──3.11災害後のいのち・暮らし・地域文化──

【日程】2013年9月28日［土］～9月29日［日］
【会場】岩手県陸前高田市 米崎コミュニティセンター
陸前高田市米崎町字川向14-1 ☎0192-54-2965

資料3

いのち・暮らし・地域文化」である。

講座とフォーラムに取り組んできたのは、岡田知弘・川内淳史・河西英通・高岡裕之と私の五名の研究者に、朝日カルチャーセンターの石井勤、編集者の角田三佳を加えた七名である。この間、気仙沼フォーラムまでの研究と記録を、大門正克・岡田知弘・川内淳史・河西英通・高岡裕之編『「生存」の東北史――歴史から問う3・11』（大月書店、二〇一三年）として刊行した。

講座やフォーラム、本では、いずれも「「生存」の歴史」を掲げてきた。ここでは、三・一一後の経験を振り返るなかで、「「生存」の歴史」の含意をとくに資料に即して検討し、人びとの「生存」は資料と歴史によって支えられていること、シンポジウムのテーマにあるように、資料は地域と人びとを支えることを示してみたい。

一　きっかけは小学生の作文（資料）だった

二〇〇三年以降、私は岩手県で調査をしてきた。主たる調査対象地は内陸の北上市和賀町であり、三陸沿岸に足を運んだことはなかった。東日本大震災後、東京では、岩手県三陸海岸の震災と津波の大きな被害を伝えるテレビ報道がくりかえされた。三陸海岸について私は不案内だったものの、報道のなかで聞き覚えのある地名に接した。「岩手県陸前高田市広田」である。

東日本大震災がおきたとき、私は、小学館から発刊予定の『Jr.日本の歴史7　国際社会と日本』の最終校正をしていた。第7巻は日本の戦後史を対象にする。日本の戦後史は、近い時代だからといっても変化が激しく、小学生高学年から中学生にとって身近な時代というわけではない。私は戦後の子どもたちが書いた作文を用いることで、戦後史が理解しやすくなるのではないかと考えた。子どもたちの作文をたくさん読んだ。そのなかに、陸前高田市広田小学校の五年生二人が一九七〇年代に書いた作文があり、強く印象に残った〔日本作文の会編集一九七四〕。陸前高田市の広田湾が地域開発されようとしたとき、賛成と反対のそれぞれの立場から二人の五年生が作文を書いた。賛成・反対の結論にかかわらず、地域の実情をしっかりふまえて書かれた二人の作文は、高度経済成長末期の地域開発の実際を、地域に即して子どもの視点からしっかりとらえたものであり、この時代を理解する手助けになると考え、二人の作文をジュニア版に引用した。その広田がテレビでたびたび報じられ、津波後の様子がテレビに映しだされていたのである。この本は、その後の二〇一一年四月二十三日、大門正克『Jr.日本の歴史7　国際社会と日本』として小学館から発刊された。

二〇一一年八月、私は学生と一緒にボランティアで岩手県宮古市と陸前高田市に出かけた。はじめて訪れた陸前高田市の市街地は津波で壊滅状態にあり、テレビでみる以上に圧倒的な力で迫ってきた。炎天下で瓦礫処理に費やすことのできる時間はわずかであり、ボランティアに来たとはいっても、やれることは限られていた。無力感にさいなまれながらも、黙々と地面に向かって瓦礫を拾っていたとき、二人の子どもの作文が蘇ってきた。陸前高田は、何もかもなくなってしまったように見えるが、そうではない。子どもたちの作文は生きた証である。地域には歴史の財産があり、歴史のなかの生きた証を伝えることが歴史研究者の使命なのではないか、私はそのように考えたのである。(1)

この経験のあと、私は作文を書いた二人が存命であれば会いたく思った。幸いにも二人はお元気であった。そのうちの一人の徳山高志さんは東京在住であり、八月末に東京で会うことができた。徳山さんは作文のことをとてもよく覚えていた。徳山さんの作文には、陸前高田の地理や歴史が豊富に記載されている。その理由を尋ねたところ、小学校低学年のときに、副読本の『私たちの陸前高田』を学んだからだと思うと言われた。のちに、この副読本は、陸前高田で津波の被害から九死に一生を得た、高志さんのお父さんの衛（まもる）さんが実家で探して東京に送ってくれたので、見ることができた。

もう一人の熊谷みつさんには、その年の十月、徳山高志さんに誘われて陸前高田を再訪した際に会うことができた。みつさんには徳山衛さんのお宅で会った。みつさんは、残念ながら作文のことをあまり覚えていなかった。みつさんの話が終わり、しばらくしたとき、徳山衛さんがやおら広田に生まれ育ったころからの自らの半生を語りだした。叔父を頼って北海道に渡り、船大工をめざしたこと、怪我をして広田にもどり、そこから岩手大学をめざし、岩手大学では貧しい学生生活を送りながら哲学を学んだこと、その後の高校教師生活など、午後三時すぎに始った話は夕食をあいだにはさみながら、夜の九時半まで続いた。

高志さんの話によれば、作文を指導した村上熙先生は、生徒の意見を引き出すのが上手だったが、残念ながら今回の津波で亡くなってしまった。高志さんたちに副読本を教えた河野和子先生は、お元気なことがわかったので、十二月に陸前高田をあらためて訪ねた。河野先生は、同僚だった先生を二人連れてきてくれた。そのなかに宮城秀次先生がいた。宮城先生は、広田湾地域開発のとき、岩手県教組高田支部長として地域開発の反対運動に取り組んでいた人だった。三人の記憶が蘇り、地域開発反対運動への取組みについて、ある程度、話を聞くことができた。震災と津波で陸前高田の図書館や博物館は壊滅的な被害を受けていたので、一九七〇年代の広田湾地域開発の資料は、陸前高田では望めず、盛岡市の岩手県立図書館などで探す以外にないと思っていたところ、宮城先生が地域開発反対運動の資料を持っていると言ったので、大変に驚いた。陸前高田市小友町にある宮城先生のお宅にうかがったところ、お宅は海岸近くだったが、入江の関係で津波の被害を免れたのだという。小さな段ボールに二つ、広田湾地域開発関係の資料が保存されていた。宮城先生は、「この資料をどう読みますか」と課題を投げかけて、私に貸してくれた。

出会いを重ねていくうちに、津波の被害を免れた資料にまでめぐり会うことができた。宮城先生の資料のなかには、高志さんやみつさんの担任だった村上先生が作成した、『社会科教育　地域課題に取りくむ　水産業学習』が含まれていたので、私はまた驚いた。村上先生は、一九七三年に岩手県教職員組合が開いた教育研究集会で、高志さんやみつさんたちの授業実践を発表していたのである。村上先生は津波で亡くなられてしまったが、津波のなかを生き延びた資料には、村上先生と生徒たちの詳しいやりとりが記録されており、授業の雰囲気が立ちのぼってきた［大門二〇一二］。

二　人びとを支える資料

三・一一から村上先生の資料に出会うまでを、資料に留意しながらたどってみた。

私にとって三・一一を考えるきっかけを与えてくれたのは子どもの作文（資料）だった。三・一一後、子どもの作文は、人びとが生きた証、痕跡として私の前にあらわれ、瓦礫のなかで歴史を考える道筋に灯りをともしてくれた。子どもの作文はまた、書いた本人（高志さん）の記憶を蘇えらせるものでもあった。子どもの作文をきっかけにして出会いが重なり、子どもの作文を指導した村上先生は今回の津波で亡くなってしまったが、村上先生が作成した資料にめぐり会うことができて、一九七〇年代の授業の雰囲気に接することができた。これに対して、宮城さんのお宅で津波のなかを生き延びた地域開発資料は、一九七〇年代に地域開発を受け入れなかった地域の記録であり、さらに三・一一後の宮城さんを支える資料でもあった。

資料はまた、人と歴史を結びつけるものでもあった。高志さんの記憶にあった副読本をお父さんの衛さんが見つけ、作文や副読本、熊谷みつさんの話に接するなかで、衛さんは自分の人生を振り返り、語ることになった。河野さんと宮城さんの接点のなかから地域開発資料が浮かびあがり、そこに村上さんの資料が含まれていたように、資料は連鎖し、過去と現在を往還しながら人と歴史を結びつけていった。

以上のように、三・一一後の私は資料に支えられることで歴史について考えることができたといっていいだろう。資料は歴史について考える道標であり、私が講座とフォーラムに向かう道標であった。資料は地域と人びとを支えるものであり、資料は人びとの「生存」を支えるものにほかならなかった。

三　人びとの「生存」を支える歴史

今度は、私たちの取り組みを振り返るなかで、歴史が人びとの「生存」を支えることについて述べてみたい。

新宿の講座と気仙沼フォーラムでは、東北の近現代史を研究する私たち五名が、それぞれ掘り起こした東北の歴史を提示することで、震災後の復興を考える歴史的拠点にしてもらおうと考えた。たとえば私は、岩手県和賀町の戦後における、生活改良・医療保険で農村女性の過重労働問題、高い乳幼児死亡率に対応した地域社会をめざす取り組みを報告し、その歴史的経験のなかに震災後の復興の道を探ることはできないかと考えたのである。新宿の講座後、被災地でフォーラムを開くことについては、研究者が被災地で勝手な思いを話すだけにならないかといったことをめぐり、私たち七名のなかでずい分話し合った。その結果、三・一一後に歴史研究者も何らかの役割をはたせるはずだということになり、気仙沼フォーラムが実現することになった。

気仙沼フォーラムを開催してみると、当初の想定と大きく異なることが二つあった。第一に、フォーラムには、被災地の人びとに全国から集まった人びと、私たちを含めて八十名程度の人が集まり、三者で交流する現場がつくられたことである。現場では、私たちと被災地の人たちが交流するだけでなく、全国から集まった人たちも問いを発し、気仙沼フォーラムのテーマである「歴史から築く「生存」の足場——東北の近代一二〇年と災害・復興」をめぐって、三者による意見交換が行われた。

第二は、現場の交流のなかで、歴史を語るのはだれなのか、私たちが学ぶ歴史があることに気づかされたことである。気仙沼フォーラムでは、気仙沼で民俗学を研究する川島秀一さんと、水産加工会社社長の清水敏也さんから、それぞれコメントをもらった。のちに出版した私たちの本［大門ほか編二〇一三］に寄稿してもらった文章のなかで、二人は次のように述べている。

川島秀一さんは、「今回の大津波は見事なまでに、この近世から現代にかけて埋め立てたところだけが浸水している」というように、地域開発と津波に明瞭な相関関係があったことを述べる［川島二〇一三］。「人間が埋め立てしたところには、いつかまた海が取り返しにやってきて、自然が揺り戻される」。この衝撃的な指摘は、三・一一後の復興計画でなかなかふまえられていない。それゆえ川島さんは、「震災前の三陸沿岸の、生活感覚や歴史的認識が排除された復興計画は必ず失敗するということを明らかにするため」に書かねばならなかったのである［川島二〇一三］。［清水二〇一三］は、イカの塩辛生産からみた地域循環型経済論であり、「生存」の仕組みを考えるうえで示唆に富んでいた。気仙沼では、海に囲まれた自然を介して地域の経済と自然が結びつき、地域の歴史がつくられている。マグロ船のエサをつくるために冷蔵庫が必要→冷蔵庫から波及して加工品（イカの塩辛）をつくる→加工のために資材屋との関係が生まれ、製品を消費地に運ぶために流通業が発達するというように、清水さんは、地域循環型経済を核にして「気仙沼という水産業に特化した産業構造の町」が誕生したという。三・一一後も、「船があって、漁業を支える産業や技術があって、私たちがいる、そういう営みをしてきた気仙沼という町の歴史や文化をのせた商品にこそ、かけがえのない価値があると私は考えました」。なぜ地域循環型経済なのか、それは地域の産業と歴史と文化が結びつくなかで地域の労働と生活が成り立っているからである。現場の交流のなかで、私たちのみが歴史を語るのではなく、私たちが学ぶ歴史があることに気づいたのである。

「生存」の歴史は、二〇〇八年から私が提唱してきたものである［大門二〇〇八・二〇〇九・二〇一二］。それまで「労働」や「生活」という視角から検討されてきた人びとの存在形態について、あらためて「生存」という視点からとらえ直してみようとしてきた。「生存」は、「労働」と「生活」の両方を含む概念であり、人びとの側に立って生きることを考えられる視点であった。新宿の講座と気仙沼フォーラムをふまえ、私たちの取り組みを『「生存」の東北史』として結実させ、

表　「生存」の仕組み

A	人間と自然（人間と自然の物質代謝）
B	労働と生活（支配的経済制度、労働といのち、地域循環型経済）
C	国家と社会（国家の性格、社会の編成）

［大門 2013］

川島さんたちの文章も収録した。『「生存」の東北史』の終章を書くにあたり、私はあらためて「生存」の歴史を再構成し、「生存」の仕組みは表のように整理できるのではないかと問題提起した［大門二〇一三］。

それまでの私は、「生存」の歴史を主に「労働と生活」と「国家と社会」の局面で考えていたのだが、川島さんと清水さんの話は、「生存」の歴史にとって「人間と自然」が不可欠であることを教えてくれた。そこから私は、「生存」の仕組みは、「人間と自然」・「労働と生活」・「国家と社会」の三層から成り立っていること、「生存」の仕組みの三層は、まず「人間と自然」（A）があり、ついで「労働と生活」（B）が加わり、最後に「国家と社会」（C）が層をなすというように、A・B・Cの順番の三層で成り立っている、これが私の問題提起だった。

二〇一三年九月に開いた陸前高田フォーラムでも発見があった。三・一一が子どもたちに与えた影響を話してもらおうと考え、保育所長の佐々木利恵子さんにインタビューを依頼し、その打合せとして、二〇一三年八月、陸前高田を訪れた。だが、佐々木さんは、三・一一後のことを陸前高田で話すことに強い懸念を示した。まだ津波の恐怖をかかえる保育士が多く、被害は陸前高田の多くの人たちが受けたので、その人たちの前で被害を語ることには躊躇があったからである。佐々木さんと時間をかけて話すうちに、「高田の保育は結果ではなく、行事の取り組みの過程を大事にする」という言葉にふれ、「過程」という言葉に驚いた。私は、歴史学は歴史過程が大事だというように、歴史学について「過程」という言葉をキーワードにしてずっと考えてきたからだ。三・一一以前のことならば話すことができるという佐々木さんに、フォーラム当日に保育の「過程」を話してもらったところ、三・一一以前の保育が地域の人たちや陸前高田の自然に囲まれていた様子が浮かび、いまは三・一一前にできたことはしようねと子どもたちに語っているという佐々木さんの話が大きな感銘をうんだ。

フォーラム当日の私のインタビューで佐々木さんの話を受けた私は、「すぐ身近な保育所にも大事な歴史があり、それは今後の復興のための地域の蓄積にほかならない」と述べた。インタビューでなぜ私は「歴史」と述べたのかといえば、「過程」をキーワードにして歴史を考えてきたからであり、「生存」の歴史を掲げてフォーラムを続けてきたからだった。当日のアンケートには、「「歴史」ってよくわかりませんが、今にいたる最近の話という意味でおもしろかったです」、「予想、期待をうらぎるおもしろいお話でよかったです。「歴史」が今回のようなものだと楽しいなと思いました」というように、「歴史」に反応したものが多かった［大門二〇一四］。陸前高田フォーラムでは、もう一人、陸前高田市立博物館の熊谷賢さんが、博物館の収蔵品の九九パーセントは市民から持ち込まれたものであり、博物館の自然史資料は地域の人びとによって支えられてきた歴史があることを紹介した。佐々木さんと熊谷さんの話は、いずれも、すぐそばに歴史があることに気づき、陸前高田の歴史的蓄積を実感させるものだった。この歴史的蓄積こそが、陸前高田の今後の復興の基礎になるのではないか、そう思えたのである。

フォーラムを始めようとした私たちは、もともと、私たちが掘り起こした地域の歴史を話し、そのことで復興を考える歴史的拠点にしてもらおうと考えていたのだが、現場をつくるフォーラムのなかで私たちが学ぶ歴史があることに気づき、さらにすぐそばにも歴史があることを発見した。

以上からすれば、資料とともに歴史もまた「生存」を支えているということができよう。その際に、歴史研究者は、生とかかわる歴史、「生存」を支えようとしてきた歴史を掘り起こし、すぐそばにある歴史を発見する役割を担う。三・一一後に歴史研究者がはたすべき役割は、決して小さくないのである。

おわりに――テーマをめぐって

（一）地域と人びとを支える資料、人びとの「生存」を支える資料

最後にあらためてシンポジウムのテーマである「地域と人びとを支える資料」についてふれておきたい。

資料は断片でしか残らない。どのように完璧に残っているように見える資料であったとしても、過去の出来事の断片として資料はつくられ、そのうちの僅かが残される。文字資料は行政や経営

の文書など、政治や経済の資料としてつくられる場合が多く、人びとが生きたことを直接扱った資料が残されることはまれである。しかし、どのような資料であっても、資料には生きた証や痕跡が必ずある。

三・一一後、フォーラムや本に取り組むなかで、私は話を依頼される機会がふえ、そのときにはジュニア版以後の陸前高田市とのかかわりを話すことが常だった。小学生の作文は人びとが生きてきた証であり、私は、地域開発資料との出会いがあったことを大事な導きとして三・一一後の取り組みにあたってきた。

今日の報告で私は、報告テーマの視点で（資料と歴史は人びとの「生存」をどう支えているのか）、三・一一後に取り組んできたことをもう一度振り返ろうとした。小学生の作文や地域開発資料の意味については十分に理解していたつもりだったが、そこに今回、「資料」という言葉をおき、資料と地域・人びととのかかわりについて目をこらしてみると、私が自覚していた以上に、もっと豊かな資料と地域・人びとのかかわり、資料と私の関係があることがよくわかった。

資料は地域と人びとを支える。資料は人びとの「生存」を支える。資料を救済・収集・保全する活動の意味は、何よりもこのことにかかわっている。ここに資料ネットや資料にかかわるさまざまな人びとの活動の意義がある。

（二）人びとの「生存」を支える資料と歴史

私は、資料のなかに生の痕跡を尋ね、資料を読み解き、それらを組合せて「生存」の歴史を構想しようとしてきた。「生存」の歴史は、自然や労働、社会などが相互に関連し、あるまとまりをもったものとして構想できるのではないかと考えている。私の場合、ここでいう、あるまとまりのある視点が表で示したような、「人間と自然」「労働と生活」「国家と社会」の三層からなる「生存」の仕組みである。

「生存」の歴史の構想は、歴史研究者である私一人で成し遂げられることではなく、この間の私は、フォーラムの現場から触発されることで、「生存」の歴史を考え続けることができた。フォーラムの現場をつくることは一般的ではない。だが、フォーラムの現場で触発されることが特別なことかといえば、決してそうではないと思う。

たとえば、被災資料を救済する過程を思い返していただきたい。仮に被災資料が個人の所有の場合には、救済する過程で資料の持ち主の人との接点があり、行政がかかわることもあり、救済チームも多様な人びとの混合で成り立つことが少なくない。被災資料の救済過程でできる接点は、フォーラムの現場と何ら変わりがないのであり、被災資料の救済過程には、さまざまな発見や刺激が含まれているはずである。このことは歴史の地域調査でも同じである。個人（チーム）で地域の歴史調査を行う場合、資料と出会う過程にはさまざま人が介在している。資料を読む場合、資料だけを読むのではなく、介在してくれた人びととの接点を大事にし、人びととのかかわりを含めて資料を読めば、そこはまさに現場になるのだと思う。

私は、フォーラムの現場に触発され、資料を残してきた人びとの話に耳を傾け、資料を残すことのなかった人たちの声にも耳をすまし、そうすることではじめて資料が人びとを支えるという局面を考えることができた。資料だけでなく、歴史もまた人びとの「生存」を支えている。資料にかかわる人には、資料から歴史へと視野をひろげ、地域・人びとと歴史のかかわりを考える課題がつねに開かれている。

注

（1）　こののち、私は、このときのことを、「地域には歴史の財産がたくさんある　生きた証し掘り起こす使命」として『岩手日報』（二〇一一年九月十三日）に執筆した。

参考文献

川島秀一二〇一三「気仙沼の民俗と歴史――海と人のつながり」（大門正克ほか編『「生存」の東北史』大月書店）

清水敏也二〇一三「気仙沼で海とともに生きる」（大門正克ほか編『「生存」の東北史』大月書店）

大門正克二〇〇八「序説「生存」の歴史学――「一九三〇～六〇年代の日本」と現在との往還を通じて」（『歴史学研究』第八四六号）

大門正克二〇〇九『全集日本の歴史15　戦争と戦後を生きる』（小学館）

大門正克二〇一一「「生存」を問い直す歴史学の構想――「一九六〇～七〇年代の日本」との往還を通じ

て」（『歴史学研究』第八八六号）
大門正克二〇一二「震災に向き合う歴史学」岩波書店編集部編『3・11を心に刻んで』（岩波書店）
大門正克二〇一三「「生存の歴史」――その可能性と意義」（大門正克・岡田知弘・川内淳史・河西英通・高岡裕之編『「生存」の東北史――歴史から問う3・11』大月書店）
大門正克二〇一四「歴史実践としての陸前高田フォーラム」（『歴史評論』第七六九号）
大門正克ほか編二〇一三『「生存」の東北史――歴史から問う3・11』（大月書店）
日本作文の会編集一九七四『子ども日本風土記　岩手』（岩崎書店）

『かまくらの女性史』と地域資料

――編さん作業十年の過程から

横松佐智子

はじめに

祖母や母たちの記憶や地域の人たちによって語り継がれてきた話と向き合い、あるいは掘り起こして、鎌倉の歴史の記録から抜け落ちた空白の部分にはめ込むように、女性たちの暮しや辿った軌跡を後世に伝えたい――『かまくらの女性史』はこのような意図から市民の手によって編まれた書籍である。

かまくら男女共同参画市民ネットワーク「アンサンブル21」女性史編さん部会（以下女性史編さん部会、現：かまくら女性史の会）によって編さんされ、鎌倉市人権・男女共同参画課が発行した。平成十四年（二〇〇二）から平成二十四年（二〇一二）まで聞き書き集二冊、年表、通史の全四冊の編さん作業を実施した。

①聞き書き第1集『かまくらの女性史　33人が語る大正・昭和』平成十六年（二〇〇四）三月発行、編さん員三十六人／A5判／一六七頁、一五〇〇部、平成十七年（二〇〇五）、一〇〇〇部増刷

②『聞き書き第2集　かまくらの女性史　明治・大正・昭和』平成十八年（二〇〇六）三月発行、編さん員二十八人／A5判／一八一頁、一五〇〇部

③『明治・大正・昭和　かまくらの女性史　年表』平成二十一年（二〇〇九）三月発行、編さん員二十四人／A5判／二一〇頁、一五〇〇部

④『明治・大正・昭和　かまくらの女性史　通史』平成二十四年（二〇一二）三月発行、編さん員二十人／A5判／三四六頁、一五〇〇部

一　『かまくらの女性史』の背景

地方女性史や地域女性史は、一九七〇年代になって取り組まれ、八〇年から九〇年代にかけて研究や出版が、全国各地で盛んになった。先駆けのひとり古庄ゆき子は、著書『ふるさとの女たち――大分近代女性史序説』（ドメス出版、一九七五年）の中で、「「今」を知るために過去に向かう。地方の女たちの生きた声、素顔にいきついた時、日本の近代がなんであったかを知ることができ

る」と述べた。これは孝女・貞女で埋め尽くされた郷土資料と、東京で開花したエリート女性に偏りがちであった女性史への、問いかけであった。

地方女性史と地域女性史は、どのように使い分けられてきたのだろうか。女性史研究者の折井美耶子は、「「地域女性史」という言葉が一般的に使われ出したのは一九八〇年代後半からと考えられる」とし、さらに次のように記している。

一九八二年、中村政則氏は信濃史学会で「地方史と全体史」として行った講演のなかで「地域史の提唱」を呼びかけた。そのなかで郷土史↓地方史↓地域史の変化は、単なる呼び方の変化でなく「対象の変化、あるいは方法の転換を含んでいた」とし、「地域というのは、空間的、地理的な概念であると同時に、歴史的・文化的概念」（中村正則『近代日本と民衆』校倉書房、一九八四年）であると規定している。こうした歴史学全体の変化にも影響されながら、女性史も地域女性史へと変わっていった側面もあろう。しかしそれ以上に「地域」に生きる女性たちの意識の変化が大きかったのではないかと思われる。

（折井美耶子『地域女性史入門』ドメス出版、二〇〇一年）

国際連合は昭和五十年（一九七五）を国際婦人年と定めて、メキシコで一三三ヵ国の政府代表による国際婦人年世界会議を開催し、すべての男女の人間的尊厳・平等・発展・平和を目標に、女性差別撤廃の達成目標を具体的に示した「世界行動計画」を採択した。日本も女子差別撤廃条約を昭和六十年（一九八五）に批准し、関連の法整備のなかで、同年、男女雇用機会均等法が成立した。母性保護と雇用の機会均等の両立が求められる時代になり、平成十一年（一九九九）に男女共同参画社会基本法が成立している。

こうした機運の中で、神奈川県は逸早く昭和五十七年（一九八二）に「かながわ女性プラン」を策定し、同年十一月江の島に「県立婦人総合センター」（県立かながわ女性センター）を開館した。同センターでは神奈川県の女性史『夜明けの航跡――かながわ近代の女たち』（ドメス出版、一九八七年）『共生への航路――かながわの女たち'45～'90』（ドメス出版、一九九二年）の二冊を編さん刊行した。この間、川崎市の女性史『多摩の流れにときを紡ぐ――近代かわさきの女たち』（ぎょうせい、一九九〇年）が刊行された。

鎌倉では平成三年（一九九一）「かまくら女性会議」が発足し、平成五年（一九九三）に「かまくら女性プラン」を策定したが、実質的な取り組みは平成十三年（二〇〇一）に新たに策定された「かまくら21男女共同参画プラン」により、市役所に人権・男女共同参画課が設置されてからである。このプランに市民参画による女性史の編さん計画が盛り込まれ、事業がスタートした。

二　『かまくらの女性史』編さん部会の活動のかたち

人権・男女共同参画課は女性史編さん計画を受けて平成十三年（二〇〇一）秋、女性史セミナーを四回、翌年は女性史編さん講座を四回開催した。市の広報紙「広報かまくら」で受講生を募集し、十一月受講生を中心に女性史編さん準備会が発足して三十八名が参加した。平成十五年（二〇〇三）三月、市と市民による組織、かまくら男女共同参画市民ネットワーク「アンサンブル21」（以下「アンサンブル21」）が立ち上げられ、準備会は女性史編さん部会に移行し「アンサンブル21」の構成団体となった。

編さん員は東京から二名、横須賀、逗子から各一名、他は市内在住者である。男性二名が参加した。名簿の所属職業欄の記載には、専業主婦、ベルの会、柳田学舎、図書館とともだち、鎌倉そぞろ歩きの会、ジョルジュサンドの会、アナウンサー、ライター、郷土史家、建築家、元小・中・高・大学教員などとある。仕事を持っている人、既に現役を引退した主婦、地域でいろいろな役割を担っている人などが集まった。年齢は四十歳代から八十歳代まで、鎌倉でずっと暮らしている人、鎌倉で育ち戻ってきた人、鎌倉に越してきた人、その居住年数も三年〜五十年と幅があった。参加の動機は、鎌倉の知識を生かしたい、あの事実を記録に残したい、鎌倉の町や歴史を知る良い機会だからなど、さまざまな市民が集まった。編さん員は作業の長期化に伴って減員したが、途中『かまくらの女性史』の読者による新たな参加もあった。

人権・男女共同参画課は女性史編さん事業推進のために部会を立ち上げたが、その後は事務局に徹し、編さん作業は部会の自主活動に委ねられた。講師を招いた研修会と定例の自主勉強会でスキルアップを図り、合宿も実施した。時に応じて部会内に運営委員会・専門委員会・編集委員会を作って、役割と作業の流れをわかり易くした。

編さん員には年度初めに市から委嘱状が手渡され、年度末に委員手当として各自に三〇〇〇円が振り込まれたが、基本的にボランティアの活動である。印刷製本費、講師謝礼、コピー代、調査や資料収集のための交通費の一部を行政が負担した。編さん部会が出版記念に映画会や講演会を主催したが、その収益はコピー代や交通費に充てられた。

十年を通じてもっとも多く講師を依頼したのは、女性史研究者の江刺昭子氏である。年表編さん時からは共立女子大学教授阿部恒久氏にも依頼した。多くの「自治体女性史」は、市民が資料収集、専門家が執筆という役割分担で刊行されたが、『かまくらの女性史』は専門家に執筆を委ねずに、最後の通史まで市民の手で仕上げた。行政が編さん部会の主体性を尊重し、編さん内容に注文を付けず、編さん部会は事務局と協議で決めた出版時期を守ったことが、市民と行政が信頼と緊張をもって、十年間の協働を維持できた理由であろう。

もう一つ、編さん事業を可能にしたのは、場所が提供されたことである。市に寄贈された由比ヶ浜にあるかつての別荘で、二階に文化財課の発掘調査の人たちが同居した。大きなテーブルのある一階の食堂が会議室兼作業場となり、隣の居間にパソコンやコピー機、古い書棚やキャビネットを並べて、「アンサンブル」と名付けた編さん室に整えた。

三　聞き書き第1集『かまくらの女性史　33人が語る大正・昭和』の編さん

（一）手探りの学習

江刺昭子氏の「女性史って、なあに」に始まるセミナーを受けて、「女性史を作ろう」と集まった編さん員ができる最初の一歩は、自分たちの身近な古老から生きた話を聞くことだった。準備として、金森トシエ氏の「地域女性史とは」の講義を受け、「文章の書き方」講座を開き、「オーラルヒストリーとは何か」を学んだ。グループに分かれて市内を歩き、各地区の地理と歴史を確かめ、情報の共有に努めた。

並行して女性史編さんに必要と思われる文献や書籍のリストアップを始めた。『鎌倉議会史』（鎌倉市議会、一九六九年）『図説鎌倉年表』（鎌倉市、一九八九年）『鎌倉教育史』（鎌倉市教育委員会、一九七四年）『鎌倉市史近代通史編』（吉川弘文館、一九九四年）『鎌倉市史近代史料編』（吉川弘文館、一九九〇年）などの最も基本とする市の刊行書には、鎌倉の女性たちに関する記述はわずかな項目にとどまり、庶民の女性たちの暮しの記載は見当たらなかった。

（二）話者のリスト作り

誰に何を聞いたら鎌倉の女性史になるのか、話を聞ける人はどこにいるのか。「百姓をずっと続けたおばあさんがいる」「たくさんの子どもたちを育てあげた戦争未亡人がいる」「近所の産婆のばあちゃんは戦前から何百人もの赤ん坊を取り上げたそうだ」「別荘族だったけどそのまま住み付いて戦後は子どもたちの会を作った」など、編さん員が情報を持ち寄ってインタビューリストを作成し、情報を入手するたびにリストに追加した。鎌倉中央図書館近代史資料室が作った女性たちのリストも提供された。

リストに挙げた女性たちを、農家の妻、漁師の妻、商家の妻、教師、美容師、助産師、医師、市民運動家、作家、芸術などの分野別に記号で整理し、住所・生年を記入して、聞き取りのポイントも話し合って書き入れた。この「取り上げるべき分野と人」のリストは私たちの資料の原点というべきもので、通史の編さん中も追加を続け、最終には二六〇人余りになった。

（三）「聞き取り」生きた資料と向き合う

私たちが話者と呼んだ聞き取り対象者をリストから絞り、話者ひとりに付き二～三人が担当した。オーラルヒストリーを学ぶ中で、聞き取りのロールプレイングも実施した。以下は、聞き取りのケーススタディ体験後の「反省と問題点のメモ　2003.03.17」である。

1　**聞き取り準備**

・編さん目的・形式・特色を十分理解して聞き取りに臨む。
・話者についての予備知識（取り組んだ事柄や時代背景）が必須。年表を準備。
・下調べの過程でテーマを絞り、具体的な質問も用意する。
・担当者同士の意思の疎通が大事。ある程度の役割を決める。
・知人の紹介による面会にも依頼状を用意し、編さん委嘱状を携帯する。目的を丁寧に説明し家族の同意も得る。電話を掛ける時間帯に注意し、前日に再確認の連絡をする。
・電池、テープの予備を忘れずに。

2　**聞き取り**

・誠心誠意、人間同士の心の触れ合いから良い聞き取りが出来る。あせらず徐々に信頼関係を育む。事前・当日・事後共に、単にマニュアルに沿うことではない。
・聞き取りの場所の設定は、話者が落ち着いて周囲に気兼ねせずに話せる所が良い。
・女性史の視点で聞き取りをする。
・テーマを中心に聞き取りしても、話者を理解するには生い立ちや家族関係を聞く必要があり、聞き方に細心の気配りが必要。

3　**まとめ**

・話者が疲れないように時間配分に留意。最後に感想を聞いて次回の再会の許可を得る。

・テープの逐一起こしは、語尾や話し方の癖も正確に拾う。
・聞き取り内容と文献史実との整合性を検証する。時系列にまとめてみる。
・事実確認や詳細補足のために話者を再訪する。
・リライトは編集を念頭に、鎌倉以外の人にも理解できるまとめ方をする。
・完成原稿を話者に示し、了解を得る。

(四) 聞き書き第1集の刊行

私の聞き取り担当は、市内の住民運動に取り組んだ主婦たちだった。

大町に住む白井京子(大正十年生)は、「上の子が三つになり、育児の真最中の昭和三十四年(一九五九)ごろ、浄明寺—大町線という道路が私の家の前を通るということで、ある日測量に来た。それが釈迦堂トンネルをぶち抜いて浄明寺から大町まで八m幅の道路を造るという途方もない計画だった。驚いて、近所の住民たちと集会を開いて反対の陳情をして、この計画は一応棚上げになった」。初めて経験する住民運動だったという。「自然豊かな歴史のあるまちを大切に守っていくには、住民がはっきり意思表示をすることが大切と教えられた」。その後も衣張山麓の宅地造成に絡み、風土記にも載る史跡の「黄金(こがね)やぐら」の保存と開発阻止など、福祉の支援も含めて止むに止まれず、運動を五十年間続けてきたそうだ。

御谷照光会自治会の主婦天野静江(大正三年生)も、期せずして住民運動に放り込まれた。宅地開発の波は鎌倉のシンボル鶴岡八幡宮の裏山まで押し寄せた。昭和三十八年（一九六三）十月、東京の不動産会社の社員から「隣の山を買収した。お宅も売らないか」という勧誘が発端となって起こった「御谷（おやつ）騒動」である。天野は「署名運動は女たちのほうが適していた。初めてのことで無我夢中でした」「署名をもらいに家に伺うと、主人に聞かなくては書けないってね。いくら夫に従うといっても、八幡様の森を守るのに、そういうのをゆかしいというのでしょうか、一人の女性として」。駅前や家庭訪問で二週間に二万三〇〇〇人の署名を集めたという。

この事態に大仏次郎や小倉遊亀らの文化人、井上禅定や朝比奈宗源の宗教人も立ち上がり、市や県の行政も事の重大性を認識して、開発は中止された。御谷騒動がきっかけとなって、奈良、京都、鎌倉の三つの古都が国会に働きかけ、昭和四十一年（一九六六）初めての議員立法、古都保存法が制定された。鎌倉は高度経済成長下、東京のベッドタウンとして急激で無秩序な宅地開発に晒された。この動きをいくらかでも食い止め環境を守ることができたのは、普通に暮らす主婦たちの力に負うところが大きい。

私たちは町の姿や女性たちの日々の営み、埋もれていた事実や語り継がれてきた話に耳を傾け、時には他人の人生に向き合う重さを感じながら、聞き取りを実施した。語り伝える人と耳を傾け記録する人が真摯に向き合えた時に、聞き書きができる。完成原稿が家族の同意が得られずに掲載できなかったケースもあったが、聞き書き集『かまくらの女性史　33人が語る大正・昭和』を平成十六年（二〇〇四）三月に刊行した。

四　『聞き書き第2集　かまくらの女性史　明治・大正・昭和』の編さん

（一）　明治の女性たちの記録も残そう

「取り上げるべき分野と人」のリストに聞き取りをしたい人がまだ多く残っていた。一方、聞き取りに伺う前に惜しくも急逝された人もいた。関東大震災の体験者を訪ねたら、「もう半年早く来てくれたら、おばあちゃんはよく話したけど、今はもうそんな状態じゃないよ」と断られたこともあった。聞き取りが急務の状況だった。

第2集の編さんは当初の計画になかったが、事務局を説得し、第1集では取り上げなかった明治や大正の話も残したいと考えた。しかし当時の生活を語れる人を探し出すことは難しく、二十年早く鎌倉も女性史編さんに取り掛かっていたら、明治大正の女性たちの生活を刻み残すことができたと悔やまれた。そこで故人を取り上げて、家族からまだ温もりの残る話を聞き取り、第2集に十一人を掲載した。人のつながりが疎遠になれば、このような収集方法も難しくなるだろう。

（二）　夫が語る杉原よ志

事例として——杉原よ志（一九一二—二〇〇〇）について夫・小杉正雄（大正十一年生）の聞き取り。

「杉原さんはぼくより十歳年上で、昭和五年（一九三〇）十八歳の時に松竹蒲田撮影所に入られた方です。僕は昭和十六年（一九四一）にキャメラマンの助手として大船撮影所に入りました。ですから彼女は大先輩です」。杉原は幼いときに父親と死別したので「いいかげんな年になったら、社会に出て働きなさい」といわれていたが、世の中が不景気で就職口がなく、やっと付けた仕事が撮影所の編集の手伝いだった。「撮影が終わると監督とキャメラマンが編集をします。助手はそばに付いてフィルムをつなぐ作業をしたんです」。杉原が入ったときは助手が五人いて、フィルムをつなぐのに和鋏が重宝したそうだ。「実は、杉原さんは横浜洋裁専門女学校を卒業してるんです。本人の口からは聞いたことはありませんが、そんなこともプラスに働いたかもしれません」。手現像のプリント作りも助手の仕事だった。杉原はいろいろな監督に呼ばれるようになり「ぜったい必要な人間にならなきゃこの社会ではだめだ」と思っていたそうだ。

昭和十一年（一九三六）蒲田撮影所が閉鎖し大船撮影所の開設とともに、杉原は母妹と三人で大船に引っ越してきた。持ち前の勘の良さと、仕事に対する情熱と責任感の強さで頭角を現していく。「彼女がエディターとして一本立ちしたのは、昭和十八年（一九四三）の木下恵介監督の第一回作品「花咲く港」でした。杉原さんは女性で映画の編集技師になった第一号じゃないかと思います。黒沢明監督も「白痴」（昭和二十五年）「醜聞」（昭和二十六年）に彼女を指名しました。編集はなにしろ、男の仕事です。徹夜、徹夜でもう仕事が始まれば寝られません。ぼくと結婚しても杉原さんの生活は全く変わらなかった」。杉原よ志が担当した作品はおおよそ二五〇から三〇〇本。

「映画編集の仕事は天職だったんじゃないですか。まあ、しっかりした人でしたよ、気が強くてねえ」と妻を「杉原さん」と呼び、同じ職場で働いた小杉は語った。

聞き書きの文末に杉原よ志の略年譜を付けた。幾人もの看板女優が誕生し、数々の大船調映画をヒットさせた華やかな映画産業の中の女性史である。

三十五人の聞き書きをまとめて『聞き書き第2集　かまくらの女性史　明治・大正・昭和』を平成十八年（二〇〇六）三月に刊行した。

五　『明治・大正・昭和　かまくらの女性史　年表』の編さん

二冊目の聞き書き集を刊行して歴史の面白さを知った編さん員たちは、「第10回全国女性史研究のつどいin奈良」に七名が参加して大いに刺激を受け、通史に挑戦しようということになった。平成十八年（二〇〇六）三月、阿部恒久氏を招いた勉強会「年表を読み解く――女性史の視点から」の中で、「年表は一般的には通史の巻末に綴じられるが、通史に取り掛かる前にまず年表を作成したらどうか」との助言を得た。

事象集めは多人数の編さん員の強みを発揮できる作業であり、事象を時系列に整理することによって、歴史の流れを理解し、聞き取りで得られた新たな出来事もその中で客観化できると考えた。

（二）文献資料のカード作成とデータ化

年表に取り上げる期間を、明治元年（一八六七）から、国際婦人年の昭和五十年（一九七五）までの一〇四年間とした。編さん員たちは各々選んだ文献を、B書籍・H聞き取り・M雑誌・N新聞・Xその他に分類して「基本文献リスト」に登録する。文献から鎌倉の女性史及び必要と思う出来事を拾い、項目毎に「年表資料カード」に記入し、文献別のファイルに整理してキャビネットに収める。記述ミスを避けるために文献の記載頁をコピーし、カードの裏に貼り付けて作成日を記入、奥付コピーもファイルに入れる。作成方法の改善を重ねて、ルールの徹底を呼び掛けた。

作成事例として——明治四十四年（一九一一）平塚らいてうらによって創立された青鞜社と鎌倉の女性を結ぶ出来事はないだろうかと考えた。『青鞜』（青鞜社、一九一一年）の復刻版（不二出版、一九八三年）（基本文献リストB54）全五十二冊を調べたが、鎌倉についての記述はなく、次に『青鞜』人物事典』（らいてう研究会編、大修館書店、二〇〇一年）（基本文献リストB130）を調べた。以下は作成したカードの抜粋である。

B130-41　152～153頁　松井須磨子、島村抱月らと芸術座を創設した。T2/

B130-42　163頁　宮城（武者小路）房子、実篤と正式に離婚、新しき村を離れて鎌倉でマージャンクラブを始める　S4/12月

B130-43　171頁　青鞜社第1回公開講演会が開かれ、1000人の入場者で神田の青年会館は満員

の盛況となる　T2/2月15日

上記のカードからB130-42を取上げ、年表昭和四年（一九二九）「鎌倉の女性史」欄に「12.武者小路房子、実篤と離婚後鎌倉でマージャンクラブを始める。Ｂ１３０」と記載した。（注、上記年表記載には房子が青鞜社員であった説明が抜けた。宮城房子は明治四十五年（一九一二）一月青鞜社に入社したが、実篤との恋愛再婚などのためか、実績を残さずに中退した。）

房子の鎌倉での暮しを知る記述は、他の書籍から探し出せなかった。青鞜関連の書籍番号がB54、B130のようにばらばらになったのは登録順のためで、最後に番号の並べ替えを目論んだが、ミスをする恐れがあったので諦めた。

作成したカードを入力し時系列に並べると、複数文献から同一の出来事が拾い出されることが多いが、内容の違いや年月のずれ、日付が幾通りもある事例などがかなりあった。調べ直し、日付が確定できないものは月までに、検証できない項目は省いた。最終的に収集したデータは一万二〇〇〇件余りになった。この段階までに二年半近くが経過した。

(二)　コラム欄を設ける

年表と対比させて、項目の内容を補足し、その年の理解を助けるコラムを追加した。

昭和二十一年（一九四六）のコラムについて――斎藤陽子（旧姓酒井）が編さん室に訪ねて来た。

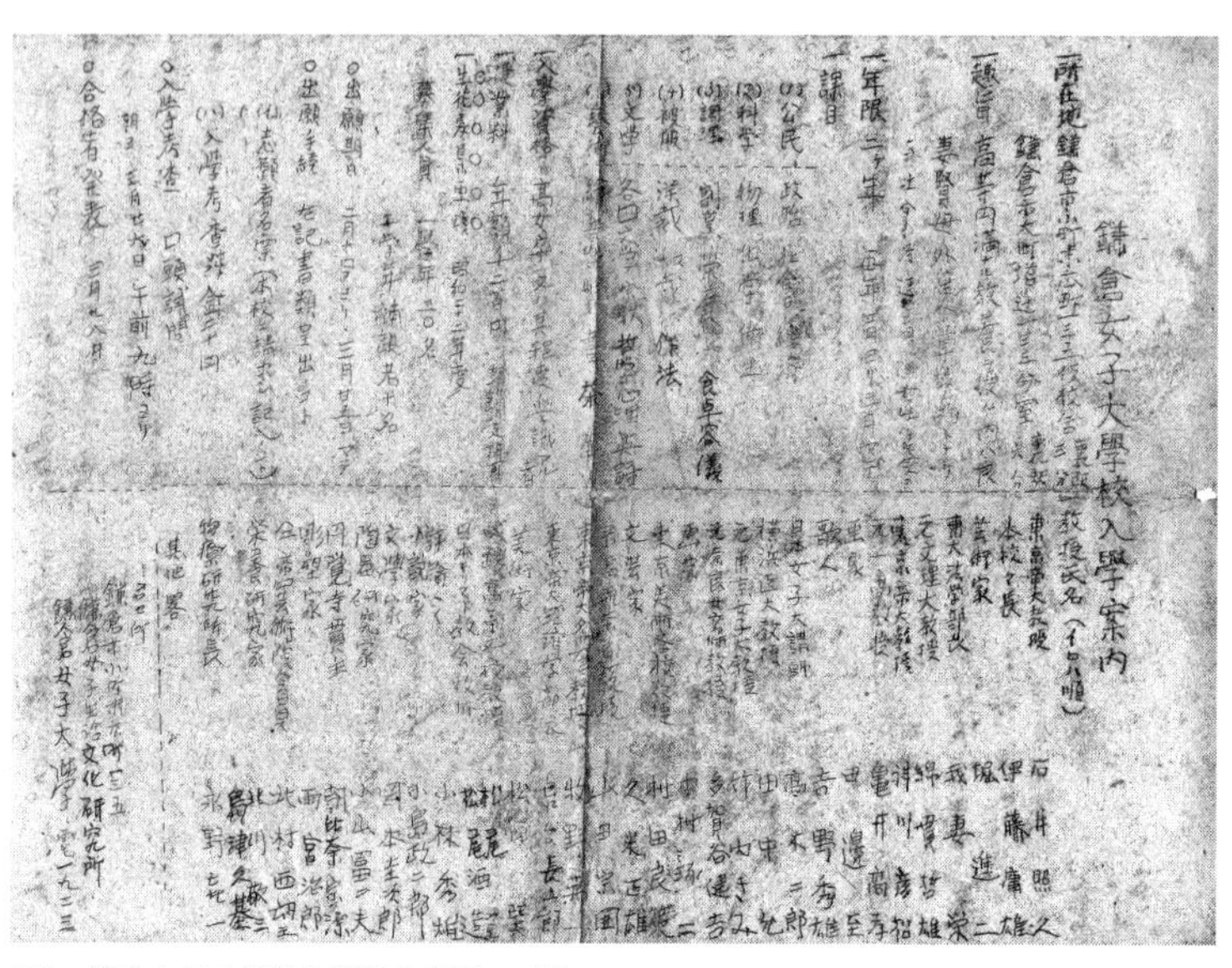
鎌倉女子大學校入學案内

図1　鎌倉女子大学校入学案内（昭和21年）

「鎌倉女子生活文化研究所　鎌倉女子大学」昭和二十三年三月十九日付け修業証書と黄ばんだガリ版刷りの入学案内（図1）を持参した。斎藤は終戦の翌年、疎開先の信州から鎌倉に戻ったが、「ある日、買い物の帰りに電信柱に貼ってあった鎌倉女子大募集のビラを見付け、家に飛んで帰り、学校に入りたいと親たちに頼んだ。このような学校があったこと、ここで学んだことを女性史に残してほしい」と。再訪時に修学旅行や学校のスナップ写真も見せてくれた。この学校の存在は埋もれてしまった事実だった。

昭和二十一年（一九四六）五月十四日、材木座光明寺に開校した鎌倉大学校「鎌倉アカデミア」はよく知られている。敗戦の混乱のなか「青年に新しい時代の教育を」と、地元在住の学者や文学者らが創った男女共学の学校である。林達夫、高見順、村山知義、千田是也、吉野秀雄、中村光夫、矢内原伊作など、各分野の最高水準の教師が情熱を傾けた。四年半で閉校になったがここで学んだ若者たちは戦後日本の各方面で活躍した。

鎌倉女子大学は鎌倉アカデミアより二か月早い三月、伊藤庸雄が小町（現御成町）の自宅を仮校舎に開校した。教育期間は二ヵ年、課目は公民・科学・調理・被服・文学・芸術、講師に我妻栄、吉野秀雄、中村琢二、久米正雄、小林秀雄らが名を連ねる。和洋折衷様式の家はすでに取り壊されていた。斎藤は「高名な先生方の講義が受けられる学校を見つけ、私も早速入学した。その頃を思い出すと、今でも体が震える」と話した。斎藤の資料から、戦後、市民が逸早く文化を取り戻そうと立ち上がった街の息吹と、戦争から解放され、新しい時代を肌で感じ、高揚し行動する女性たちの姿を知ることができる。

（三）　読む年表の刊行

年表は、市民が手にしてわかり易い「読む年表」を目指した。構成は、見開きで左頁に「鎌倉の女性史」欄を、右頁に「鎌倉・神奈川」と「日本・世界」欄を設けた。下段のほぼ三分の一をコラム欄にあて、おしまいに「世紀を生きる」と題した明治生れの一〇〇歳を超えた二人の女性の対談を掲載した。

「鎌倉の女性史」の出来事項目末尾にB・H・M・N・Xの記号と数字で出典を示し、巻末の基本文献リスト一覧（B書籍二四三点・H聞き取り三点・M雑誌十二点・N新聞二十五点・Xその他十三点）から出典にたどり着くことができる。その他巻末資料として、鎌倉市域の変遷と市内小学校の分合表を入れた。明治の廃藩置県以降、郡、村、町、市の区域がめまぐるしく変遷したので、年表には現在では藤沢市や横浜市に属する出来事も幾分含まれている。

多くのデータを集めたが、特に明治三十年頃までは、鎌倉の女性たちや庶民の出来事の記録が予想以上に少なく、年表の空欄が目立った。私たちは、時代を追って女性たちの暮しの実態に迫りたいと、些細な事実も拾い上げて年表にまとめた。『かまくらの女性史　年表』を平成二十一年（二〇〇九）三月刊行した。

六　『明治・大正・昭和　かまくらの女性史　通史』の編さん

年表の作成によって、明治以降の鎌倉の女性たちの姿が点から線になり、ようやく通史の輪郭がみえてきた。平成二十一年（二〇〇九）七月、かながわ女性センターでの合宿で『通史』を引続き市民の手で編さんすることを確認した。前三冊の編さんを土台に、見落としていた分野の検索、不足している資料の掘り起しを分担し、通史構成のイメージを出し合った。

（一）　新聞資料と『神奈川県教育』の検索

日本最初の日刊紙「横浜毎日新聞」（明治四年（一八七一）創刊）と明治四十五年までの「横浜貿易新報」の両紙に掲載された鎌倉に関する記事は、鎌倉市中央図書館にコピーが保管されていたが、以降の記事も合わせて必要だった。「横浜貿易新報」は、明治二十三年（一八九〇）創刊の「横浜貿易新聞」を前身とし、その後の統制や他紙との合併を経て、昭和十七年（一九四二）現在の神奈川新聞となった。

神奈川県立図書館はこれらの紙面を一頁A3サイズにコピーした新聞製本を全巻揃えている。編さん員が数名ずつ交代で毎週二日か三日、弁当持参で一年近く図書館に通った。字が黒く潰れていたが、ルーペを使って鎌倉の記事を丹念に探した。必要な頁に栞を挟んで新聞をめくり、最後にまとめてコピーをする。コピー機を一時間近く独占することもあった。目が充血し肩が凝る作業だったが、日々の報道記事を追いながら、大正から昭和へ移り変わる世相が臨場感をもって伝わり、手ごたえがあった。

「自殺するなら鎌倉で」と自殺や家出の記事が多く、身元判明が目的のためか、特に女性の身体や衣服の特徴を生々しく報道する記事が目立った。新しい女がセンセーショナルに取り上げられた一方で、「鎌倉婦人会」の活動を伝える記事が毎月載った。

鎌倉婦人会は東慶寺住職釈宗演を会長に明治四十五年（一九一二）に発足した。会員は小坂村を中心に鎌倉町周辺から集まり、月例会では講演会や料理・手仕事の実務講習を行い、慰問袋を作

図2　小坂村処女会作法講習会　大正末頃

り、別荘婦人も巻き込んで女たちを教化した。日露戦争後、国策による地方改良運動が進められ、地方の女たちが愛国婦人会、処女会、婦人会、女子青年団へと組織化され、やがて昭和の戦争の時代に入るが、鎌倉婦人会は時の国策にとって優良団体であったのだろう。鎌倉に大正七年（一九一八）九月十五日玉縄村処女会が、同年小坂村処女会（図2）も発足した。

小学校女教員が処女会活動など地方改良運動に果たした役割は大きく、『神奈川県教育』（明治二十一年二月二十八日創刊『神奈川県教育会雑誌』が大正六年六月十日発行第一六四号より『神奈川県教育』に改題され、昭和七年七月二十六日発行第二八六号をもって廃刊）は実態を知ることができる良い文献だった。

新聞検索を進める中で定説の誤りが判明した事例もあった。

ロベルト・コッホ（一八四三～一九一〇）の業績を讃える鎌倉の稲村ヶ崎霊仙山山頂の記念碑除幕式は、従来大正元年（一九一二）九月十四日とされてきた（『鎌倉同人会五十年史』（鎌倉同人会、一九六五年）、『図説鎌倉年表』（鎌倉市、一九八九年）、『鎌倉市医師会史』（鎌倉市医師会、二〇〇六年）、北里研究所資料など）。

しかし、その日は大喪の日程にあり（「横浜貿易新報」）建碑許可願を警察署に未提出だった（「東京朝日新聞」）ため直前に延期となり、式に参列のため海浜院ホテルに滞在中の妻ベドヴィヒ・コッホはやむなく帰国した。翌年の同日、北里や門下生、鎌倉医師会、町長、ドイツ人ハイゼ、村木はなら九十人が参加した盛大な式典が挙行されたが、ベドヴィヒは参列せず、次の来日は大正三年（一九一四）三月一日であった。大正元年九月十四日とされた記念写真（図3）は大正三年三月四日に急遽行われた臨時祭のもので、写真の黒の帽子にビロードのコート、黒毛襟巻を付けたベドヴィヒの装いは、横浜港に降り立った報道記事（大正三年三月二日付「東京朝日新聞」）と符合した。

図3　コッホ記念碑の前で。村木はなとベドヴィヒ、左端 海浜ホテル医師勝見正成　4人目 ホテル支配人青山和三郎　5人目 犬山町長（大正3年3月4日）

鎌倉は海水浴の適地として注目され、明治二十年（一八八七）、由比ガ浜海岸に西洋式保養施設「鎌倉海浜院」が建ち、のちにホテルとなって外国人客にも利用され賑わった。明治四十一年（一九〇八）六月、コッホ夫妻が北里柴三郎らの招きで来日し、海浜院ホテルに二十四日間滞在した。夫妻の世話を任されたのが、当時十九歳のメイド村木はな（本名きよ）だった。利発で気が利くはなは気に入られ、夫妻に付いてアメリカ経由でドイツに渡った。コッホが明治四十三年（一九一〇）五月、滞在先のバーデンバーデンで死亡し、はなは留学中の秦佐八郎に連れられてシベリア鉄道経由で帰国した。図らずもはなは世界一周をしたことになる。

村木はなの材木座の住所は、横浜裁判所に保管されていた渡航許可書に残っていた。材木座には村木姓の家が数軒あり訪ねたが、はなの家は特定できなかった。その際の聞き取りで、近所からホテルにメイドに出た女子が何人もいたこと、「死んだばあさんが一時上海で暮らしていた」「雑貨店アメリカ屋の死んだ亭主がハワイに出稼ぎに行った」という話も聞いた。海に臨むこの地区は女性も含め海外への渡航を身近に感じていたのかもしれない。

（二）　関東大震災の記録

大正十二年（一九二三）九月一日に襲った関東大震災は鎌倉に死者四一二名、倒壊家屋八割の被害をもたらした。震災の記録は『鎌倉震災誌』（鎌倉町役場、一九三〇年）に詳しいが、私たちは通史編さんの資料として、書籍や聞き取りから震災体験を集めた。その中に、震災直後に全国各地や海外から救援物資が寄せられたが、鎌倉の看護婦の制服が洋服に切り替わったのは、アメリカからの震災の慰問品がきっかけだったという興味深い話もあった。

鎌倉の女医第一号の沖本幸子（一八七二〜一九二三）は、鎌倉小児保育園を創った義弟の医師佐竹音次郎から腰越病院を任された。貧しい人たちの治療に力を入れ、鎌倉医師会でも唯一の女医として活躍したが、関東大震災で病院が倒壊して犠牲になった。大正十三年（一九二四）九月一日に腰越の宝善院に建てられた幸子の墓碑は、現存し検証できる貴重な資料である。

恋愛至上主義を掲げて大正デモクラシーの青年たちに大きな影響を与えた厨川白村（一八八〇～一九二三）は、鎌倉の別荘で震災に遭遇し、津波に巻き込まれて亡くなったが、詳しい状況は不明だった。編さん過程で、妻の厨川蝶子が大正末から昭和にかけて女性雑誌に登場したことを知り、国会図書館で当時出版された女性雑誌を調べたところ、『女性』（プラトン社出版、大正十一年五月創刊、昭和三年五月廃刊）大正十二年（一九二三）十一月号に「悲しき追憶――厨川白村博士の死」と題した蝶子の被災直後の手記をみつけた。夫婦の遭難時の経緯や震災後の街の様子が克明に記録されていた。被災記抜粋を資料として『通史』に掲載した。

（三）　庶民向け戦時資料『鎌倉市民戦時生活体制実行方策』

山中恒著『暮らしの中の太平洋戦争』（岩波書店、一九八九年）第三章に取り上げられた『鎌倉市民戦時生活体制実行方策』（図４）は、鎌倉市発行のＡ５判よりやや小さい一四頁の冊子で、いつ発行されたか記載がない。著者の自宅で手に取ることができたが、入手のいきさつは隣人からビラやパンフレットなどが詰め込まれた段ボール箱を「これ、先生何かする?」と持ち込まれたそうだ。まさにゴミ箱から探し当てた資料のレスキューである。

冒頭「第一　趣旨」は次の文面で始まる。

図4 『鎌倉市民戦時生活体制実行方策』

愈々重大化セル国際情勢ニ対処シ今次聖戦ノ目的タル大東亜共栄圏ノ確立、世界秩序ノ建設ニ邁進スルガタメニハ高度国防国家ノ速カナル完成ヲ期スルノ要アリ即真ニ確乎タル国防国家ノ建設ハ一億国民ガ深ク時局ヲ認識シ如何ナル困難ヲモ克服スルニ足ル戦時的生活体制ヲ確立シ相倶ニ協心戮力国策ノ推進ニ当ルヲ要ス

本市ハ時局ニ鑑ミ市民日常生活ノ全部面ニ亘リ冗費節約ト生活ノ共同化ヲ図リ断乎時弊ヲ一掃シ簡素ニシテ質実ナル戦時生活様式ヲ設定シ以テ我ガ国独特ノ家族制度ノ美風ヲ顕揚センコトヲ期ス

「第二　実行事項」は結婚ニ関スル事項、出産、宮詣等ニ関スル事項、葬祭ニ関スル事項、家庭生活ニ関スル事項、社会生活ニ関スル事項の五項目が並び、それぞれに詳細規定がある。戦時下、庶民とりわけ女性たちの日常生活に何を要求したかを知ることができる。

「大東亜共栄圏の確立」の新語は第二次近衛内閣成立後の昭和十五年（一九四〇）七月に決定した。山中恒によれば『週報』二〇三号（内閣情報、一九四〇年九月四日）「新体制とは何か」の特集に組まれた「冠婚の新様式」と鎌倉市の実行方策がほぼ一致するという。

昭和十四年（一九三九）十一月、鎌倉町は腰越町と合併して市制を敷き、翌年暮れに市長が清川来吉から鈴木富士弥に交代した。衆議院議員を六期務め、内閣書記官長を歴任した鈴木が市長に就任後、国策に同調した『鎌倉市民戦時生活体制実行方策』が作られ、庶民に配布したと思われる。昭和十六年（一九四一）十二月八日、太平洋戦争が始まった。

（四）「鎌倉市資料」と通史の刊行

通史資料のもう一つの収穫は、「鎌倉市資料」と名付けた市役所の地下室にある公文書の検索だった。鎌倉市役所は、若宮大路沿いに在った前庁舎が昭和三十七年（一九六二）二月に全焼し、御成町の現在地に建替えられた。「鎌倉市資料」は、焼失を免れた明治十五年（一八八二）からの貴重な一次資料である。特別閲覧のため、市役所の一室に職員が運んできた段ボールを開き、編さん員総出で検索に四か月を要した。女性たちに関する記述はやはり少なかったが、明治二十年上申書願伺指令綴、明治三十三年雑書綴、大正四年諸官庁伺上申書綴など十八種を『かまくらの女性史　通史』の資料に採用した。

『通史』の章立ては以下の通りである。第一章　新しい時代の幕開け、第二章　大正デモクラシーと関東大震災、第三章　戦争の時代、第四章　敗戦　そして自治の始まり、第五章　高度経済成長と市民生活、第六章　鎌倉ゆかりの女性文学者、終章　明日にむかって　随所に資料やコラムを加え、『明治・大正・昭和　かまくらの女性史　通史』を平成二十四年（二〇一二）三月に刊行した。

おわりに

十年間の編さん事業において、四冊の本を刊行した意義は三つある。

『かまくらの女性史』が対象とした期間は、鎌倉が近代の特異な歴史を歩んだ時期である。しかし、そこに暮らした女性たちの記録が乏しく、記憶も薄れつつある状況にあった。市民からの聞き取りや新たに掘り起こした事実をベースに、さまざまな書籍、公文書、新聞、家計簿などに断片的に残された記録を蒐集して検証し、一〇〇年余りの鎌倉の女性たちの歴史を、女性史の視点で年表と通史に初めてまとめ、残すことができた。また女性史編さんを通じて、県内外の研究グループと交流することができた。

二つ目は『かまくらの女性史』が公募で参加した市民（二十～三十八名）によって編まれたため、多様な視点が投影され、これまで光が当たらなかった生活史、庶民史ともなったことである。また、編さん過程において聞き取りや資料提供など市民の協力が得られ、出版後、多くの市民が『かまくらの女性史』を知ることによって、まちの歴史が市民に身近なものになったことである。

三つ目は、このたびの女性史編さん事業は、これから増えると予想される市民と行政の協働事業のモデルになり得たのではないだろうか。

今後、『かまくらの女性史』は専門家の方々のご指摘をいただき、次の世代の市民に引継がれ、資料のさらなる掘り起こしと一九七六年以降の追加がなされることを、期待したい。

終了後の課題と取組み

各地の女性史の集いでは、資料の保管場所がしばしば議題に取り上げられるが、事業の終了に伴い、私たちもこの課題に直面した。編さん中に集めた資料は大量に処分し、一次資料となる地域から集めた資料だけは、鎌倉中央図書館近代史資料室の片隅に保管できたが、その他新聞コピーなど段ボール箱八個分は近代資料室の廊下に積まれた。かまくら女性史の会では平成二十五年（二〇一三）三月「鎌倉市文書館開設の要望書」を鎌倉市長、教育委員会等に提出したが、回答は得られていない。

一方、昭和六十二年（一九八七）に鎌倉市に寄贈されたパブロバ遺品（公演ポスター、写真、プログラム、日記、出納帳、バレエの振り付け記録、ロシアから持参した衣装、装飾品など）約六〇〇点が、現在、吉屋信子邸の倉庫に仮保管されている。パブロバ姉妹は大正十三年（一九二四）に仮スタジオを鎌倉に開設以来、鎌倉の地からバレエの魅力と技術を日本に広め、橘秋子、東勇作、貝谷八百子ら多くの弟子を育成した。平成二十六年（二〇一四）三月市担当課から、「パブロバ資料を鎌倉では有効に活用できず保管状態も良くないことから新国立劇場情報センターに寄贈する」と知らされた。

私たちがこれらの資料の一部を寄贈通告の数か月前に公開展示したところ、期間中に一〇〇〇人近い市民が訪れた。また、地元七里ガ浜町内会では、新しい住民を対象にパブロバ姉妹の足跡を学ぶ勉強会を開き、バレエ・スクール跡地に建つ顕彰碑の清掃を始めていた。鎌倉パブロバ会は姉妹を友好の絆にしたいと、ロシア大使館に働きかけをした矢先の突然の話だった。

地域資料をどこに保存するのか。地元の歴史の事実を証明する資料が身近にあることこそ、市民のアイデンティティーであり誇りである。それがたとえ負の歴史資料であったとしても、忘れてはいけない学ぶべき乗り越えるべき資料として身近に置かれなければならない。パブロバ資料の寄贈の再考を願う要望書を急遽提出し、いったん資料は市に留置かれることになった。

このような地域資料を集め保存公開し、研究者と共に市民もまちの歴史を学び交流できる地域資料・文書館が、是非必要である。

かまくら女性史の会は、市への働き掛けと共に、各地の文書館の見学会や「鎌倉の近現代史資料の保存と活用について」と題するシンポジウムを開くなど連携の輪を広げながら、資料・文書館の開設を目指すことになった。一方「パブロバ資料の整理に関する企画書」を市に提出し、劣化し変色したノート、手紙などペーパー資料のデジタル化に取組んでいる。

博物館自然史資料の重要性

――文化財レスキューの経験から

山本真土

博物館自然史資料の重要性とは何か。本稿では地域における博物館のあり方とともにこの問題を考えていきたい。まずはじめに「文化財レスキュー」とは何であるか、次に私が勤務する真鶴町立遠藤貝類博物館において行った陸前高田市の文化財レスキューについて、陸前高田市の被害と陸前高田市立博物館の標本をあわせて紹介する。そして最後に、なぜ文化財レスキューが必要なのかということについて述べたいと思う。

一　文化財レスキューとは

私は大阪出身で、琉球大学理学部海洋自然学科を卒業している。その後、横浜国立大学大学院教育学研究科理科専攻を修了し、二〇〇六年四月から二〇一一年三月まで土木環境関係のコンサルタント企業で調査員として勤務していた。二〇一一年四月に真鶴町に入庁し真鶴町立遠藤貝類博物館の学芸員として勤務している。学生の時は干潟の貝類の生態学的研究、ハゼ類の生態学や生理学的研究、ゴカイという釣りの餌にするイソメなどの分類学的研究を行っていた。

文化財レスキューを行うきっかけとしては、私は大阪出身のため中学二年生の時に阪神・淡路大震災を経験している。その時に震災ボランティアとして神戸で、のべ三ヶ月ほど活動をしていた。その当時から「文化財レスキュー」という言葉は聞いており、記憶に残っていた。また、コンサルタント勤務時は長野県の北部で勤務していたため、東日本大震災の翌日（三月十二日）の長野県北部地震で栄村の倒壊家屋のボランティアにも参加していた。

三・一一が起こった後に私は真鶴町に学芸員として着任しているが、非常に心残りであった。三・一一を経験した後に、実際に被災地に行って活動したいとの思いはあったのだが、着任して早々であったため、当館のルーティンの仕事に慣れなければならず、被災地に行って何ができるのかという悩みもあった。そこで私が自然史系博物館学芸員として何ができるのかということを考えていた。では学芸員の仕事とは何なのか？　学芸員の仕事には四つの仕事がある。一つ目に調査・研究、二つ目に収集、三つ目に展示と教育普及、四つ目に保存管理。その保存管理の中で、阪神淡路大震災の経験や報道の記憶から、絶対に被災文化財を修復し、再保存できるような条件に戻さなければいけないということを考えていた。確実に文化財を再管理・再保存できる環境にしなければならない。そのために何か仕事・ボランティアができないかということを思案していた。

「文化財レスキュー」というのは正確には「東北地方太平洋沖地震被災文化財等救援事業」といい、「東北地方太平洋沖地震被災文化財等救援委員会」が行っていた。この「被災文化財等」というのがミソなのだ。阪神・淡路大震災の時には文化財、特に美術品や個人所有の民俗資料などがきちんと保全されておらず消失・水損・破棄・散逸・盗難に遭うということがかなりあった。そこで東京国立文化財研究所（当時）と全国美術館会議が立ち上げた委員会が被災文化財救援委員会というものである。損壊を受けた作品・資料の修復・再保管・管理を目的として立ち上げた委員会で、過去には能登半島地震や新潟県中越沖地震の時に文化財レスキューが行われている［松井ほか二〇一二］。

文化財の定義は法律上では文化財保護法第二条及び地方公共団体の文化財保護条例において規定される文化財のことである。特に歴史上・芸術上・学術上・鑑賞上価値の高いもの、例えば有形文化財・無形文化財・民俗文化財・天然記念物・文化的景観・伝統的建造物群というものが指定対象とされているが、博物館や美術館にある自然史資料・美術資料というものについては、多くのものが指定を受けていない。法律的には文化財ではないのである。繰り返しになるが、博物館美術館の収蔵資料の一部は法律や条例に指定されているが、大半のものが法律や条例による指定を受けていないのである。だが、博物館や美術館にある地域の歴史を物語ってきたもの、そのような資料も文化財である、という考えを基に文化財等救援委員会は「国・地方の指定を問わない」、「絵画・彫刻・工芸品・書籍・古文書・考古資料・歴史資料・有形文化財・民俗文化財等の動産文化財及び美術品を中心としたもの」を対象としている〔文化庁次長二〇一一〕。つまり自然史資料も全て含むのだ。「文化財等」という文言であるため、「博物館にあるもの全て」ということで「等」という言葉を付け、「その地域の資料を全て保護しましょう」という考えで東京文化財研究所などが動き始めたのが東日本大震災の文化財レスキューの考え方である。つまり指定・未指定に関係なく、現用行政文書も含めた地域の歴史を物語るものを「文化財等」として救援を行うこととしていた。現用行政文書とは、公文書（起案書）と呼ばれるものである。最初に「こういうものを事業として行いたい」というものを上司に提出し、教育長決裁や首長決裁を受けるものであるが、その公文書が地域の歴史を物語っているものであるという考え方である。この公文書については興味深いことに、京都府の昭和二十一年までの行政文書が平成十四年に国の重要文化財の指定を受けている〔京都府二〇〇二〕。このように公文書や博物館美術館の資料などは、地域の歴史を物語る重要なものという考え方を基にして、事業を開始したのが東日本大震災後の文化財レスキューである。

次に東日本大震災発生後の過程である。二〇一一年三月二十九日に宮城県教育委員会の教育長から文化庁次長宛に「東北地方太平洋沖地震による被災文化財の救援について」という救援要請が届く。文化庁はその日のうちに救援委員会の設置を決定し、翌日に文化庁次長による文化財レスキューの実施要綱を発表する。同年三月三十一日に文化財レスキューの報道発表を行い、四月一日に文化庁長官による長官メッセージを発表している〔岡田二〇一二〕（写真1）。

被災地では津波の被害を受けなかった近隣の学芸員、例えば岩手県の場合、岩手県立博物館が中心となり、学芸員ネットワーク・いわてなどのネットワークにより四月中旬からレスキュー事業が行われている。四月下旬には各地の研究者や学芸員の個人的なネットワークによって被災資料の救援

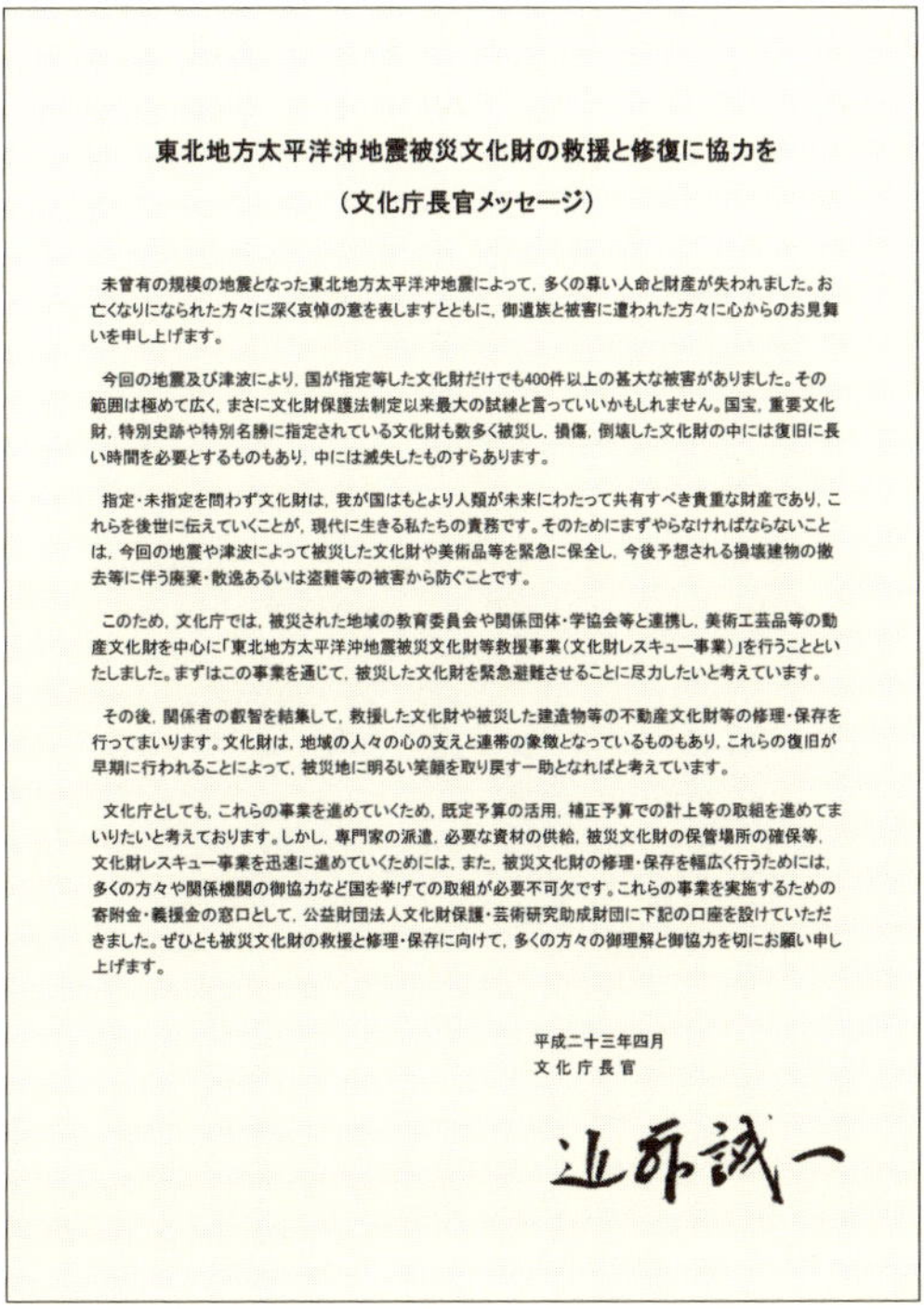

東北地方太平洋沖地震被災文化財の救援と修復に協力を

（文化庁長官メッセージ）

未曾有の規模の地震となった東北地方太平洋沖地震によって，多くの尊い人命と財産が失われました。お亡くなりになられた方々に深く哀悼の意を表しますとともに，御遺族と被害に遭われた方々に心からのお見舞いを申し上げます。

今回の地震及び津波により，国が指定等した文化財だけでも400件以上の甚大な被害がありました。その範囲は極めて広く，まさに文化財保護法制定以来最大の試練と言っていいかもしれません。国宝，重要文化財，特別史跡や特別名勝に指定されている文化財も数多く被災し，損傷，倒壊した文化財の中には復旧に長い時間を必要とするものもあり，中には滅失したものすらあります。

指定・未指定を問わず文化財は，我が国はもとより人類が未来にわたって共有すべき貴重な財産であり，これらを後世に伝えていくことが，現代に生きる私たちの責務です。そのためにまずやらなければならないことは，今回の地震や津波によって被災した文化財や美術品等を緊急に保全し，今後予想される損壊建物の撤去等に伴う廃棄・散逸あるいは盗難等の被害から防ぐことです。

このため，文化庁では，被災された地域の教育委員会や関係団体・学協会等と連携し，美術工芸品等の動産文化財を中心に「東北地方太平洋沖地震被災文化財等救援事業（文化財レスキュー事業）」を行うことといたしました。まずはこの事業を通じて，被災した文化財を緊急避難させることに尽力したいと考えています。

その後，関係者の叡智を結集して，救援した文化財や被災した建造物等の不動産文化財等の修理・保存を行ってまいります。文化財は，地域の人々の心の支えと連帯の象徴となっているものもあり，これらの復旧が早期に行われることによって，被災地に明るい笑顔を取り戻す一助となればと考えています。

文化庁としても，これらの事業を進めていくため，既定予算の活用，補正予算での計上等の取組を進めてまいりたいと考えております。しかし，専門家の派遣，必要な資材の供給，被災文化財の保管場所の確保等，文化財レスキュー事業を迅速に進めていくためには，また，被災文化財の修理・保存を幅広く行うためには，多くの方々や関係機関の御協力など国を挙げての取組が必要不可欠です。これらの事業を実施するための寄附金・義援金の窓口として，公益財団法人文化財保護・芸術研究助成財団に下記の口座を設けていただきました。ぜひとも被災文化財の救援と修理・保存に向けて，多くの方々の御理解と御協力を切にお願い申し上げます。

平成二十三年四月
文化庁長官

近藤誠一

写真1　文化庁長官メッセージ

要請を受けており、多くの研究者や学芸員が各被災地に赴き救援活動を開始していた［鈴木二〇一二］。

当館で文化財レスキューを行うきっかけについて述べる。前述したとおり私は二〇一一年四月から勤務しているが、四月半ばに文化庁からのダイレクトメールが届いたのが最初である。このダイレクトメールが届いたときから文化財レスキューに興味があったのだが、同年四月一日から勤務し始めたばかりであり、通常業務と博物館の基本整理で時間がなく、文化財レスキューに参加したいが断念していた。ただそのような思いを抱いていたところに、当博物館のボランティア活動をされていたNさんにお会いし、業務に慣れ始めた五月頃に「文化財レスキューというものがあるのですがやってみませんか」とお声を掛けさせていただいたところ、Nさんから「ぜひやってみたい。少しでも被災地の力になりたい」というお返事をいただいたのである。その後、文化財レスキューの事務局である東京文化財研究所（以下東文研）に連絡させていただいたところ、陸前高田市海と貝のミュージアムが被災しており、その貝類標本のレスキューをお願いしたいとのことであった。そこで、依頼を快諾し、東文研から陸前高田市海と貝のミュージアムに連絡していただき、当館に文化財レスキュー要請依頼を送付いただいて、同年九月から陸前高田市の貝類標本の文化財レスキューを開始した。

二　陸前高田市立博物館の状況と遠藤貝類博物館で行った文化財レスキュー

まず、陸前高田市の被害状況を確認していこう。陸前高田市は、岩手県の南部にある市で、宮城県仙台市から北北東約一二〇㎞に位置する。陸前高田市には陸前高田市立博物館と陸前高田市海と貝のミュージアムの二つの博物館があり、海と貝のミュージアムは海辺に、市立博物館は内陸約二キロのところに建てられていた。陸前高田市の被害は、犠牲者約一五〇〇人、行方不明者約二〇〇人、倒壊家屋が三〇〇〇戸以上であった。沿岸部から約一〇㎞にわたって津波が到達しており、標高二〇m以下の土地において津波被害を受けていた。

震災の被害を具体的に見ていこう。震災後、津波で被害をうけてしまったのが写真2の状況である。陸前高田市役所は四階建てであり、屋上の手前まで水が押し寄せてきたが、四階以上の屋上に避難していたため、多くの方が救助された。しかし、隣の市民会館では、標高が五m程度低く、市

写真2　津波被害にあった陸前高田市役所と市民会館(当時)
写真内の破線の高さまで津波が到達し、市民会館は水没した。
(写真提供：陸前高田市立博物館　写真撮影：本多文人氏
撮影日：2011年3月27日)

民会館は屋上まで津波による浸水があった。両館とも避難された市民が来られており、市民会館のほうでは市民の多くが犠牲となったそうである。この五mの標高差でそれだけの被害の違いが起こったのだ［熊谷二〇一二］。

写真3　被災前の陸前高田市立海と貝のミュージアム（写真提供：岩手県立博物館　海と貝のミュージアムパンフレットより）

写真4　被災後の陸前高田市立海と貝のミュージアム（写真提供：岩手県立博物館　写真撮影：大石雅之氏）

陸前高田市海と貝のミュージアムには約十万八〇〇〇点の貝類標本を収蔵していた。陸前高田市出身の博物学者の鳥羽源藏と千葉蘭児の標本を中心として三陸の海を紹介していた博物館であった。建物は津波被害により全壊認定をされ、取り壊されている。勤務職員七名のうち一人が犠牲となっている。館内は全て水没し、展示標本の約半数が流出した。日本一大きかった二枚貝類のオオジャコも片方の貝殻が流出し、片側の貝殻だけが残っている。殻長一三〇cm、一枚約一三〇kgで合計約二六〇kgのものだったらしいが、被災し、一枚だけが残って市民により博物館に届けられたそうである。また、展示されていたツチクジラのはく製は流出しなかったが、損傷の被害がかなり見受けられた。収蔵庫内の標本も約三割が流出している［鈴木・大石二〇一二］。写真3が被災前の状況で、写真4は瓦礫等をすべて取り除いた後の被災後の状況である。写真3と4を見比べるだけでも津波被害の甚大さがよくわかる。写真5は建屋内部の被災直後のものである。内部の状況は家屋の残骸が流れ込んで来たり、展示ケースが流されていたり、標本が散乱しているのが見受けられる（写真5）。なお、海と貝のミュージアムは海辺にあったため津波の被害は甚大であったが、後述する陸前高田市立博物館とは被災状況が異なり、大きな瓦礫ばかりが目立つ状況であった。写真6は一階のクジラのはく製展示室で展示されていたものである。天

写真5　被災後の陸前高田市海と貝のミュージアム1階展示室の状況（写真提供：陸前高田市立博物館）

写真6　被災後に奇跡的に展示室に残り、流出を免れたツチクジラの剥製標本（写真提供：岩手県立博物館）

写真7　被災後の陸前高田市海と貝のミュージアム2階展示室の状況（写真提供：陸前高田市立博物館）

井からつるされていた標本だけが奇跡的に残っていたという状況であった。二階も大半が津波の影響を受けており、天井は剥がされ、いろいろな収蔵物が倒されていた（写真7）。収蔵庫の中も窓があったところは全て破られ、そこから標本が流出したそうである。

次に東北第一号の登録博物館である、陸前高田市立博物館の被害状況について述べる。陸前高田市立博物館は、自然史では植物・昆虫・化石等の鳥羽源藏・千葉蘭児の標本を収蔵しており、人文系では絵画などの美術品や古文書・陸前高田の歴史・民俗資料を収蔵していた総合博物館であった。収蔵資料数は約十五万点にものぼった博物館であったが、建物は津波の影響で全壊認定を受け、職員六人は全員犠牲となった。館内は全て水没しており、展示室内の資料は半分以上が流出、一階収蔵庫の一部資料が流出した。しかし、二階収蔵庫の資料は全て水損したがほぼ流出を免れた。この水損は当然のことながら津波による海水である。今まで世界中で誰も経験したことのないような水損であった［鈴木・大石二〇一二］。

写真8は被災前のイメージ図である。被災後（写真9）は車が突っ込んできていたり、押し流していた家を巻き込んで建物の中に突っ込んできたりという状況であった。前述の海と貝のミュー

ジアムと中の状況が異なり、陸前高田市立博物館のほうが内陸地であるため津波のヘドロや砂が、建物内部に流れ込んで溜まっていた。がれきは当然のことで、様々な建物の一部が流れ込んできているのだが、ヘドロや砂が非常に多く、五〇cm以上も堆積している部分もあったそうである。その堆積した砂の中に標本が混ざっていることが多くあり、瓦礫を撤去した後に堆積した砂から標本すべてを探さないといけないという苦労があった（写真10）。写真11は収蔵庫の被災状況であるが、津波による海水とほかの瓦礫で被害が大きかった。オールなどは陸前高田の民俗資料

写真8　陸前高田市立博物館の被災前のイメージ図
（写真提供：陸前高田市立博物館）

写真9　被災後の陸前高田市立博物館
（写真提供：陸前高田市立博物館）

写真10　がれき撤去後の陸前高田市立博物館の1階展示室の状況　堆積している砂が大量にあることが見て取れる。（写真提供：陸前高田市立博物館）

写真11　陸前高田市立博物館の2階収蔵庫の被災状況（写真提供：陸前高田市立博物館）

として収蔵していたものが流出せず残っていたのだが、そのオールとオールの間に様々なものが挟まっているのが見てとれる。

陸前高田市の博物館の標本や資料は上記の二つの館にあったが、津波で消失しなかった標本や資料は全て手作業で探し出し、岩手県立博物館と陸前高田市内に設置された仮設収蔵施設に移動させた。そして、二〇一一年五月頃から移動した標本や資料のクリーニング作業を開始している。また、震災後落ち着きを取り戻したころから「これ、家の前で拾ったんだけど博物館の資料ではないか？」というように様々な標本や資料が届けられ始めたそうである。

陸前高田市内に設置された仮設収蔵施設は旧生出小学校である。内陸に一三km程度入ったところの山の中にある二〇一一年三月末に廃校になる予定であった小学校を利用し、仮設収蔵施設として使用されている［熊谷二〇一二］（二〇一五年六月現在は旧生出小学校を陸前高田市立博物館として活動している）（写真12）。

次に具体的な標本救出状況について述べる。海と貝のミュージアムに展示されていたツチクジラのはく製は東北の博物館では修復ができなかったため、国立科学博物館の筑波研究施設で修復作業が進められた［熊谷二〇一二］。写真13はトラックによるツチクジラのはく製の輸送状況である。写真14は

写真12　廃校となった陸前高田市立生出小学校を仮収蔵施設として利用（現在ではこの小学校跡地を陸前高田市立博物館として活動している）（写真提供：陸前高田市立博物館）

写真13　ツチクジラの剥製標本の移送状況（写真提供：陸前高田市立博物館）

写真14　海と貝のミュージアムの被災直後の標本（写真提供：岩手県立博物館）

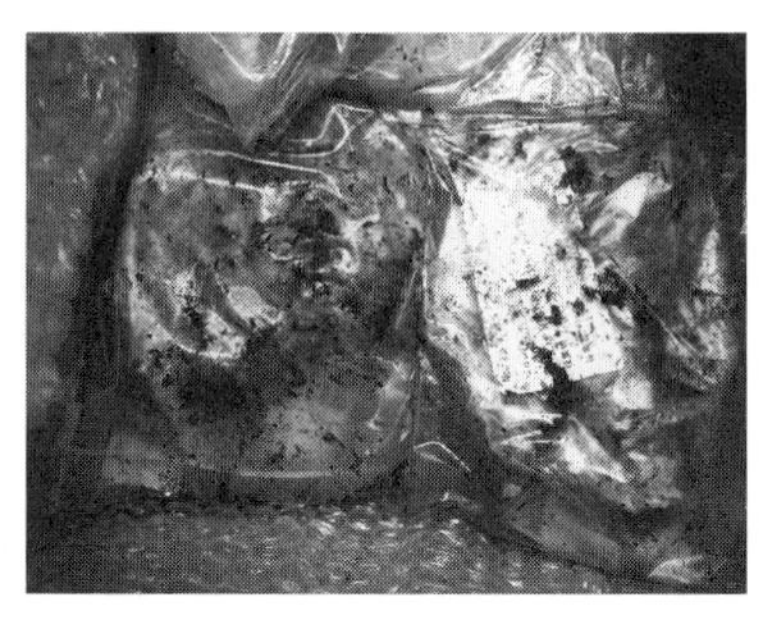

写真15　遠藤貝類博物館に送られてきた貝類被災標本の状況（写真撮影：真鶴町立遠藤貝類博物館）

写真16　陸前高田市立博物館の標本被災状況　砂の中にあるものは骨角器（写真提供：陸前高田市立博物館）

海と貝のミュージアムの標本の被災状況である。木の箱に収まっていたものは流出せず残っていたのであるが、全て海水とヘドロにまみれていたという状況であった。

写真15は当館に送られてきた時の資料の状況である。標本がヘドロと砂にまみれていたのがよくわかる。津波による海水損で、ヘドロの影響もあり、どのような細菌が入っているかもわからない状況であったため、レスキュー作業は、貝類に標本としての価値を残すため発生したカビの除去とその予防のための洗浄作業を行った。なお、そのような細菌を吸い込まないようマスクをして作業を行っていた。

陸前高田市立博物館では、前述のとおり、まず砂の中から標本を探し出す作業から開始された。

写真16がその状況である。写真の砂に埋もれているものが骨角器であるが、このような小さな標本や資料が砂の中から発見されるため、一旦砂をすべて搬出して一時保管し、すべての砂を振るという作業によって、全ての収蔵品を探し出していた。自然史資料は、昆虫標本（写真17）や植物標本（写真18）などの乾燥標本は、津波による被害が大きかった。写真19は屋外展示をしていた化石を含む岩石標本の状況である。コンクリートの瓦礫と一緒に貴重な岩石標本があり、素人には判断できない状況であったため、瓦礫撤去に際しては専門家の判断の元で行われた。収蔵庫内の民俗資料は衣装ケースの中に入れていたのだが、この中にも海水が浸入し、ヘドロで真っ

写真17　陸前高田市立博物館の標本被災状況
昆虫標本（写真提供：陸前高田市立博物館）

写真18　陸前高田市立博物館の標本被災状況
植物標本（写真提供：陸前高田市立博物館）

写真19　陸前高田市立博物館の標本被災状況
岩石標本（写真撮影：平田大二氏）

写真20　陸前高田市立博物館の標本被災状況
民俗資料（写真提供：陸前高田市立博物館）

黒の水がたまっていたという状況であった（写真20）。

仮設収蔵施設は陸前高田市の内陸にあり、この建物では津波の襲来を避けることができたため、この中に収蔵品を運びこんだ。前述したとおり、当初は岩手県立博物館が救援していたため、被災した資料を順に同館に送り一時保管をしていたのであるが、資料のすべてを一時保管およびレスキューするのは不可能であったため、旧生出小学校に搬入された［熊谷二〇一二］。

真鶴町立遠藤貝類博物館での文化財レスキューの作業であるが、二〇一一年四月に文化庁からのダイレクトメールによって事業の開始を知り、同年五月に東文研に問い合わせをし、文化財レスキュー事業の事務局から陸前高田市立博物館に連絡をしていただいた。その後、陸前高田市立博物館の担当者である学芸員の熊谷賢氏から当館にご連絡をいただき、受入体制・仮保管・作業方法などを打ち合わせたのち、九月下旬から当館に貝類の被災標本が到着した。学芸員が作業マニュアルを制作し、ボランティアが中心メンバーとなって作業をおこなった。ボランティアは当館の文化財レスキューの新聞取材とボランティアメンバーの口コミから「作業を手伝いたい」との連絡があり、六名（うち真鶴町民二名）であった。作業期間は二〇一一年九月から翌年三月で、レスキュー資料の総数として約二〇〇〇点であった。

写真21　当館での文化財レスキュー作業状況　ラベルの書き直し（写真撮影：真鶴町立遠藤貝類博物館）

当館で行った貝類標本の文化財レスキューの具体的な作業方法であるが、まず被災標本のラベルの書きなおしを行った（写真21）。送られてきた資料から標本ラベルを破損しないように丁寧に取り出し、耐水紙にラベルを書き写し、新しいポリ袋にもラベルを書き写した。次に標本を傷めないように水道水で砂やヘドロ、カビなどの汚れを除去し、標本を次亜塩素酸ナトリウム水溶液に漬けてカビを殺菌し、次亜塩素酸ナトリウム水溶液を水で洗い落とした後、再度七〇％エタノールにつけて殺菌して（写真22）、標本を乾燥させ、新しく作ったラベルと一緒

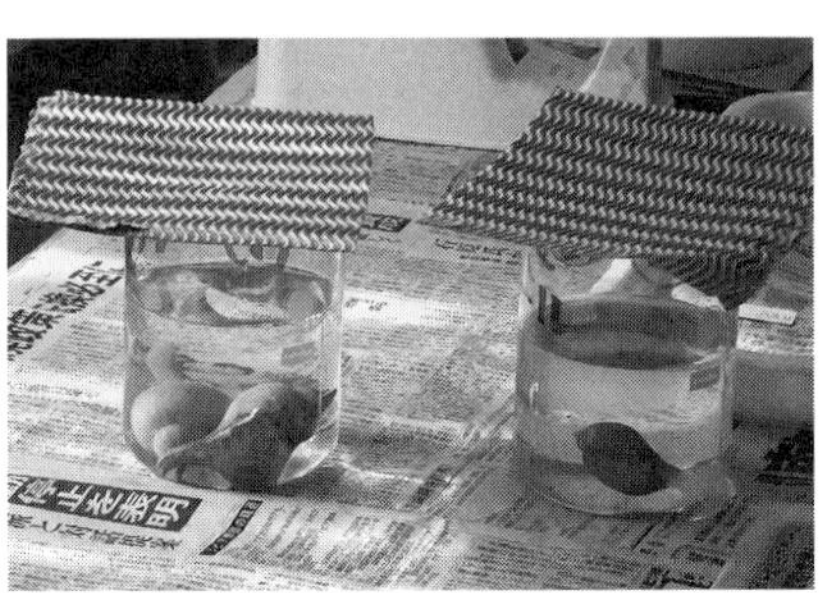

写真22　当館での文化財レスキュー作業状況
薬品による殺菌（写真撮影：真鶴町立遠藤貝類博物館）

に袋詰をするという作業であった。なお、水損した旧ラベルも砂やカビを水道水で除去し、次亜塩素酸ナトリウム水溶液と七〇％アルコールにより殺菌したのち乾燥させ、新しいラベルと乾燥した標本と一緒にポリ袋に入れて返却している。巻貝、とくにヒタチオビと呼ばれる巻貝たちは非常に乾燥しにくく、また当初の標本作成時に軟体部が残っていたものが多くあったため、水損した貝殻から軟体部の肉片が出てきたり、その軟体が海水を含み乾燥時に褐色の液体が出てきたり、という苦労があった。なお、陸前高田市の貝類標本のレスキューをした外部団体は当館と大阪市立自然史博物館のみであった。被災標本の中には微小貝が多くあり、当館では微小貝を専門にしておらず、陸前高田市でも微小貝のレスキューは困難であったため、専門家がいる大阪市立自然史博物館に依頼し、大阪市立自然史博物館が微小貝を中心にレスキューを行った［石田二〇一二］。残念なことに特に貝類では、被災地の学芸員と研究者、他館の学芸員とつながりが薄く、また日本貝類学会もほとんど機能しなかったため、合計二館――陸前高田市立博物館（旧生出小学校）、真鶴町立遠藤貝類博物館、大阪市立自然史博物館――のみで作業を行っていた。

他の自然史標本では植物や昆虫、岩石などの標本が外部団体の救援を受けている。実際に神奈川県立生命の星・地球博物館や横須賀市立自然・人文博物館では植物標本のレスキューを行っていた。植物標本は手作業で傷みの程度別に分け、水でヘドロや砂、カビを洗い落とし、再度乾燥させるという作業であった［大森二〇一二］。

岩石標本は廃棄物と間違ってしまうような標本が数多くあったため、専門家の判断がないと搬出することができなかった。そのため、学芸員や研究者が現場におもむき、標本と瓦礫を分別し、旧生出小学校に全ての標本を搬出し、レスキュー作業を行った。岩石標本は貝類と同様に洗浄とラベルの判読を行って、ラベルを新しく書き換えて、手作業で全部洗って乾燥させるという作業を行った。文化財レスキューの体制は貝類標本とは異なり、日本古生物学会や日本地質学会の協力体制がすぐに整ったそうである。実際の現場作業は八月と十月に二回行っており、合計三十人程度の研究者がボランティアとして陸前高田市におもむき、共同で作業を行った［平田二〇一二］。

三　地域の博物館、自然史資料の重要性

では、なぜ文化財レスキューが必要であったのか。それは地域の博物館というのは一観光施設ではなく、標本も単なる資料ではないからである。地域の博物館とは、観光的要素も含めつつ、地域の自然を伝えていく役割を持つ。陸前高田市立博物館の自然史標本というのは、明治から戦

前にかけて活躍した博物学者の鳥羽源藏とその弟子の千葉蘭児の標本が多数ある。この時代の東北地方の自然環境を明示した資料は非常に稀であり、岩手の師範学校を中心とした博物学教員とその後の博物館により形成された地域文化は文化財的価値が非常に高いものであると考えられる［佐久間二〇一二］。つまり地域博物館の自然史資料標本は地域文化やその地域の自然を伝えるために非常に重要な資料である。その地域文化や地域の自然を震災後も伝えていくためには、文化財レスキューが必要なのだ。

博物館の標本一点一点の学術的価値はあるが、そのコレクション総体としても地域の環境や文化を記録し伝承する文化財的価値を持っている。その地域の過去の自然を伝えているのが地域の博物館であり、現在の自然を未来に伝え、その土地の自然を残すものが博物館の自然史資料なのである［佐久間二〇一二］。例えば絶滅の恐れのある野生動物についての情報を掲載した各都道府県のレッドデータブックに関しては、自然史博物館の資料が非常に重要になっている。当館の貝類標本に関しても、相模湾のレッドデータブックの中の一部の資料として記載されている［葉山しおさい博物館二〇〇一］。

レッドデータブックに記載するためには現在の生息している生物と過去に生息していた生物との比較が必ず必要になってくる。「現在はいないけれども、過去はいた」という証拠として非常に重要な証拠の標本として地域の博物館の資料が挙げられるのだ。

つまり、地域の博物館資料というのは、過去の地域の自然を伝えているものであり、地域の博物館というのはその地域の自然の歴史を物語るものである。言い換えれば、地域の博物館の自然史標本はその地域のアイデンティティそのものであると私は考えている。

　陸前高田市立博物館の学芸員熊谷賢氏のお言葉の中に「収蔵品の一つひとつに物語がある。整った街並みが戻っても、文化財の残らない復興は真の復興ではない。これはその土地の自然・文化・歴史・記憶の集積であり、陸前高田市のアイデンティティだからです」と述べられている〔熊谷二〇一二〕。また、遠藤貝類博物館で熊谷賢氏と国立科学博物館の真鍋真氏にご講演いただいたときに、熊谷氏が私に「ついに鳥羽源蔵と千葉蘭児の標本が全国に知れ渡ってしまったか」とおっしゃられていた。それだけ「地域のアイデンティティ、地域の思いの詰まった資料が博物館にあるのだ」という思いが、その言葉になったのであろう。また、写真23は被災後すぐの陸前高田市立博物館に残されていたものである。ここに書かれている、「博物館資料を持ち去らないでください。高田の自然　文化　歴史を復元する大事な宝です」という言葉は博物館資料の重要性を一言で言い表している。

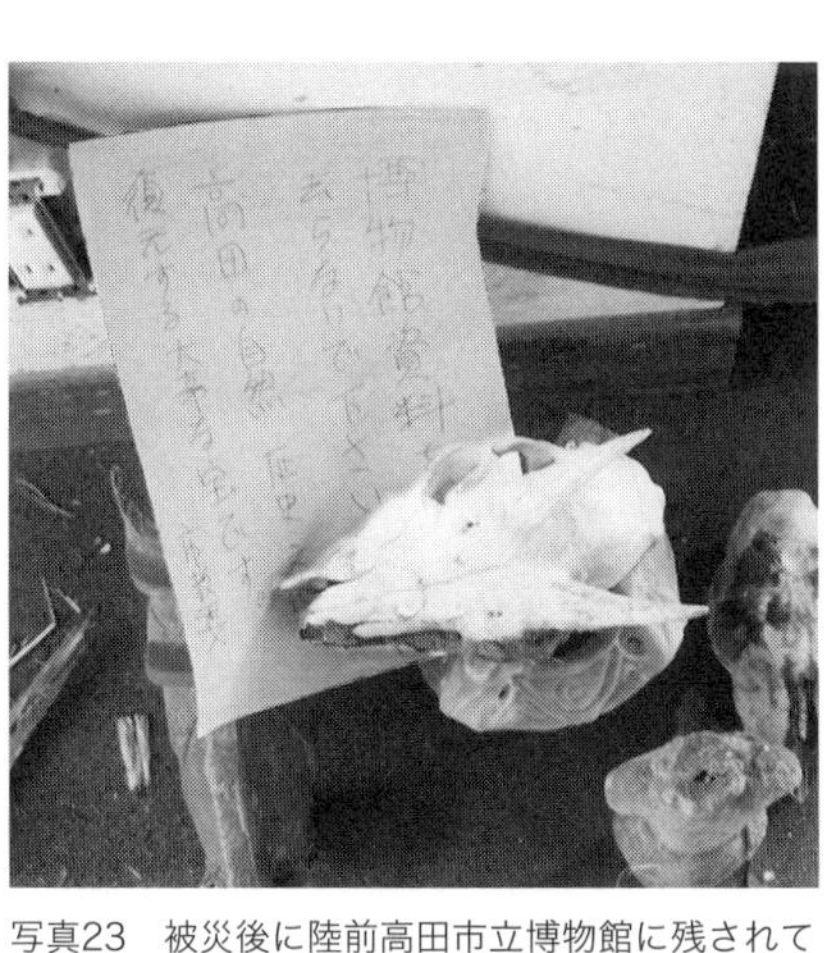

写真23　被災後に陸前高田市立博物館に残されていたメッセージ（写真提供：陸前高田市立博物館）

　自然史標本というのはその地域のアイデン

ティティを示す重要な資料であり、その地域の自然を伝えるものであると私は考えている。したがって、地域の博物館の資料というのは単なる標本や文化財ではない。自然史資料は地域の自然やその歴史を後世に伝えるタイムカプセルであり、地域の博物館はその地域のアイデンティティを伝えていくことが第一の使命なのであろう。その使命を果たすためには自然史資料は指定文化財と同様に、非常に重要なものであると私は考えている。

参考文献

石田惣二〇一二「陸前高田市海と貝のミュージアム所蔵の貝類標本レスキュー」("Nature Study",58(4), p.5-6)
大森雄治二〇一二「津波によって被災した陸前高田市立博物館の植物標本を修復して」(『神奈川県博物館協会会報』第八三号、六八―七一頁)
岡田健二〇一二「文化財レスキュー事業　救援委員会事務局報告」(『東北地方太平洋沖地震被災文化財等救援委員会平成二十三年度活動報告書』東北地方太平洋沖地震被災文化財等救援委員会事務局、一六―四六頁)
京都府二〇〇二「行政文書(所蔵資料の概要)[総合資料館]」(京都府ホームページ http://www.pref.kyoto.jp/shiryokan/m˜gyousei.html)
熊谷賢二〇一一「特集〈耕論〉文化被災」(二〇一一年八月四日付朝日新聞)
熊谷賢二〇一二「陸前高田市における文化財レスキュー」(『東北地方太平洋沖地震被災文化財等救援委員会平成二十三年度活動報告書』東北地方太平洋沖地震被災文化財等救援委員会事務局、二二六―二

三〇頁）
佐久間大輔二〇一一「博物館と生態学（17）自然史系資料の文化財的価値――標本を維持し保全する理由」（『日本生態学会誌』六一、三四九―三五三頁）
鈴木まほろ二〇一一「岩手県における生物標本のレスキュー」（『海洋と生物』三三（五）、四〇三―四〇九頁）
鈴木まほろ・大石雅之二〇一一「津波被災標本と救う――つながる博物館をめざして」（『生物の科学 遺伝』六五（六）、二一―六頁）
葉山しおさい博物館二〇〇一『相模湾レッドデータブック――貝類――2001』
平田大二二〇一二「陸前高田市立博物館の地質標本レスキュー作業にかかわって」（『神奈川県博物館協会会報』第八三号、五九―六七頁）
文化庁次長決定二〇一一「東北地方太平洋沖地震被災文化財等救援事業（文化財レスキュー事業）実施要項」（文化庁ホームページ http://www.bunka.go.jp/earthquake/rescue/pdf/bunkazai_rescue_jigyo_ver04.pdf）
松井ほか二〇一二「奈良文化財研究所における「文化財レスキュー事業」に関する記録」（『東北地方太平洋沖地震被災文化財等救援委員会平成二十三年度活動報告書』東北地方太平洋沖地震被災文化財等救援委員会事務局、九六―一〇六頁）

【討論】

地域資料を考える

田中史生（関東学院大学・神奈川資料ネット）
横松佐智子（かまくら女性史の会）
山本真土（真鶴町立遠藤貝類博物館）
大門正克（横浜国立大学・神奈川資料ネット）
宇野淳子（学習院大学大学院・神奈川資料ネット）
水品左千子（神奈川県立図書館・神奈川資料ネット）
平松晃一（神奈川新聞社編集局アーカイブ室）
川内淳史（歴史資料ネットワーク）
多和田雅保（横浜国立大学・神奈川資料ネット）
中村　修（藤沢市文書館）
菊池知彦（横浜国立大学）
松岡弘之（大阪市史調査会）
＊（　）内所属はシンポジウム時のもの

田中史生　今回は冒頭で多和田雅保さんから開催趣旨の説明があり、生活に密着した資料をどう考えていくかとの課題が課せられました。これに対して最初にご報告いただいた大門正克さんからは、人びとの生存と資料の関係や資料をとりまく現代あるいは歴史的社会への問いも発せられました。また横松佐智子さんからは、歴史研究の専門家には基本的に頼らず、公募で集まった市民の方々を中心に資料を探して地域の歴史を紡ぐ『かまくらの女性史』の大変興味深い編さん作業と、その中でみえてくるいろいろな気づきをご紹介いただきました。また山本真土さんからは自然史の立場から、文化財レスキューについてのご紹介と、地域資料とは何かという問題について、貴重なご提言をいただきました。

三報告は共通して地域資料をめぐる人びとの問題に焦点が当てられていましたし、地域資料についての幅と可能性を非常に大きく広げていただいたと思います。そこでまず、横松さんと山本さんに、全体的な話をされた大門さんのご報告に対するコメントをいただき、討論の口火としたいと思います。

横松佐智子　先程、『かまくらの女性史』の報告の際にもお話ししましたが、大門さんが徳山高志さんを訪ねて、当初ご自身についての聞き取りをするつもりが、思いがけずお父さんのお話を聞く結果になったというご報告がありましたが、『かまくらの女性史』編さんのために、私たちが資料とどのように出会ってきたかという関わり方とつながってくると思います。地域の資料は生まれるものであり引き出すものであり、最初から資料が資料として存在しているわけではない。身近な出来事が資料になっていくという過程は、人びとのいろいろな場面やつながりの中で見出され、掘り起こされて、地域の歴史と人びとの暮らしの証となる資料になっていく、地域の中で消えようとする事実を引き戻しとどめたいという携わる者の熱意によって資料に形づくられていく、そのことを共通の認識として感じました。

山本真土　大門さんのお話の中に、地域と人びとを支える資料、人びとの生存を支える資料というお言葉がありました。資料は人に守られて人に発見される。人の媒介した資料というのは、その資料の中に物語がある、というようなこともおっしゃられました。自然資料も同じです。その物語を伝えていくものが、我々博物館の役目であったり地域の資料を守っていく人びとの存在意義であったりすると私は思っております。

田中　ありがとうございました。資料となっていく過程や、資料を発見していく過程、さらには資料を成り立たせる人びとの営みやつながり、あるいは読み方といった問題について、自然史からも同じようなことが言えるというお話が具体的にありました。大門さんはお二人のご報告を聞いて、どのような感想を持たれたでしょうか。

大門正克　私は神奈川資料ネットの評議員でもあるので、企画の立ち上げの側の一員でもあるのですけれども、今日のシンポジウムをやって本当によかったと思いました。資料をめぐるシンポジウムというものはいろいろあるかもしれませんけれども、ある意味で全く異なる分野・立場の三人の話が共通していて、大変興味深いものとなりました。自然史の資料も、地域で女性史のことをやっている人が資料と出会う過程も、研究者が資料と出会う過程も共通性がある。資料は多様であると同時に、どの資料であっても人を結びつける。

それから横松さんのお話で印象的だったのは、例えば『かまくらの女性史』は、『聞き書き集』と『年表』、『通史』と三つあります。普通は通史が一番大事だとなるのですが、『かまくらの女性史』の場合は、おそらく『聞き書き集』がそのための助走期間ということではありません。『聞き書き集』が聞き書き集としての個別の意味を持っていて、これがあることによって、通史と、その先の地域と人を結びつけるという輪郭が与えられている。言葉もいろいろと印象的でした。信頼関係と和やかな交流から資料が出てくるとか、資料を語り伝える人と聞き取り記録する人の呼吸が合い、話が出てくるとか。私は聞き取りをよくするのでとてもよくわかります。呼吸が合わないとなかなかうまくいかない。地域で何か歴史に関わっていく、資料に関わっていくという点では、同じようなことだなと思いました。

それから本日は自然史のお立場から山本さんのお話も聞くことができました。今日のシンポジウムは「文字資料から自然史資料まで」と、こう書いてある訳ですけれども、これもあまり例のないことです。文字資料と自然史資料とを一緒に話をする。これがごく普通になっていくとよいなと。そういう点で言うと今日のシンポジウムは先駆けになり得るし、そうなっていけばいいと思っています。地域の過去の自然を伝える資料も、地域のいろいろな人が介在していて、地域のアイデンティティとも関わってくる。だから地域においてこの博物館は成り立つし自然史資料も成り立つ。そういう点では、歴史研究とか、地域の歴史であるとか、自然史と関わることとの間に、高い共通性があると思いました。

田中　ありがとうございます。横松さんには、『かまくらの女性史』の編さん過程に関して、苦労と面白さの両方をお話しいただきました。編さんにかかわる市民の方は、最初は公募で三十数名が集まり、その後二十数名になったということでしたが、編さん員というのはどのようなかたちで継続されていったのでしょうか。

横松　始まりは、市役所が主催して、市民向け女性史セミナーを四回、翌年女性史編さん講座を四回連続で行いました。それらに公募で受講した約五十名の中から「女性史編さんを希望する人」という呼びかけに、三十八名が残りました。編さんの進め方や編さん員の役割を認識していたわけでなく、「やってみようかな」程度の気持ちで残った方が大半だったと思います。第一集の刊行時に三十六名、さらに三十名位になって、それから十年の間に、いろいろな事情でぽつりぽつりと辞めていく人がでました。年表や通史は編さん作業にかなり時間を取られました。行政が関わっているので、何年の年度末には出版という期限の約束を守るために、特に出版の前年の秋から半年程は相当時間的に厳しい状態が続きましたし、やはり高齢化や家族の病気や介護など、そういうことで減っていきました。それも皆、自由意志です。市役所の担当事務局が年度初めに編さん員に委嘱状を渡しますが、その際に継続の意思確認もしましたね。一方、書店で『かまくらの女性史　聞き書き集』を見つけて読んだという読者が、途中参加で編さん員に加わるという、うれしいこともありました。

田中　そうとはいえ、かなりの方が残られたようにも思います。

横松　そうですね。最後の通史出版時の編さん員は二十名ということで、その人数が多いのか少ないのかはわかりませんが、それは皆、面白かったからだと思います。ボランティアでハードな作業にもかかわらず、やっぱり楽しかったのだろうと思います。手探り状態から、次第に鎌倉の歴史を編む使命感のようなものが生まれ、出版後の達成感や充実感を仲間たちと味わう喜びを知ったから、続けられたのだろうと思います。

田中　多くの方で、一つのかたちとして歴史を編み出されたわけですが、この数をどのようにまとめたりあるいは分業されたりされたのでしょうか。

横松　それはどうでしょうね。今日この会場に参加している仲間もいるので、聞いてみたいところですけれども。事務局は会を立ち上げはしたけれども、それ以降は全くのお任せ、寄せ集めメンバーの自主運営で最初は大変でした。でも結果、それが良かったのだろうと思います。まず運営委員会を作り、当面の作業の進め方や月間予定を決め、定例学習会を始めました。それから、各自が自分の意見を出して活動しやすくするために小さな単位というかグループを作りました。それは市内の地理や歴史を学ぶ地区別グループとか、必要文献リスト作成グループとか、聞き取り担当別グループとか。それぞれ興味や関心のあるものを選択する。作業が進んでくると、時に応じて専門委員会を作ったり、編集委員会を作ったり。崩してみたり作ったりと結構柔軟に、飽きないようにやってきました。このような作業は、学びの刺激があり、面白くなり興味が出てくると、創意工夫、自分たちでどんどん自主的にやっていくものだと思います。

年表や通史の編さんの頃からは、随分激しい議論をしました。いや、できるようになりました。分担して書いた文章も互いに赤入れをして、何度も読合わせをして練り上げました。私たちは「資料がなければ一行も書けない、書いてはいけない」と資料の裏付けを互いに要求しました。まるで喧嘩のようなやり取りもありました。こんな具合に、少しずつ納得しながら合意して一つに集約していったように思います。でも編さん室を一歩出ると、お互いけろりと「お腹すいたね、何食べる?」そんな会話に戻るのです。

それから先程、寄せ集めメンバーと申しましたが、編さん員にはさまざまな市民が集まり、それぞれが持つ特異な力を発揮して、複眼的で多様な考え方が編さん作業に注入されたと考えています。そのような力が出せる、意見を注入できる場、状況作りが比較的うまくいったと言えるかもしれません。

田中　資料をめぐって多くの方々、特に市民の方々が自分たちの地域を発見し、わくわくしていくというのは、歴史研究者にとっては日常的なものではないですよね。もちろん我々も、個々には資料をめぐる発見に面白さを感じているのですが、これが共感あるいは共有できるものだということを、改めて教えていただきました。

それから、それ自身が直接的に何かを語る文字資料のような資料でなくとも、そこにまつわる物語がある。例えば考古学資料などはそのような資料だと言えますが、自然史資料などからそれを発見するのはもっと難しいところがあるようにも思えます。山本さんのご報告では、自然史資料と地域とのつながりについてのご紹介がありましたが、そうしたものを見出す工夫や課題がありましたら、お話しいただけますか。

山本　昆虫や植物、貝などいろいろな自然史資料があるのですが、こういうものがなくなっても、新たに採取すればいいではないか、と言われる方々も結構おられます。ただそれをしてしまいますと、現状がわかっても過去との比較ができないのです。過去との比較ができないということは、地域のアイデンティティという言葉を使わせてもらっていますが、過去から届いてきたその地域の歴史であったり、自然の積み重ねであったりというものが、よくわからなくなってしまうことになります。自然資料をずっと残していかないと、その地域の存在の歴史というものがわからなくなってしまうのですね。そのためにはその資料を採った人たちの話も非常に重要になってくると思うのです。

当館でもいろいろな標本を漁師さんたちからいただいたりしますが、中でも遠藤晴雄さんという方から標本を全ていただいて、それを記念して遠藤貝類博物館という名前になっています。遠藤さんからいただいた時のお話であったり、遠藤さんが当時漁師さんからもらった時の話しであったりというのも当然伝えていかないと、個々の物語がつながっていかない。その物語が介在しているからこそ、標本というのは非常に面白いものになっていく。そしてそれが地域の重要な資料になっていくのではないかと私は考えています。そういう物語を伝える難しさというものが当然出てくるとは思うのですが、それを伝えるためにはどうすればよいかを私たちは地域の人たちと一緒になって考えていかなくてはいけない。それが地域のアイデンティティにもつながってくるのではないかと私は考えています。

田中　ありがとうございました。神奈川県は農村・山村・漁村から、日本有数の工業地帯や国際都市まで抱えております。ですから、そこに難しさもありますが、地域を重層的で複合的なものとして考える上では、大変興味深い地域だとも言えるでしょう。本日はこういったテーマに非常に関わりの深い方々もお集まりいただいておりますので、フロアからもご意見やお話をいただきたいと思います。ここからは宇野さんに司会を代わります。

宇野淳子　本当は全ての皆さんにお話をお伺いしたいのですが、時間の制限もありますので、まずはこちらでいろいろなかたにお話をお伺いすることにして、そのあと時間の許す限りフロアのかたに自由にお話いただければと思います。

まず、地域と人びとを支える資料を持ち、公開されてきた神奈川県立図書館かながわ資料室を管轄されている地域情報課の水品さんがいらしています。神奈川資料ネットの運営委員でもありますので企画からのこともふくめて地域資料の広がりについてお話しいただけたらと思います。

水品左千子　日頃図書館で地域資料と呼ばれているものを扱っています。図書館は基本的に公刊された紙資料を中心に提供して利用していただいていますが、先程横松さんや山本さんのお話にもありました現物の資料も多少なりともあります。そういうものを県民の方が持っていらしてその資料をどうしたらいいのだろう、というお話がよく図書館にきます。公文書館との棲み分けということもあるのですが、図書館にはアーキビストのような専門の者もおりませんし、研究者でもありませんので、資料の重要性がなかなかわからないところがあるのですね。先程の横松さんのご報告で紹介された、鎌倉市に寄贈されたパブロバの関連資料などもそうですが、大事だと思うし、どこかで取っておきたいと思うのですが、図書館ではやはり取っておきにくい。結局のところその資料を一番活かせるのはどこだろうという状況になるのですね。その資料が劣化せずに保存しておいてもらえる、施設の整ったところに置いたらどうですか？という話になってしまう。これは鎌倉や神奈川にとって大事な資料なのでそこから散逸させてはいけないのではないか、という思いも片方にはあってお話を聞いていいて胸が痛かったです。

あと自然史資料については昔の博物館の目録のような資料が沢山ありますが、私たちにしてみると、こう言っては何なのですが、貝や昆虫とかは全国一緒なのではないかとつい思ってしまうのです。そこに固有でいる動植物があることは十分承知しているのですけれども、だんだん資料が持ちきれなくなってくると、自然史資料みたいなものは、よほどそこで固有なもの以外、「地域資料と言えるのか？これは本当に必要なのか？」と言われてしまうので、「いやいや、ここにあってこそのものなのだから」と言うのですが、なかには「そうだよね、これはうちでなくてもいいのではないの？」との話をしたりすることもあります。図書館の職員は歴史などを研究されている人とは資料の見方が全然ちがうと感じました。

宇野　ありがとうございました。資料の現地保存や資料の範囲はどこまでかなどのいろいろな論点を出していただきました。皆さんに資料の多様性を共有していただきたいので、まずは議論ではなくご意見をいただきたいと思います。

次は、横松さんのご報告の中で、自分たちで資料を見い出していくことに関して、神奈川新聞のお話が出てきました。神奈川新聞社所蔵の写真や新聞原紙は基本的には報道のためのものであるかと思いますが、それを今資料化されている神奈川新聞社の平松晃一さんにお話をいただければと思います。歴史資料や地域資料ではないけれども歴史や地域に密接に関連するものを、あらためて残していく作業をなさっている観点から今日のことを総括していただければと思います。

平松晃一　紙面の資料はマイクロフィルムや原紙というかたちで、県内ですと図書館や博物館にもあります。写真に関しては、だいたい昭和二十五年以降のもので、紙面に掲載されていない写真も含めて、二〇〇四年まではネガ袋、それ以降はデジタルデータで保存されているものがあります。それを今は、社内の利用希望に応じてスキャンして同時に目録を作っています。もともとは紙面に使うために撮られた写真ですが、五十年経ってみると、紙面に載った写真だけが使われるわけではありません。事件などの写真も多いのですが、火事が起こったことが五十年後問題になることはあまりなくて、火事現場の余白に写った町並みの写真が使われたりします。大桟橋に着く客船を撮ったような新聞報道に使う写真としてよいものだけではなく、例えばシルクセンターの上から大桟橋を撮っているような視点を変えて撮った写真が実は結構使われたりします。

なぜそれが残っているかというと二つ理由があって、一つは放置されていたからです。撮った写真を全部まとめてネガ袋に入れて置いておいたまま放置されてきたということが一つ。それからもう一つが、弊社は戦後何回も社屋を移っています。そのたびに引っ越しの荷物を減らせというプレッシャーがあり、その中で例えばネガ袋の番号と対照できる記事のスクラップのように捨てられてしまったものもあります。しかし写真は、今一緒に整理をしている大河原(おおかわら)雅彦とその先輩の松尾信(ただし)といった写真部の記者が、それだけは絶対に残すと強く抵抗したことで残りました。五十年、六十年の長いスパンで、資料がどう残されていくかというのは、いろいろ偶発的な条件の中で、「これはとっておこう」という人為が働く部分と、置いておく場所があったという物理的な部分があります。最終的には、やはり「誰が管理するのか」という部分ですよね。今までは大河原という昭和四十三年に入社した写真部員と、その先輩で昭和二十八年に入社した松尾が中心となって、これは大事なものだと言い続けて受け継がれてきました。私は大河原からぎりぎり引き継ぐことができましたが、そこで切れてしまったら誰がそれをやるのか、誰が管理して利用したい人に応えるのかというと、弊社の場合は資料管理だけのために人は出せません、となった可能性が高いです。そうなった時に結局、写真に興味があって、この写真がすごく大事だとの価値がわかっている人が、うまく続けばすごくよい形で資料を残していくことができると思うのですけれども、それを受け継ぐのはかなり偶然に近い部分があったり、いろいろな難しい問題があったりするとけれども総務部が写真を管理します、というような組織構造にすることは資料が残りやすいという意味ではよいことですが、一方で資料の価値が認識されないまま置いておかれ得る。資料の価値がわかっている人に受け継がせる部分と、全然価値はわからないし、資料の大切さはよくわからないけれども仕事だからやるという体制の両方が必要だということがわかりました。

宇野　ありがとうございました。各報告に引き付けて、神奈川県外のことについてもコメントをいただければと思います。まず大門さんの報告に関して、同じ場所で生存の歴史学を構築されてきた歴史資料ネットワークの川内さんがおられますので、生存という意味、そして東北で行う意味からコメントをいただければと思います。

川内淳史　大門さんとずっと一緒にフォーラムなどをやりつつ歴史資料ネットワーク（史料ネット）の事務局をやっておりまして、陸前高田へも二〇一一年五月に文化財レスキューというかたちで行かせていただきました。その時は鳥羽源藏の蔵書類のレスキューを行いました。

陸前高田フォーラムでは（陸前高田市立博物館の）熊谷（賢）さんと対談形式でフォーラムをやりました。その中で熊谷さんがおっしゃっていたことをご紹介したいと思います。熊谷さんがなぜ博物館学芸員をめざしたかということです。陸前高田市立博物館は東北で第一号の登録博物館で、うちの地域には立派な博物館があるということで小さな頃から博物館に入り浸りだった。そういう中で自分は地域の文化を学んできてこういう所で働きたいということで、学芸員になったとおっしゃっていました。山本さんが博物館の役割、というところで地域のアイデンティティの物語を紡いでいく、とおっしゃったのですが、具体的に博物館の中の人が地域の人とどう関わっていくとか、僕は今日まさに神奈川資料ネットの皆さんが問題提起されたことは非常にするどいなと。資料というのはやはり人との関わりの中であるということ。博物館もおそらくそうであると思いますし、そういう意味で言いますと横松さんが最後にバレエの資料（パブロバ資料）を地域に残したほうがよいのか東京に持って行ったほうがよいのかと、資料保存の環境を話されました。私たちが神戸でやる場合は、「地域歴史遺産」という言い方をしています。なぜ私たちが地域の資料をレスキューするのかという理由付けの時に、簡単に言えばそれは地域にとって大事だと皆が思っているからだと。それは世界遺産であろうが国宝であろうが重要文化財であろうが、また全く指定されていない文化財だろうが、地域にとって重要だと思われるものはすべてレスキューするべきである、という考えのもとでやっておりました。そういう意味で言いますと、鎌倉でバレエの資料が重要だということであれば、東京に持って行かずにやはり地域で持ち続けるという方法を考えていくほうがいいと、むしろそうあるべきだと、僕はお話を聞いてそう思いました。

人と人との関わりということですが、資料をめぐっていろいろな人が関わってくる。ネットワークというのはおそらくそういうものではないかと思うのですけれども、そういう中でお聞きしたいことがあります。歴史資料ネットワークは来年（二〇一五年）の二月で活動二十年を迎えますが、当初歴史学会の連合体というかたちでできた史料ネットが皆様にご支援いただく中で図書館や文書館、博物館、保存科学の方たちと一緒にやるように、特に東日本大震災からそういうかたちになっています。一方で東日本大震災の文化財レスキューの場などの資料をめぐる現場としては博物館と図書館、文書館、そして保存科学の方たちが、文化財レスキューの主体となってくる。歴史研究者が実際はあまり深くコミットできていないという現状をこの三年ぐらい考えておりまして、そういう中でこのネットワークというかたちで改めて歴史研究者が資料と地域の歴史文化にどうコミットしていくのか。それを人ということを介しながら、神奈川でどういう議論をしていくのか。そのようなことを多和田さんにお答えいただければ、今後の私たちの活動の参考にもしたいなと思います。

多和田雅保　参考になることは全然言えなくて、むしろ神戸の取り組みからいろいろ学ばせてもらっているところがあります。私はネットワークを作る時に大学が果たした役割はすごく重要なのではないかなと思っていて、そこがポイントではないかと思います。大学の歴史の研究者、何が歴史の研究かはいろいろと考え方があると思うのですが、その資料がどのような価値を持っているのかということを一生懸命考えて、それを地元の人と共有していくことを割と自由にできる立場が大学の研究者ではないかと思っています。どこかで災害があった時に図書館職員や博物館職員などは行政の立場が優先してなかなか急に動けないとか、いろいろな制約があるという話を聞いています。特定の技術に関して、例えば博物館の学芸員よりは大学の研究者は劣っているという点がどうしてもあるということはわかるのですけれども、いろいろな業種の人をつなぐことは自由にできるだろうなと思っているわけです。

最初のほうでも言いましたが、地域に何か資料群があるとして、その資料群をレスキューしなくていけないという時に、それはいろいろなものが混ざっている中で、これは自然史資料でありこれは歴史資料でありこれは民具であり、というのを横断的にどうレスキューするか、いろいろな人がばらばらに入ってきたら困るわけです。そのようなところをつなぐ役割がどこかで求められるのではないかと思うのです。

神奈川資料ネットは本当にお金もないし人もいない。神戸とかをみているとうらやましいなと思います。では何ができるかと言ったら、人と人とをつなぐことはお金がなくてもできるだろうと思っているのですよね。全国の都道府県レベルのネットはそういったところがほとんどだと思うのです。むしろそれを逆手にとって、自由に動ける身であるというのをフルに活かして、たとえば神奈川資料ネットだと運営委員に図書館の人もいるし文書館の人もいるし行政の人が沢山入っていることもあるし、こういった場でもたとえば博物館の人や新聞社の人とかいろいろな人がいる。それにもちろん地域住民の人、いろいろな人が立場を越えてこういった場に会すると。こういった場を作ることはできるわけですよね。これが一番大事なのかなと思っています。お金もないしなかなかできることはないので苦渋の策かもしれないのですけれども、こういったところで直接ネットワークを異業種の間で作っていくということをやっていけたらいいなと。それしかできないけれどもそれが重要なことではないかと思っています。

宇野　川内さんのお話も多和田さんのお話しも限りなく広げられると思うのですが、もう少しコメントをいただいてからまとめに入りたいと思います。

横松さんの報告に関連して、地域で資料を残して公開していくことに携わっておられます藤沢市文書館の中村さんからコメントをいただければと思います。

中村修　本日のお三方のお話、非常に興味深く聞かせていただきました。パブロバの資料は鎌倉で保存できないのかと個人的に思っています。

現地保存というあり方が望ましいのですけれども、まだ考えようによってはいろいろと考えられる部分があるのではないかと思っています。

横松さんが最後におっしゃった市民資料センター設立の提案ですが、ここに挙がっていることがアーカイブズの基本だと私は思っています。これができなければアーカイブズはアーカイブズでなくなるのだろうと思います。

子どもたちが面白がるところというのがありますが、藤沢ではこれがうまくできていないところがあります。私も『子ども文書館だよりふみくら』を年に一回出しているのですけれども、なかなかうまくいかない。私のほうから子どもたちが面白がるというのはどういうふうにすればできるのかをお伺いできればと思います。

宇野　「後で」とのことですので、横松さんには後にお話しいただきたいと思います。

山本さんのご報告に関してのコメントをいただきたいと思います。横浜国立大学の菊池先生、真鶴で一緒に取り組まれ、またいろいろな実践をされていると思いますので、もしコメントいただけるようでしたらお願いします。

菊池知彦　今日はいろいろな取り扱いについての面白いお話を聞かせていただきありがとうございました。私もずっと動物の分類学とかをやっていて固定した標本の重要性というのは認識していたのですけれども、今回いろいろな方からのお話で、レスキューもそうですけれどもそれをいかに維持管理していくかということの重要さということ、それを予算がないからできないといってもすでにあるものを維持管理していくにはどうしても予算がいるわけで、そこのところをどう増やしていくのかなということを気になって聞いていました。そういう点に関して何かお考えがあれば聞かせていただきたいなと思っております。

山本　真鶴は予算が非常に厳しい状況でありますが、幸いなことに貝類標本に関しては乾燥させればいいということがあります。管理として一番気を遣うのは光なので、収蔵庫の中は温湿度に関してはそれほど気を遣わずに、二十五度から三十度の間で、目標湿度五〇％を一応保って標本管理をしています。美術品ほど正確には管理はしておりません。収蔵庫の中は基本真っ暗です。光、紫外線によって貝の色が退化していきますので、できるだけ色を保存しなければいけないということで、光の管理だけをしている状況です。そのための管理というのは当然光熱費がかかってきますので、そのための予算を獲得しないといけない。そのための活動を当然しなくてはいけないと考えております。またその外の美術品や木簡とかの非常に脆弱な作品、光にも温湿度にも弱いものに関しては何らかの対策を絶対取らなければいけません。その対策に対してお金がかかるから破棄するということを私は絶対に考えたくないのです。破棄を前提に考えない方法を採るためには、人と人とのつながり、ネットワークが非常に重要になってくると思うのですね。ここで保管できなければ別のところ、地域の中で保管できるような場所を探す。それがどうしてもできない状況であれば国に移管して保管してもらう、というかたちでもよいと思うのですけれども、やはり地域の中で保管していくためのネットワークづくりというものが非常に重要になってくるのではないかと考えます。

宇野　ありがとうございました。もう少し大丈夫と言うことで、どなたかご発言されたい方はいらっしゃいますか？

菊池　神奈川新聞社の方がお話になっていました。いろいろなデータの中で特筆されなかったデータとか、現在ニュースバリューにならないような誰もが知っている風俗とかのデータをどのように積極的に集めて保管していくのかということに関して、何かお考えがあればお聞かせ願いたいと思います。今集めようと思っても集められなくて、歴史的価値が高くなるようなデータとどう向き合えばよいのかについてお聞かせ下さい。

平松　非常にタイムリーなご質問でして、実は今、それが問題になっています。なぜ昔ネガ袋がしっかり集められたかというと、写真部が写真を撮りに行っていたからです。昔はスピグラという大判カメラで撮らなくてはいけないから、記者では撮れなかったのですね。それがだんだん三五㎜のカメラになりオートフォーカス、デジタルとなり、今はスマートフォンで誰でも撮れる状況になってきたので写真部がきちんと管理するデータが相対的に少なくなってきています。記者が自分の記事を書くために撮って記事で使ったらあとは会社に残らない、という状況が続いてきてしまったのですね。これだと記事では使われなかったけれども、我々が必要としているものが残らないということで、今は全員がアクセスできる大容量のディスクスペースを用意して、自分の名前の付いたフォルダの中に自分用の備忘のメモでも写真でもよいから何でもとにかく入れてほしい。あとは撮影日で何とかなるだろう。フォルダには最低限の情報、何の取材で行ったということは書いていれてもらいますが、今の段階ではあまり選別せずにとにかく入れてもらうバケツを用意しています。デジタルだとそのバケツ部分は十万円ぐらいあればつくれるので、デジタルボーンの資料であればうまくいけば可能かと思います。あとは意識の問題になってきてしまうのですが、そのように今まさに動き出しているところです。

宇野　今のお話にも関連して松岡弘之さんにお話を伺いたいと思います。大阪市史調査会で写真や新聞も含めたいろいろな資料を編さんするというお立場で横松さんのご報告に近いものがありますし、また石巻文化センターのレスキューの後方支援をされていますので、コメントいただけることがありましたらお願いします。

松岡弘之　大阪で市史をつくっています。図書館の中に市史編纂の部局がありまして地域資料、郷土資料担当の司書さんたちと協力しながらやっております。今日は三報告とても充実していて刺激を受けましたし、また来てよかったなと思っております。

お話を伺いながら二つ思いました。一つは担い手の問題で、もう一つは場の問題です。横松さんのお話は行政とうまく、本当はややこしいことを沢山乗り越えられたと思いますが、素晴らしいお仕事をされて、なおかつそのあり方というものを今後にどうつなげていくかということを提供されたわけです。それは翻ってそれぞれの職場で日常的に資料に接しておられるプロフェッショナルの方々が、そうした方々とどのように接点をもつことができるかということだと思います。災害が契機となって資料の問題を考えることで、全国で資料ネットが増えていくというようなことがあるわけですけれども、やはり基本にあるのは、皆さんおっしゃっていましたが館種や設立主体などを乗り越えて、「あのことはようわからんけどとりあえず大門さんに聞いたらなんとかなるんちゃうか?」と言うようなネットワークがどう構築をされるかということだと思います。そのような時に翻ってプロはプロとして何ができるか。標本修復のお手伝いを例にあげると、実際の作業は地域で素晴らしい標本をつくってこられた地域の愛好家のみなさんだったとうかがったことがあります。僕自身がそうしたつながりを作り上げるような仕事をしていただろうかと反省しましたし、またどのようにそれぞれの立場を共有できるかということを思いました。

もう一点は場の問題です。今日の多和田さんの人口減少の話しを伺うと神奈川もか、と考えるところがありました。僕自身は小学校区がすごく気になっています。学校が統廃合されていく中で、あるいは小学校や中学校を自由に選べる機運になった時に、コミュニティの核として存在していた学校が果たしてきた役割はどうなるのでしょうか。また学校には地域の方々が寄付をされた絵や文献、書などの資料が集まっています。学校は学校で一つの場でしかないかもしれませんが、地域とのつながりという意味で、今問題になっている場面に遭遇することがあったものですから、そういう「場」あるいは「拠点」の議論を神奈川の方でどういうふうにご議論されるかなということも今後伺いたいと思います。

田中　ありがとうございました。フロアの方々から、選ばれていく資料、あるいは保管されていく資料といった問題、あるいは資料の生きる場、あるいは資料を活かすネットワーク、といったことについてさまざまな角度から貴重なお話しいただきました。このフロアのお話を受けながら今日ご報告された皆様に、簡単にご感想をお願いしたいと思います。

山本　一言でいうと自然史資料とは何かということに尽きると思っています。資料とは何かというと、人と人とが介在する物語を紡ぐもの、と私は考えます。それが地域にあるからこそ、その地域がアイデンティティの素材として出てくると私は考えています。ですから、地域を活かし残していくためには、自然史資料というのは非常に重要になってくるものであると私は考えています。

そこに優劣の差というのは出てくるわけはない。文化財レスキューでいろいろな資料を洗浄してきましたけれども、やはり研究者同士、レスキューを行った者同士で、これは最初にレスキューしなければならない、どうしても優劣をつけなければならない場面というのは出てきました。でもそれはレスキューの順番だけであって、全てをやらないとやはり地域を残していくということにならない。結局やはり熊谷さんの言葉に戻ってしまうのですけれども、文化財が残らない復興というのは真の復興ではない。地域のアイデンティティが存在するために、そういう言葉が出てきたのではないかなと私は考えています。

横松　先程、中村さんから「子どもたちが面白がる文書館」という問いかけがありましたが、藤沢の文書館を昨年初めに見学させてもらい、感激し、またうらやましいと思いました。「子どもがわくわくするところ」、ということを考えてみました。それは学校がやるべきことなのか、文書館がやるべきなのかはちょっとわかりませんけれども、地域に根ざすなら、近所の子どもたちもやって来る文書館がやはりいい。子どもたちにとって、自分たちの身近なことや身の回りのことが解き明かされるネタが一杯詰まった所が文書館だとわかったら、きっと面白がって遊びにくると思う。謎解きにやってくると思う。例えば、一つの具体例として、自分の街、僕の住むマンションは、昔は畑だったとか山だったとか、どんな人が暮らしていたかとか、クマやシカがいたとか、何か埋まっていたのではないかなとか、自分の家の周りの道路の変化とか、町や土地の履歴を考えるのも子どもが親しんで面白がるテーマだと思うのですね。そんな仕掛けで、子どもの興味と資料が結びつけば、文書館がわくわくする場所になるのかなと先程から考えていました。

それから、皆さんからパブロバの資料の件でご意見をいただきました。皆さんから肩を押していただいたというか、勇気をいただいた感じで、何とか頑張ってパブロバの資料を鎌倉の中で生かしていく方法を考えていきたいと思います。それは抱え込んで死蔵するのでなく、地域の中でどのように生かせるか、その事をやらなければいけないと思います。

大門　二つ感想があります。シンポジウムの討論が始まる時にも話をしましたが、山本さんと横松さん、私の話は資料の多様性と同時に重なるところがあって、資料は人と人をつなぐ、歴史もまた人と人をつなぐ、地域と人びとを支える資料・歴史。それぞれ違う角度からですけれども、かなり共通性を持って語られたシンポジウムだったのではないかと思いました。その点はここに参加された方々にかなり共有していただけるのではないかと思いました。その際に、先程多和田さんが言われた、つなぐということで歴史研究者に即して考えますと、歴史研究者はもちろんある程度の専門的な力量というのを持っているので、その力を発揮すると言うこともあるのですけれども、今日私がフォーラムの話の中で言いたかったことは、つないでいく過程の中に、歴史研究者にとっても発見があるということです。つまり歴史というのは研究者の側だけにあるわけではなくて、地域の中の人や自然史をやられている人などの側にもある。あるいはフォーラムの先程の保育所の所長さんの話のようなかたちで歴史が立ち現れてくる。資料が人と人をつなぐということは、同時にそのことを通じて歴史の認識自体が常に拡張されていく、広げられていく。そういうかたちでネットワークも広がっていく。単に事務的につなげるだけではなく、歴史とか資料に対する認識自身が豊富になっていく、豊かになっていく。そういうことを意識して自分の研究も進めていきたいと思います。

もうひとつ、先程横松さんが、本編のところは研究者の人が出てきて書いてしまうとおっしゃって耳が痛いなと。私も五十代ぐらいになってから、地域で資料を探して、「見せて下さい。それで書くのは私」みたいなのではないかたちでどうやって研究をしていったらいいかを考えているので、そういうことも、たぶん資料ネットや今日のシンポジウムとも重なることではないかなと思いました。

田中　長時間ありがとうございました。

（文責　宇野・田中）

第二部　地域資料と対話する

海洋生物資料と地域社会

菊池知彦

一　生物多様性

一九九二年にブラジルで開催された地球サミット（国連環境開発会議）において「生物の多様性に関する条約」（生物多様性条約）が採択され、我が国は翌年にこれを批准し、生物多様性国家戦略を策定して総合的、体系的な生物多様性の保全を国家レベルで推進してきている。

しかし、二〇〇八年ボンで開催された生物多様性条約第9回締結国会議（CDB-COP9）では、国家に代わり地方自治体の参加促進決議が行われ、我が国でも同年に制定された「生物多様性基本法」では、生物多様性の保全および持続可能な利用に市町村が主体的に関わることが要請された。

しかし、本件に関する市町村住民や社会の関心は低く、生物多様性という言葉やそれが意味する事柄への理解はまだまだ浸透していないのが現状である。

二　生物多様性の重要性

そもそも、生物多様性とは何だろう？

地球システムは生命とその存在を補償する物理学的、化学的環境要因とが織りなす複雑な生態系を基盤としている。この生態系の機能を物理化学的過程とともに支えるのは一五〇〇万種とも三〇〇〇万種（一億種近いとの説もある）とも言われる多種多様な生命の営みである。地球生態系の隅々に分布している、この様々な生物種の健全な生活こそが、地球システム永続性の鍵となっている。毎年、世界各地で多くの新種が報告される一方、多くの種が絶滅あるいは絶滅に瀕しているという報告も多い。ほ乳類に関しては最近一〇〇年間での絶滅速度が化石記録から推定される過去の平均的な絶滅速度の一〇〇倍に登るともいわれ、現在の状況が続けばその速度は一〇〇〇〜一万倍になるとも言われている。

地球では過去に短期間のうちに大量の種の絶滅が起こったことが何回もあり、生命はそのたびに新たな種を生み出し、爆発的な進化を遂げ、逆境を乗り越えてきた。しかし、生命がそのために要した時間は数千万年という途方もない時間だった。現在の絶滅速度が加速すれば、我々人類が存続する間に元のような多様な生命の世界を復活させる事は不可能であると考えられている。

多様な生命が減るとはどういうことか？

それは生態系を構成しているメンバーの欠損であり、生態系機能の低下を引き起こすということである。

我々は地球生態系のメンバーであり、生態系の機能や多種多様な構成種から様々な便益を得て生活している。この便益は「生態系サービス」と呼ばれ、これには土壌や植物生産・養分循環などの「基盤サービス」、食料や水などの「供給サービス」、気候制御や病気の蔓延を防ぐ「調節サービス」、自然から得る安らぎや、精神、文化、風土などの「文化的サービス」が含まれる（図1）。

このような視点に立つと

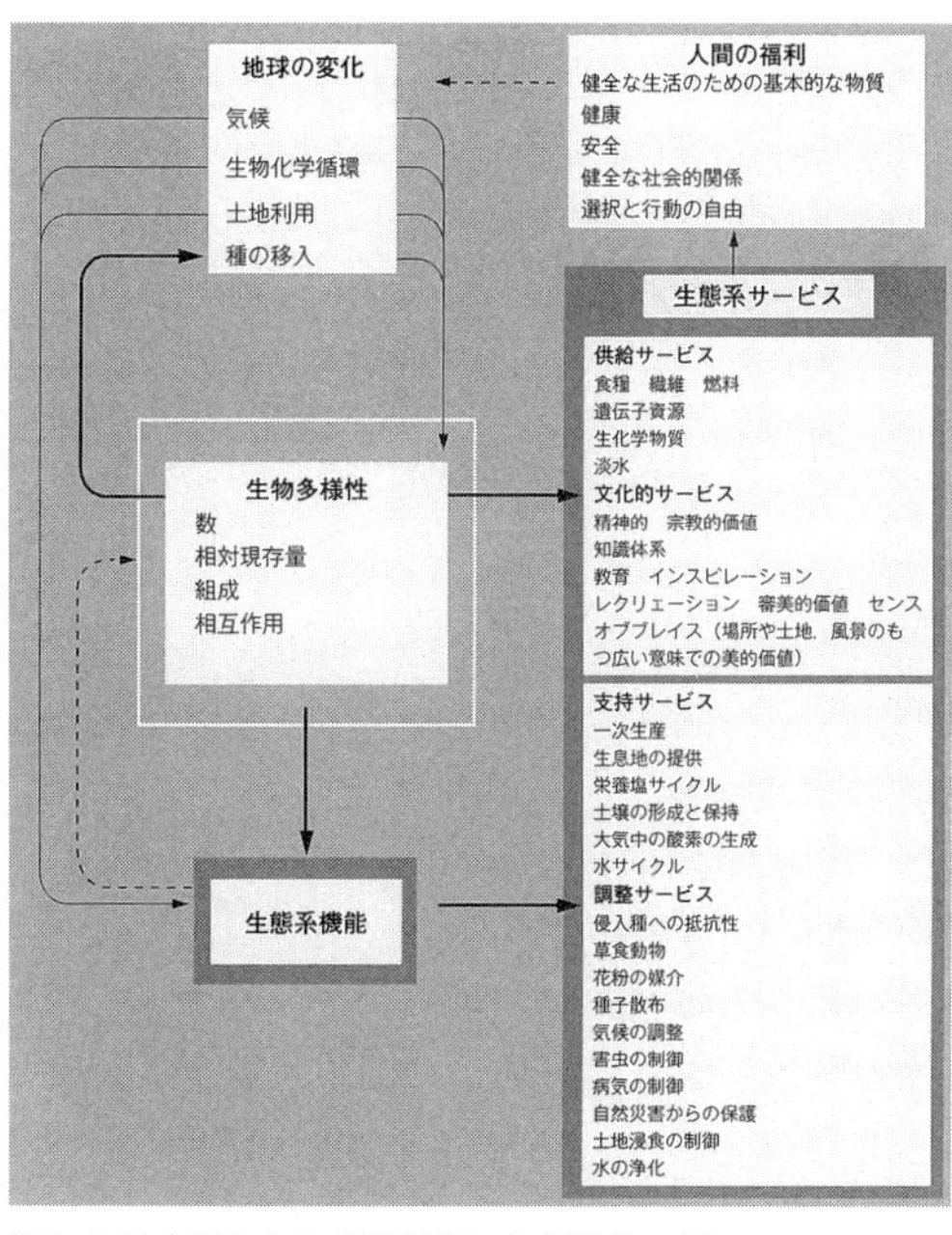

図1　生物多様性と生態系機能、生態系サービス
（浦野・松田編『生態環境リスクマネジメントの基礎』図1.2より）

生物多様性の保全は、我々の身の回り生活環境の保全にとどまらず、生物資源によって支えられている人間社会の存続に関わる極めて重要な問題なのである。近年では生物多様性は単なる環境問題から国際的な「経済的資源問題」になってきている。

我が国では平成十四年三月に「新・生物多様性国家戦略」が策定され、生物多様性にかかわる問題の整理、認識（第一部）、問題解決のための理念・基本方針の提示（第二、三部）、問題解決のための方策（第四、五部）が示された。その上で、生物多様性に三つの危機を明示し問題解決への方向性を示している。第一の危機は人間が生態系に及ぼす乱獲や乱開発などの直接的な負の影響。第二は、社会経済の変化にともなって人間の影響力低下がもたらす里山の荒廃や害獣の被害などの負の影響。第三は人間活動にともなって生じてきた移入種（外来種）や化学物質汚染による生態系の攪乱である。現在問題となっている地球温暖化を第四の危機とする主張も多い。ちなみに我が国では特に第二の危機に対応した方針、方策を重視している。

これを見ると生物多様性はもはや環境行政だけでの問題では無く、問題が進行する地域社会、地域行政全般に関わる問題であることは明らかで、「生物多様性地域戦略」の重要性が鮮明になってくる。

三　生物多様性の把握

では、この生物多様性をどうやって把握し評価するのか？

当然ながら、地域の生態系、生物多様性の現状と課題の把握からはじめることとなる。課題については、希少種の減少や生息地の劣化、害獣の増加や移入種問題、都市部での緑地の減少と宅地等の造成など、地域毎に様々である。したがって、生物多様性は現状の把握から始めることになる。

生物多様性の現状把握の際、有効となるものは危機の区分、生態系の区分、危機となる事態（問題）、問題の原因、発生時期、発生場所・地域などであり、それらを一覧化した危機把握表の作成は大変有効な手段である（図2）。その際、最も重要となることは、危機の区分の評価である。上述した第一から第四の危機はそれぞれに生態系区分、危機となる事態（問題）、問題の原因、発生時期、発生場所・地域を含むため、表は長大になる場合が多い。

その上で、把握表に記載されている項目（問題）の発生を確認するため、関連情報が掲載されている文献の探索と収集、整理、解析を行った上で、資料の管理・保管をすることになる。

探索する文献は、当然ながら問題が発生あるいは発生リスクの高い地域にのみならず、その周辺地域や、自然環境の似た地域のものについて、過去から現在にいたる範囲で可能な限りの収集を行う。その意味に置いては、探し出される文献の価値は如何に探索されやすいか、閲覧されや

危機区分	生態系区分	問題	直接・間接的原因	発生時期		地域区分			
				過去	現在	森林生態系中心	農地・都市生態系混在	都市生態系中心	島しょ生態系
第1の危機　開発による破壊	森林	自然林・二次林の減少	人為的な用地への転換	●	●	○	◎	◎	
			人工林への転換	●		◎	○	○	
		草原の減少	人為的な用地への転換	●	●	○	◎	◎	
		自然林・二次林の分断化	人為的な用地への転換	●		◎	◎	◎	
			道路網の整備	●	●	○	○		
			人工林への転換	●		◎			
		生物種の減少	生息地の消失、減少	●		○	○	○	○
			野生動物の交通事故死	●	●	○	○		○
			マニアによる採集	●		○	○	○	○
	農地	水際環境の単純化	河川の直線化	●		○	○		
			護岸の整備	●		○	○	○	○
		生物種の減少	生息地の消失、減少	●		○	○	○	○
			野生動物の交通事故死	●		○	◎	○	○
			マニアによる採集	●	●	◎	○	○	○
	都市	二次林の減少	人為的な用地への転換	●			◎	◎	
		湿地、草地の減少	人為的な用地への転換	●			◎	◎	
		丘陵地の森林の改変	人為的な用地への転換	●			◎	◎	
		草原の減少	人為的な用地への転換	●			◎	◎	
	陸水	水際環境の単純化	河川の直線化	●	●		◎	◎	
			護岸の整備	●	●		◎	◎	
		湖沼・湿原面積の減少	人為的な用地への転換	●			○	◎	
			農用地への転換	●			◎	◎	
		水質の低下	干潟・ヨシ原の消失	●				◎	
			水際環境の単純化	●	●		○	◎	
		生物種の減少	生息地の消失、減少	●			◎	◎	
			水質の低下	●			◎	◎	
			マニアによる採集	●		○	○	○	○
			河川工作物による生息地の分断化	●		○			
	海洋・沿岸	自然海岸の減少（サンゴ礁・干潟・藻場など）	埋立・浚渫による生息地の改変	●					△
			海岸工作物による生息地の改変	●					○
			海砂利の採取による生息地の改変	●					
			河口堰の建設による生息地の改変	●					
		生物種の減少	干潟・藻場の減少	●					○
			サンゴ礁の減少	●	●				○
		漁業対象種の減少	漁獲管理の不足	●					
			干潟・藻場の減少	●					○
			サンゴ礁の減少	●	●				○
	島嶼	自然海岸の減少（サンゴ礁・干潟・藻場など）	埋立・干拓・漁港の建設	●					○
			海岸工作物の増加	●					○
			海砂利の採取の増加	●					
			河口堰の建設	●					
		生物種の減少	マニアによる採集	●					○
			干潟・藻場の減少	●					△
			サンゴ礁の減少	●	●				○

凡例）「●」は主な発生時期、地域区分の印は「◎:非常に発生しやすい（確認必須項目）」、「○:発生しやすい（重点確認項目）」「△:発生することがある（確認項目）」。
注釈）「森林生態系・都市生態系多」は「森林生態系中心」と「都市生態系中心」の双方を確認のこと。

図2　東京都（多摩・島しょ地域）の生物多様性の潜在的問題リスト
（生物多様性現状把握表）（環境省（2010）生物多様性総合評価、東京都を調査対象地としている1990年以降の複数の学術論文を参考にして三菱UFJリサーチ＆コンサルティング作成を改変）

すいかにかかっている。文献資料としての価値が如何に高くても、探索出来ない文献では使いようがないのである。ニュースなどで「超一級の資料が発見された」といった事を耳にすることがあるが、そもそも、誰にも知られず、新たに発見されるような（誰も知らない）状態にあったことや、知られていてもその価値が評価されていなかったことが問題なのである。

また、それらの文献資料は現在想定しきれない状況において必要となる場合がある。例えば、過去の風景画や風土記などに描かれた山の姿や自然は、現代において火山噴火や土石流災害の変遷を読み解く上で貴重な歴史資料となっている例などがあげられる。こうした資料を当初の目的以外でも価値あるものにするためにはそれぞれの作品や文献について、そのタイトルや著者のみならず、（きちんとした評価を行える者による）内容についての情報もキーワードとして示しておくことが重要となる。

・文献資料

現在、世界の様々な機関から発行される文献の多くは様々な文献検索システムにより手軽に入手することができるようになってきた。

ところで、「文献」とは何を指し、そうでない資料との違いは何なのか？　それを理解しておくことは重要である。

文献とは調査・研究、経験、思索などを記録し、公的な機関の出版物として公表したものであり、先人達がこれまでに何を行い、何を考えたかを知る手懸かりであると言えるだろう。形態としては雑誌（白書、年報などを含む）や図書である。雑誌に掲載される文献（一般的には論文と呼ばれる）は、執筆から発行までの期間が短く、最新の知見を得るのには好都合であり、検索も容易である反面、テーマについてのまとまった知見を得ることが難しい場合が多く、内容の統合性は図書に劣る。

近年の論文や図書は、その検索と入手が極めて容易になってきている一方、自然誌関係の資料の中には容易に入手出来ないものが多い。その多くは、古い資料に見ることが出来る。発行年・発行元が不明確、マイナーな言語、印刷不鮮明、数百頁を超える大著、図書の中に論文として組み入れられたもの、所蔵先不明など様々である。しかし、それが生物種の原記載に関係しているとたいへんである。さんざん苦労して入手した挙げ句、容易に読むことが出来ない言語で書かれている場合や、図の判読が困難な場合もある。その一方で、論文としての体をなしていないものも多い。例えば、調査で得られた種について、暫定的な記載を行って公表し、本発表前に本人が死亡したり研究をやめたり、標本が紛失・破損するケースである。いずれも現在のルールではあり得ないことではあるが、数十年前までに発行された論文にはこのような問題論文が結構多いのも事実である。

・標本資料

自然科学分野、特に地球や生命に関する自然史科学分野において、「標本」は極めて重要である。論文の記載が不十分であっても、標本の指定と保管が完全であれば、後生の研究に耐えられるだけでなく、新たに開発された分析手法によって、従来考えられなかった情報を得ることが出来る場合があるからである。自然史分野の「標本」には生物標本、鉱物標本、地層標本（コア標本）などがある。そこには文献では知り得ない真実が眠っている場合が多い。

（1）標本データの重要性

標本を自然の歴史資料として、自然の科学資料として価値あるものにするには、標本の採集情報が極めて重要となる。

何時、何処で、何を用いて、誰が採集し、どのような認識番号を付して、どこに保管されているかである。

（2）タイプシリーズ

新たな種を発見し、その学名を付与するための記載論文に使用され、学名の基準として指定された標本（あるいは標本シリーズ）をタイプ標本（あるいはタイプシリーズ）と呼ぶ。その中で、種に付与する学名の基準として指定する単一の標本を「ホロタイプ」という。タイプとなる標本が複数個体ある場合、その中の一個体をホロタイプとし、残りを「パラタイプ」として指定し、ホロタイプに準ずるものとする。この場合、複数個体のパラタイプは、種の計数や計測形質、形態形質などの変異幅を示すために必要となる。これらのタイプシリーズは、発表後、誰でもが自由に研究に用いることが出来る様、公的な機関での管理と収蔵が必要となるため、標本番号が付与されることとなる。

(3)　標本の管理と利用

明確な採集情報を持つ完全な標本は、重要な生物資料であるとともに採集時の生物多様性や環境を読み解くための重要な歴史資料ともなる。そのため、適正な管理と保存が必要となる。新種や新属などを記載することに用いたタイプシリーズ（標本）の重要性は述べたが、それらに該当しない標本でも、歴史的な資料としての重要性はタイプシリーズに劣るものではない。技術革新に伴う新たな分析手法は、適正管理されている地球の歴史資料としての標本に眠る重要な情報を引き出してくれることは多い。そのためにも、標本は様々な保存状態、例えばホルマリン漬け以外にアルコール漬けや冷凍などのものを用意しておけることが望ましい。

標本の利用に関しては、その標本を扱った論文に記載された施設、標本番号で管理され続けることが重要である。少なくとも一度確定した標本収蔵施設と標本番号は安易に変更してはならない。また、標本を扱う機関はデータベース等の構築により、必要とされる標本の所在、状況等を世界中から閲覧できる体制を整えておくことが重要である。

標本の紛失・破損はもっとも避けるべき事態であり、生命の歴史資料を失うことと同じである。その管理には細大の努力と注意が要求される。

・数値資料

本稿では海洋生物資料について、生物多様性の側面からその文献情報、標本情報について述べている。しかし、海洋とその生物資料にはデータ自体が高い価値を持つ資料、情報となる場合も多い。ここでは日本海洋データセンターの活動、「オダテデータ」として国際的に知られる長期観測データ、そして生物種の遺伝子情報をもとに生物種を特定するＤＮＡバーコードについてその概要を紹介する。

（1）日本海洋データセンター（ＪＯＤＣ）

日本海洋データセンター（Japan Oceanographic Data Center : JODC）は、国内の海洋調査・研究機関の観測等によって得られた海洋データや情報を一括収集・管理し、一般の利用に供している総合的な海洋データバンクである（http://www.jodc.go.jp/jodcweb/index_j.html）。

昭和四十年四月に海上保安庁水路部の一組織の海洋資料センターとしてスタートし、その後の組織改正を経てＪＯＤＣとなり活動し、国際的にはＩＯＣ（Intergovernmental Oceanographic Commission、ユネスコ政府間海洋学委員会）が推進する国際海洋データ・情報交換システム（International Oceanographic Data and Information Exchange : IODE）の日本の代表機関として活動している。

ＪＯＤＣの主な活動は、海洋観測データ（海流、潮汐、流速、海上気象、水温、海洋生物）と統計資料（水温、塩分、海流、波浪）、そして海洋情報の提供である。海洋情報には以下に示すＮＯＰ、ＣＳＲ、ＭＯＲがある。

ＮＯＰ（国内海洋調査計画）：海洋調査から得られる海洋の諸データの有効利用を図ることを目的に、国内の海洋調査実施機関の年度毎の調査計画をまとめ、公開するもの。

ＣＳＲ（航海概要報告）：海洋データに関し、どの機関が、いつ、どこで、どのような調査を実施したか、また、得られたデータの所在等に関する情報の概要を、国際的に統一された書式でまとめ、公表するもの。

ＭＯＲ（海底・海洋設置機器報告）：観測機器のトラブルの発生防止、より効率的な海洋調査・研究に寄与するため、どこの機関が、いつ、どこに、どのような機器を設置・回収したかをまとめ、公表するもの。

その他にＩＯＣ関係国際会議出席報告、データファイルの管理状況、利用状況、ＪＯＤＣ成果物の紹介、海洋関連のトピックス等をまとめたＪＯＤＣニュースなどを発刊している。

（2）オダテデータ

近年、地球規模での気候変動と対応して海洋の水温や塩分などの物理環境データの長期変動の解析が進展している。しかし、その一方で、海洋の生物生態系の変動については、生物環境の長期モニタリングデータを用いた解析例は極めて限られている。その大きな理由のひとつは、海洋生物の長期観測例が少ないこと。さらにその標本の整理と保管が一括管理されていないこと。標本があってもその情報（採集データや分類データ）がデータ化されておらず、海洋の生物と環境を解析する「歴史資料」となっていないことが挙げられる。海洋の生物多様性や水産資源、海洋生態系が海洋の大規模な環境変動に対してどのように反応するかを明らかにするためには、定期的かつ長期的な海洋観測による長期モニタリングデータの蓄積がきわめて重要である。

小達和子（おだてかずこ）氏は昭和二十六年に東北区水産研究所に入所以来、退官までの四十二年間にわたり、水産魚類資源の餌として重要な動物プランクトンの調査研究に従事し、動物プランクトン研究を水産資源管理の基礎となる漁業生態学的研究へと発展させた。彼女の最大の功績は一九五〇年からの四十年間、定期的な海洋調査によって、同じ手法で動物プランクトンを採集し続け、その完璧な観測データと標本を一括管理したことにある。

一九五〇年から四十年にわたる二万本に及ぶ標本群と観測データは、小達氏自身により解析され、海域の動物プランクトン現存量が十年以上の周期で顕著に変動することを明らかにしたのである。このような海洋生物と環境の長期変動解析の成果は世界的にもきわめて貴重で、

「オダテデータ」として広く世界に知られるようになった。

この海域におけるプランクトン調査は現在も継続されているが、小達氏の標本群のほとんどは現在でも顕微鏡解析に耐える保存状態で保管され「オダテコレクション」として知られている。

オダテコレクションは、海域の動物プランクトン群集の環境変動に伴う種ごとの消長、種間関係の変動、浮魚類への利用価値など餌料環境の変動までも明らかにし、今後、地球規模での気候変動がもたらす高次捕食者に至るまでの海洋生態系変動メカニズムの解明に大きく貢献すると考えられている。

(3)　DNAバーコード

DNAバーコーディングとは生物のDNA塩基配列をその種の表徴として生物種を特定する系統学的手法であり、DNAの塩基配列を四色で表示したものがバーコードに似ているためにこのように呼ばれている。DNAを用いた分子系統学は分類の決定に主眼が置かれるが、DNAバーコーディングでは対象生物種の持っている遺伝情報（DNAの四種の塩基の並び方）に着目しその塩基配列を解析して「種」を決定する。動物では*COI*とよばれるミトコンドリアの遺伝子、植物では*matK*、*rbcL*とよばれる葉緑体の遺伝子が利用される。現在では世界的ネットワーク（iBOL）が構築され、全生物のDNAバーコードデータベースの作成が進められている。今年度までには五十万種の遺伝情報が登録されるそうである。このシステムの運用は、分類学的だけでなく、生物多様性の研究、環境保全、疫学、そして経済に多大な利益をもたらすものと期待されている。

現在このプロジェクト（バーコードオブライフ、ＢＯＬ）は、二〇〇四年に設立された国際組織であるConsortium for the Barcode of Life（CBOL）が中心的な役割を担っており、四十五ヵ国以上、一五〇を超える機関や組織が加盟し、我が国からは、国立遺伝学研究所と日本分類学会連合が加盟している。現在、魚類（FISH-BOL）をはじめ、鳥類（ABBI）や昆虫綱チョウ目（All-Leps）などの重点プロジェクトが展開しており、分類群や地域毎に網羅的なＤＮＡのバーコード目録が作成されつつある。日本では、バーコードオブライフ・イニシアティブ（JBOLI, http://www.jboli.org/）が、我が国におけるＤＮＡバーコーディングの普及や関連プロジェクトの支援を目的として活動している。

四　海洋研究の歴史と生物資料

海洋や海洋の生物についての研究は人類にとって歴史の浅い学問である。ここでは海洋の生物資料の歴史を概観し、我が国の海洋生物資料の歴史を見てみたい。表1には海洋と海洋生物研究の歴史を中心に代表的な事項を示した。

表1　海洋研究の歴史

紀元前	
五〇〇〇年以前	エジプト、メソポタミアで海塩の利用。潮汐、波浪、海流・潮流、海陸の分布等に関する知識の集積。
三八四年	アリストテレスによりエーゲ海より一五〇種にのぼる海産生物が採集・記載される。
紀元後	
一五〇年	トレミー（Ptolemy）の世界地図に海洋が詳細に記載されるが、以降、約一五〇〇年間にわたり、神学の権威が中生の海洋学の発展を阻む。
八世紀〜十一世紀	北欧のバイキングが北米に航海する。
十三世紀	マルコ・ポーロの航海。シナ海、マラッカ海峡、セイロン、ペルシア湾方面を航海する。
十三世紀〜十四世紀	大航海時代。カナリー諸島、マデイラ、アゾレス諸島などが発見される。
一四九二年	コロンブスの大西洋横断航海。
一六六二年	イギリスにRoyal Society設立され、海産動植物の研究（分類学的）が加速。
一七五一年	リンネ（Carl Linne）により分類学が大系化される。
一七五三年	大英博物館（British Museum）設立される。
一八二三年	シーボルト来日（一八二八年まで）。
一八三一年	ビーグル号（Beagle）探検航海が行われる（一八三六年まで）。ダーウィンが乗船。
一八四六年	イギリス人Thomas Henly Huxley Rattlesnake号による南太平洋の調査。
一八五二年	Thomas Henly Huxleyによりホヤとクラゲに関する研究が行われる。
一八五九年	Darwinの種の起源（Origin of Species）が発表される。

一八六四年	ノルウェー沖から化石でしか知られていなかったウミユリが発見される。
一八七二年	イタリアのナポリに世界初の海洋研究所が設立される。
一八七二年	イギリス海軍の軍艦 Challenger 号の世界周航海洋調査が実施される（一八七六年まで）。
一八七三年	アメリカで初めての海洋研究所がボストンに設立される。現在の Woods Hole Oceanographic Institution（WHOI）の前身。
一八七五年	ヒルゲンドルフ来日（一八七六年まで）。イギリス海軍の軍艦 Challenger 号が横浜に入港する。Challenger 号は日本周辺海域でも生物採集を行う。
一八七七年	モース来日。江ノ島に漁師小屋を借り、日本発の臨海実験所を作る。
一八九七年	デーデルライン来日（一八八一年まで）
一九〇〇年	モナコのアルベール一世によりモナコに海洋博物館が、またパリに海洋研究所が設立される。
一九〇四年	フランツ・ドフライン来日（一九〇五年まで）。
一九一二年	Jhon Murray & Johan Hjort "The Depths of the Ocean" が出版され、ウェゲナーの大陸移動説を生み出すきっかけとなる。
一九二五～三〇年	ドイツ、デンマーク、オランダによる探検航海。
一九三〇年	ノーチラス号北極海潜行。
一九四七～五〇年	スウェーデン、デンマークによる探検航海。
一九六〇年代	淡青丸・白鳳丸（東京大学）、開洋丸（水産庁）、海鷹丸（東京海洋大学）竣工。

一九七一年　海洋科学技術センター（JAMSTEC）発足。
一九七七年　潜水調査船「アルビン」（米）がガラパゴス島沖で深海熱水噴出孔を発見。
一九八一年　二〇〇〇m潜水調査船「しんかい二〇〇〇」とその母船として「なつしま」竣工
一九八六年　「しんかい二〇〇〇」で熱水噴出現象発見（沖縄トラフ）。
一九九一年　「しんかい六五〇〇」で世界最深（六三六六m）の冷水湧出帯生物群集（ナギナタシロウリガイ）発見（三陸沖日本海溝）。
一九九五年　阪神・淡路大震災発生。
一九九九年　JAMSTEC一万m級無人探査機「かいこう」一万九一一・四mの潜航に成功。
二〇〇一年　JAMSTEC無人の深海探査機「Hyper Dolphin」の運用開始。
世界の生物多様性情報を共有し、誰でも自由に閲覧できる仕組みをつくるために発足GBIF（Global Biodiversity Information Facility）が発足。
二〇〇三年　十二月二十六日にインドネシア西方沖地震。
二〇〇五年　JAMSTEC、地球深部掘削船「ちきゅう」の運行開始。
二〇〇九年　JAMSTECによりBISMaL（Biological Information System for Marine Life）という海洋の生物多様性情報、特に生物地理情報を扱うデータシステムの一般公開が開始。
二〇一一年　東日本大震災発生。

五　我が国の海洋生物標本資料の黎明期とそれを支えた人々

我が国における海洋生物資料発展の歴史は、江戸から明治になる時代まで遡る。そこには我が国の大学教育の発展のために来日した数名の欧米研究者が大きく関わっている。ここでは、我が国の海洋生物の多様性と海洋生物研究の黎明期を支えた欧米研究者とその活動の概要を紹介したい。

・シーボルト（P.F.von Siebold:1796-1866）

ドイツの医師・博物学者。大学時代に恩師の影響で植物学に強い関心を持つようになるが、大学卒業後は医師となり開業する。しかし、東洋研究にも関心がありオランダ領東インド陸軍病院の外科医となり、一八二三年六月に初来日し、長崎出島のオランダ商館医となり一八二八年まで滞在する。

シーボルトは当時の最新の西洋医学を日本へ伝えると同時に、生物学、民俗学、地理学などの資料を収集し、オランダへ発送した。これらの資料は現在もライデン王立自然史博物館などに収蔵されている。生物標本やその絵図は、当時ほとんど知られていなかった日本の生物について重要な研究資料となり、模式標本となったものも多い。動物の標本は、オランダの研究者によって研究され、『日本動物誌』として刊行された。スズキやマダイ、イセエビなどの学名はこのときに確定したものである。

・ヒルゲンドルフ（Franz M. Hilgendorf：1839-1904）

一八七三年三月～一八七六年十月滞在（三十三～三十六歳）。

ヒルゲンドルフは、明治初期に相模湾の豊かな生物相を日本人に教えるとともに、初めてヨーロッパに紹介した。特に彼の名を有名にしたのが、当時生きた化石として、イギリスで一個体一〇〇ドルの値が付いたオキナエビスという巻き貝をドイツの学術雑誌（一八七七年発行）に報告したことである。

彼は、一八七三年に東京医学校（東京医科歯科大学の前身）に博物学の教師として来日し、日本各地に採集旅行に赴いた。彼が記載した生物のタイプ産地（模式標本を得た場所）には、彼が滞在していた「加賀屋敷」や「上野不忍池」、「浅草の寺」などが知られている。一八七四年に彼は横浜で開催されたドイツ東亜博物学民俗学協会の例会において、江ノ島で発見したホッスガイ（ガラス海綿の一種）について講演した。その他にも江ノ島沖からハリダシクーマ（甲殻類の一種）を報告している。東京湾アクアラインのパーキングの名前として定着しているウミホタル（甲殻類の一種）は彼が採集した個体（標本台帳には 採集地：Enoshima と記されている）に基づき、ベルリンの研究者が *Cypridina hilgendorfi*（現在は *Vargula hilgendorfi*）として記載し、標本はドイツのフンボルト大学自然史博物館に収蔵されている。

ヒルゲンドルフは離日後、ベルリン大学動物学博物館の魚類学部長として活躍し、日本の海産生物の多様性を今に伝える重要な研究業績を残している。

・モース（Edward Silvester Morse: 1838-1925）

日本の生物歴史試料に関する限り、前述のシーボルトとともにモースは特に有名であろう。彼は、ヒルゲンドルフがドイツに帰国した直後の一八七七年六月にアメリカから来日し、七月に東京大学理学部生物学教授に就任するとすぐに、江ノ島を訪れ、そこに日本初となる「臨海実験所」を創設した。

江ノ島では精力的に海洋生物の採集を展開し、貝類、魚類を中心とした分類学的研究を行い、相模湾の海洋生物の多様性が特別に豊かであることを欧米に知らしめた。

・デーデルライン（Ludwig Heinrich Philipp Döderlein: 1855-1936）

ドイツ人のデーデルラインはモースの日本での活動からやや遅れ、一八七九年に東京大学医学部予科の博物学教師として来日した。彼の名前は現在でもあまり知られていないが、日本の海洋生物の多様性や海洋生物資料に接する時、彼の残した業績は極めて重要な位置を占めている。日本滞在中、彼は東京大学で博物学、動物学、植物学の授業を行い、日本に近代的な分類学を伝えるかたわら、日本各地を旅行して動植物の採集やその時の紀行文を数多く残した。彼の著した奄美地方の民俗学に関する紀行文は貴重な歴史的資料として知られている。

彼の業績の中でも評価が高いものの一つに一八八三年刊行の「日本の動物相の研究：江ノ島と相模湾」がある。彼はこの中で三浦半島の三崎周辺海域で精力的に行った調査によって得られたヒトデ類のモミジガイやアカヒトデを報告する一方、それまで世界的にも殆ど知見が無く、深所に分布して生きた化石とされていたガラス海綿の一種であるホッスガイや棘皮動物の仲間でウミユリに近縁のトリノアシなどの生物の採取に成功し、その分布生態に関する知見を合わせて報告したのである。

彼の相模湾三崎周辺での研究活動は、その海域が世界でもまれにみる希少な動物の宝庫であることを世界に知らしめるとともに、三崎に日本初の本格的な臨海実験所（現在の東京大学三崎臨海実験所）設立のきっかけとなった。

彼が採集した膨大な生物標本（特に海産の無脊椎動物標本）やデータの殆どはドイツのストラスブール動物学博物館やベルリンのフンボルト大学自然史博物館、そしてウィーン自然史博物館、バーゼル自然史博物館、ジュネーブ自然史博物館などに大切に保管され、当時の相模湾の極めて多様な生物情報を今に伝えている。これらの標本については現在でも研究が進められており、彼の標本に基づいた再記載や分類学的再検討などが行われる一方、彼の調査資料や日記の解析から明治期の我が国の動物学やそれに関係した人々や当時の社会についても新たな事実が次々に明らかになってきている。

・フランツ・ドフライン（Franz Doflein: 1873-1924）

デーデルラインとともに日本の海洋生物資料を語る上で重要な研究者にドイツ人の動物学者、

フランツ・ドフラインがいる。彼はデーデルラインを通じて相模湾が海洋生物の宝庫であることを知り、一九〇四年から一九〇五年にかけて来日し、三崎の東京大学三崎臨海実験所に滞在して相模湾の深海生物の調査を行った。彼はその成果を一九〇六年に五〇〇頁を超える大著の「東亜紀行」として刊行し、その中で相模湾の動物にかかわる記述の他に日本での生活や相模湾周辺の自然や文化、人々の暮らしなどを詳細に記録している。

現在、彼の残した生物標本はドイツのミュンヘン国立動物学博物館とベルリンのフンボルト大学自然史博物館に収蔵されている。

我が国が江戸から明治になり、近代化が一気に加速している時代の中で、殆ど手つかずの自然が残されていた日本の海。その驚くべき生物多様性は我が国の自然史研究の黎明期に来日した数名の欧米研究者による採集と記録、そして得られた貴重な標本の収蔵・保管とその後の研究により明らかにされてきた。

過去の生物相の情報は、現在の情報との比較研究により、長期的な環境の変化と生物相の変遷を知る上で欠かせない歴史資料となる。また、過去の研究を行った者達の残した紀行文などは、当時の我が国の社会や文化を知る上での貴重な歴史資料となっている。これらの資料の価値が現在、高く評価されているのは、その資料の価値を確信し、その維持管理に努めてきた先人達のたゆまぬ努力があったからに他ならない。特に、我が国とドイツは第二次世界大戦では大きな戦禍を被り、様々な文化財や歴史資料が灰燼に帰してしまった。過去から現在に繋がる生命、文化、人類の歴史を知る貴重な資料の喪失である。

しかし、ドイツで保管されていた日本の自然史資料の多くは激烈な第二次世界大戦の戦禍の中、破損・散逸することなくくぐり抜け、極めて良好な状態で残されていたことは奇跡としか言いようがない。これら資料の価値を熟知し、あらゆる手段を尽くして保管し続けてきた博物館関係者の努力と信念を日本人は知るべきであり、彼らの姿勢には大きな賞賛が送られるべきである。

なお、これら外国人研究者と彼らが主に活躍した相模湾については、「相模湾動物誌」（国立科学博物館・東海大学出版会）に多くの図画・写真とともに詳細が記されているので御一読を薦める。

六　我が国の海洋生物試料と一般市民との関わり

近年、地球環境の変化に伴う生物多様性や生物資源への影響について、多くの議論がまき起こっている。我が国周辺の海洋に分布する生物についても、その情報を収集・管理・解析し、海洋生物の多様性や海洋生態系の変動予測を行う事は地球環境の監視のためにも重要である。そのためには、海洋の環境と海洋生物に関する様々な情報を収集・管理し、広く利用可能な情報として公開・提供することが求められている。

このような状況の中、我が国では博物館をはじめ様々な研究機関が海の生物資料の保存と利用の普及へ向けた努力を開始している。

・海洋生物資料情報の集積と管理

JAMSTECデータベース

JAMSTECがこれまでに実施してきた海洋調査・観測にかかわる海洋、大気、海底地質などに関わる様々な情報を一括で公開している。その中には貴重な海洋生物の画像や動画もあり、見ているだけも楽しめる（http://www.jamstec.go.jp/j/database/）。その中には日本周辺の海洋生物の情報を収集・公開し、その多様性の理解に貢献することを目的としたBISMaL（Biological Information System for Marine Life）という海洋の生物多様性情報、特に生物地理情報を扱うデータシステムがあり、二〇〇九年五月からは一般に公開されている。BISMaLではJAMSTECの調査・研究活動によって得られた海洋生物について、その画像や映像、分布情報、参考文献、形態・生態などが公開され、国際的なデータ共有・データ交換にも貢献している。

様々な海洋生物資料データ

以下に、海洋の生物情報と生物多様性に関する活動を行っている組織のいくつかを示す。

○水産総合研究センター開発調査センターデータベース（http://jamarc.fra.affrc.go.jp/kaigyo/kaigyo.htm）

○ＧＢＩＦ（Global Biodiversity Information Facility）（http://www.gbif.org/）
○国立科学博物館標本・資料データベース（http://www.kahaku.go.jp/research/specimen/index.html）
○神奈川県立生命の星・地球博物館の収蔵資料公開　魚類写真資料データベース
○日本生態学会の英文誌 **Ecological Research** には個人や研究室でこれまでとられてきた、あるいはこれから得られる膨大なデータを埋もれさせず、後世に残して誰でも利用できるような形にするために、**Data Paper**（データペーパー）が設けられている。ここでデータを公開することによりそれが個人や研究機関の業績となり、またデータベースのクオリティーコントロールの面でも利点がある。

・一般市民参加による海洋生物資料の蓄積

公開臨海実習における採集生物データ

臨海実習では、実習に参加する児童生徒・学生によって沿岸域の海洋生物の観察・採集が行われる。このため、日本全体では毎年実習参加者による多くの海洋生物の出現情報が得られることになる。ある生物が「いつ」「どこで」「どのような海洋環境で」観察・採集されたかという情報は、野外実習や調査において必然的に生じるため、その生物種の分布や出現地域の生物多様性を把握・予測するためには貴重なデータとなる。近年、全国臨海実験所所長会議で臨海実習において観察・採集した生物情報の扱いが議論され、生物の出現記録のデータベースへの集積について議論されている。

海洋生物標本と一般市民

海洋生物とのふれあいは、一般社会人においても興味ある催しとして全国各地で様々なスタイルで行われるようになってきている。

神奈川県真鶴町では、真鶴町立遠藤貝類博物館がＮＰＯ法人Discover Blueとともに、一般人や教員を対象に、海やその生態系を理解して、いつまでも海と暮らしていける社会の構築を目指した活動を行っている。この中で「海のミュージアム」という企画を通して、真鶴の現場で採集した海洋生物の観察や海の自然教室として、海洋環境と生物の繋がりを体験的に学ぶコースの提案を続けている。

企画で得られた生物は真鶴町立遠藤貝類博物館やDiscover Blueの専門家が同定し、それを参加者に通知するとともに、生物の出現データをJAMSTECのデータベースへ登録する試みも始められており、これまで専門家の手によってのみ得られてきた海洋生物資料の情報が一般社会人の活動からも登録される道が開けてきている。

こうした活動は、海洋だけでなく我々が日々接する地球環境や自然環境に関わる情報を急激に増やすポテンシャルに富み、そこから得られる生物多様性情報や自然環境情報は、今後、人と社会を取りまく環境変化にとって極めて重要になるものと考えられる。

七　生物多様性の推進

ここまで、我が国の海洋生物資料について、生物多様性とその重要性、生物多様性の把握のための文献資料、標本資料、数値データ資料について解説し、我が国の海洋生物の資料の歴史と現在の生物多様性情報と標本、海洋生物資料情報の集積・管理、一般市民の参加による海洋生物試料データの蓄積などについて見てきた。

「歴史資料」と言うとき、多くの方々は専門の歴史研究者だけが扱う学術資料であると思っていたことであろう。しかし、歴史資料や生物標本資料、観測データ資料などは広く一般に公開されており、だれでもが利用することが出来る地球の過去から現在、そして将来を予測するための大切な資産である。

近年、世界的に生物多様性の保護が叫ばれているが、その重要性を研究し一般社会へ普及する活動はまだまだ十分ではないように思われる。日本に国立の博物館はあるが、欧米の国々に普通にある「国立自然史博物館」が無いことは、かけがえのない地球と生命の資料を扱う機関の不在を内外に示している様に思われる。文献や標本の価値を一般市民が十分理解している国こそ文化国家と言えるのではないだろうか。教育の十分で無い時代に貴重な生物資料の収集に奔走したり、戦火の中でも文献や標本の保管・管理に命をかけた方々がいたのである。自然史研究をささえる文化の育成が切に望まれる。

地域における学校史料

多和田真理子

はじめに

筆者は飯田市歴史研究所調査研究員（長野県飯田市）として、継続的に小学校が所蔵する文書の調査を行ってきた。[1]これまでに『飯田市歴史研究所年報』で成果報告を行ってきたほか、[2]二〇一三年度の日本教育史研究会サマーセミナーなどで、学校所蔵文書の保存について報告する機会をいただいた。[3]それらの機会においては、主に活動の「理念」と「成果」とを述べ、さらなる活動の継続によって理念に近づくことを目指す、という趣旨で報告をまとめてきた。

だが、実のところ、理念に近づいているというよりは、行き詰まりを感じてもいる。それには活動に物理的な時間をとれないなど、筆者自身の能力不足が大きな理由としてあるのだが、活動の継続性がこうした個人の能力に帰結するのは、決して望ましいことではないだろう。その行き詰まった感じをうまく説明する言葉をまだ持っていないのだが、必ずしも「理念」と「実践」の乖離、という言葉で表現しうるものでもないと思っている。

そこで本稿では、上記の調査および報告の機会に考えたことや、神奈川資料ネットのシンポジウム[(4)]に参加して感じたことにふれながら、「いまだ実を結んでいないこと」すなわち試行錯誤の最中にあることを中心的に述べ、現時点での考えを整理してみたい。

なお本稿において、所蔵・管理を学校が担っている文書類などの資料を「学校所蔵文書」と呼ぶ。学校所蔵文書を含む、学校に関連する文書類について、主に歴史研究の観点から検討対象とする場合に「学校史料」と呼ぶことにする。

一　学校史料との出会い

正直なところ、筆者はたいして深い考えのもとに学校所蔵文書の調査を始めたわけではない。飯田市歴史研究所の職員として、時代を問わずさまざまな史料調査に参加する機会に恵まれた。それらの調査を通じて、史料群の悉皆調査により多角的な分析が可能になることを強く感じてもいた。二〇〇三年九月から翌年三月にかけて飯田市内の小中学校所蔵文書の状況調査を開始した[(5)]のも、そうした業務の中で機会に恵まれたからという理由がいちばん大きかった。学校という場所にはどういう文書が存在するのかを、素朴に知りたかったのである。

いっぽう当時、筆者は幕末から明治初期の郷学校や私塾など、民衆の教育要求の高まりに研究関心を寄せていた。この時期の史料はあまりに少なく、しかも筆者は歴史学を専門に学んできたわけではないので、史料の探し方のノウハウも身に付けていなかった。そんな中で、自分の知りたいのは学校に関することなのだから、学校所蔵文書を調査すれば何か関係するものが見つかるかもしれない、という素朴な思いもあった。そのため当初、史料調査にあたって第一にあったのは自分の研究関心で、悉皆調査はあくまで仕事として、いってみれば「オプション」として捉えていた面がある。

しかし実際に調査を重ねるうちに、その「オプション」の難しさを徐々に思い知ることになる。まず、調査対象となる学校で、校長先生や教頭先生、さらには事務の方たちに調査の趣旨を説明する。そして「史料の所在状況を見せてください」というと「どのような史料をお探しですか」との（ごく当然の）お尋ねをいただく。その回答に困った。私たちの見たい「学校史料」とは何だろうか。初めは「とりあえず昔のものを」というような雑駁なことしか言えなかったが、なんとか「とりあえず昔のもの」が収められた部屋に案内していただいた。

史料がある部屋には、さまざまな年代の文書が収められている。特定の研究関心をもつ私の目には、明治期あたりの「古い」史料が魅力的にうつる。一方で、昭和期、平成期の文書類については、どこまでが史料なのだろうか、と素朴に疑問に思った。迷いつつ、とりあえず悉皆調査が必要だと思い、部屋全体を記録することにした。だが、「部屋全体」とはどこまでだろうか？　明らかに毎年入れ替わる段ボールの文書箱は記録する必要があるだろうか？　すべてを「とりあえず」のうちに進めていくよりほかなかった。

調査対象となる「学校史料」とは何だろうか。自問しつつ何度か訪問するうちに、最近発生した「新しい」文書たちは、史料的価値を吟味されないままに次々と廃棄されていくことを知った。じつは「古い」ものは、学校が統廃合されたり、教室が足りず急きょスペースを空けなければならなくなったりといった事情がなければ、突然に捨てられる可能性はあまり高くない（もちろんそうした機会にまとめて廃棄されることも、史料の損失として大きな問題であるが）。かつての記念誌編さんなどの機会に、整理された文書が紙箱に入れられ棚に収められている場合もある。一方で「新しい」文書類は、「学校文書保存規程」にもとづき保存年限ごとに文書箱に入れて置かれている。新たに発生した学校文書は、保存年限を過ぎるとすみやかに廃棄される。文書管理のサイクルができていることも、ようやくわかってきた。

ではどういった文書が保存され、どれくらいのサイクルで廃棄されているのだろうか。学校文書分類表をもらい、ふたたび小学校を訪問して、学校で発生する文書を調査させていただいた。その結果、家庭などに配布するプリント類や教育委員会などに提出される書類、それらの作成や日々の学校運営に関する資料が大多数であることがわかった。学校事務職の方にもいろいろお話を伺った。

調査でお世話になったある学校の方は「事務書類ばかりで、別におもしろいことが書いてあるわけでもないでしょう」とおっしゃった。それでも一〇〇年も前のものならば、今とは見た目がだいぶ違うので、何か「おもしろさ」があるはずだとアピールすることができるかもしれない。戦後といってももう七十年も経つので、見た目の「古さ」から「おもしろさ」を推測していただけるかもしれない。だがたとえば平成に入ってからの文書はどうだろう。それら「新しい」文書にどんな「おもしろさ」があるのか。なぜ残されなければいけないのか。

こういう場合の「おもしろさ」とはなんだろうか。あえて言語化すれば、昔の授業の様子や子ども・教師の気持ち、人々の生活の様子といった「実態」のことを指しているように思われた。個別の子どもや教師の「実態」に迫る資料とは、たとえば子どもの作文や作品、教員の作成した授業案などだろうか。学校文集、授業研究集録などの形で学校に残されている場合もあるが、それらはごく少数である。また、自身の子ども時代の記憶にある方も多いと思うが、各クラス全員が作文を書き、年度末に編集され配られるような文集（作品集）は、学校には残されていない。少なくとも文書としての保存対象にはなっていない。多くは教員が個人的に持っている、あるいは授業を受けた生徒たちが捨てずに残しているなど、いわば個人の思いや「偶然」に頼らざるをえない。それらの史料が長年にわたって保存され、所在が外部に知られるのは、有名な教育実践者の事例などごく少数に限られる。はるかに多数の授業の記録が（その授業の優劣とは関係ないところで）消えている。

一方、学校で公式に作成され保存される文書の多くは、日常的な学校運営の過程で必要な情報が把握できるのだが、どんな授業が行われたのかという教育内容に関する面や、子どもたちや教師たちがどんな生活を送っていたのかは、あまりわからない。そんな文書に目を向けても「実態」がわからないではないか、という感想は確かにあるだろう。

もちろん、学校史料のもつ「おもしろさ」が全く理解されてこなかったわけではない。たとえば教育史研究者にとっては、むしろその歴史的価値は当然とみなされてきた感が強く、分析対象としてたびたび用いられてきた。

たとえば「沿革誌」をたどればその学校の大まかなあゆみがわかるほか、年度末の学事報告が添付されている場合もあり、年度内を通じての主なできごと、各クラス児童生徒数、皆勤・精勤児童数などの情報がわかることもある。また学校の日々の様子は「学校日誌」に記されている。これらはほぼすべての学校が継続的に作成しており、保存年限を超えても引き続き保存されている場合が多い。ほかに職員会の記録が残っている場合もある。また、運動会・遠足などの行事に関する簿冊は分厚く、何年間にもわたって重ねて綴られている。こうした行事は先例が貴重な情報になるため、過去数年分かをまとめておくことが重要だったと思われる。ほかにも筆者らの悉皆調査によれば、研究授業に関する冊子類やＰＴＡや同窓会の記録、教育会関係の文書なども残されており、学校の内外に関わる多様な文書があることがわかった(6)。

ただ、これらの史料を概観すると、記述が定式化されてくる以前の段階、おおまかにいえば一九五〇年代までの史料には、興味深い内容のものが多い。記入事項が形式化され、専用の冊子が作られるようになった頃から、記述は最低限のもの、客観的な事柄に限定されるようになった。これには、戦後、人権問題にかかわる情報開示請求が増えてきたことも関わっていると考えられる。先に触れた、現在の学校関係の書類は「おもしろさ」がない、というイメージのひとつは、この客観性（主観性・感情の欠如）にあるかもしれない。

また、従来の研究においては、これらの史料をあくまで自身の関心にもとづいて探索し分析する傾向にあった。学校という機関がいかなる文書類を所蔵しているのか、その全体を把握しようとする試みは研究者間においてあまり蓄積されていない。つまり所蔵史料を「悉皆調査」するという観点が薄かったように思われる。それゆえ、保存されてきた史料の利用に関して考える機会はあっても[7]、史料調査の方法やその保存について、研究者が主体的に取り組むものとして論じられる機会はあまりなかった[8]。

大学の所蔵文書についてはアーカイヴズ化が進んでいる事例が複数ある。前述の日本教育史研究会サマーセミナーにおいて、西山伸氏から京都大学の事例についての報告があった。事前に作成された報告趣旨文の中で西山氏は、大学アーカイヴズが従来の「歴史研究への資料提供」や「沿革史編纂のための基礎的作業」からしだいに役割を拡張させてきたことについて触れ、その存在の「対外的意義」として、①大学のもっている情報を広く社会に公開する、②資料に基づき大学の存在理由を社会に示す、③歴史研究のための基礎資料を提供する、の三点を挙げていた[9]。

史料保存の意義に関して、大学以外の学校にこれらを当てはめて検討することは的外れであろうか。「歴史研究のための基礎資料を提供する」ことに意義を見いだすのは、それじたい研究機関でもある大学においてならば一定の説得力をもつが、「歴史研究」と日常的に関わりをもたない学校では、自明とはいえない。

そもそも、学校所蔵文書のもつ史料的価値とは何だろうか。「おもしろさ」とは何だろうか。それは、どのようにして示すことができるのだろうか。何が、どのような理由で、学校史料として残されるべきなのだろうか。その問い直しが迫られている。

二　学校史料を「再発見」すること――地域資料として

筆者は、西山氏が挙げたアーカイヴズの意義のうち②に関連して、学校史料が地域における学校の存在理由を示す素材となりうるのではないか、と考えている。

学校を取り巻く地域は、時間の経過とともに姿を変えていく。それにともなって学校が統廃合されたりすることもある。実際に、学校史料が失われる大きな理由として、学校の統廃合が挙げられる。[10] 学校が歴史を閉じることにより、その関係文書も多くが廃棄される。そのことによって、地域における人々の学びの歴史までもが廃棄されていくことになるのだ。

そうだとするなら、学校所蔵文書の歴史的価値は、まず何よりも、地域にとってのそれという観点から考えられるべきではないだろうか。学校史料を総体として調査の対象とし、整理保存する試みは以前からあった。地域の歴史、地域の学校の歴史に関心をもち、調査研究を重ねてきた市民の手で、学校史料の調査および保存が進められてきた事例は少なくない。それらの役割を担ったのは、長年にわたり学校教員として現場を支えてきた方や、地域で生活を営み、産業を支えてきた方々などである。筆者が調査を行っている長野県飯田市においても、長年にわたる学校文書が残され、分類されて棚に収められている事例や、手製の紙箱などを使って保存されている事例を多く見かけた。これらの多くは、学校の記念誌編さんをきっかけに、当時の教員や地域の有志の手で、史料整理が行われたものである。

学校所蔵文書の歴史的価値を、地域という観点から捉え直すことは、学校を単に教育の行われてきた場所と捉えるのでなく、独自のルールや性格をもつ固有の空間であると同時に、当該地域における教育的・文化的な核として位置づけなおすことを含んでいる。誰がどのような事情をもって学校という場に関わり、記録を残し、あるいは変更を加えていったのか。それが、地域の社会構造を考えるにあたってひとつの重要なポイントになりうるという認識である。

考えてみれば、学校という場所は常に地域における教育的・文化的なコアとして位置づけられてきた。既に先行研究で明らかにされてきたように、一八七二年の学制公布により近代小学校が各地に置かれた際、国は方針を示したのみであり、実際の設置運営は町村、ひいては地元の人々の手に委ねられていた。もともと筆者の問題関心は、村落共同体における近世と近代の接続部分をどう捉えるかという点を地域の学校教育に焦点をあてて明らかにしようというところにあり、これまで飯田市域の小学校の事例から具体的な様子を明らかにしてきた。そこでは国家が近世的な富裕層・知識人層を動員する一方、地域の知識人層たち自身がみずからを近代的思想へと「啓蒙」し、近代的な学校知を拡大していく過程をみることができた。

その後も町村予算における支出の大部分を小学校関係が占める状況は長く続いていた。また、校舎の新築や増改築に地域住民が資金や人手を供給した記録が多数残っている。戦後になっても、たとえば学校のプール建設やピアノ設置などの機会に、地域有志の寄付金を集めることは少なくなかった。学校設備の維持は地域の人々の協力なしにはなされえなかったことがわかる。つまり、学校の設置運営過程を明らかにすることは、地域のあゆみを明らかにすることでもある。学校の設置運営に関わる史料は、地域史料としての重要性をもっているのである。

こうした観点のもと、今後も学校史料を貴重な地域史料として保存し続けていくことの意義とその方法について考えることが必要である。同時に、私たちが、いわば外部の研究者として何をなしうるかということも考えていかなければならない。

三　学校史料の価値を高める――アーカイヴズの可能性

先に述べた、「新しい」文書に「おもしろさ」がないという批判は、そもそも子どもの作文や作品などが、授業実践の成果や、子どもの成長・発達、学力向上を示す素材としては研究利用されてきたが、そこに記録された内容も含めて、地域史の分析対象として捉える視点が薄かったこととも関わっている。

大門正克氏は八月の神奈川資料ネット主催シンポジウム報告の中で、岩手県陸前高田市の小学生が一九七〇年代に書いた、当時の地域開発に関する作文をきっかけに、作文が「生きた証」を示す資料、すなわち「地域と人びとを支え」、「「生存」を支える」ものとなると述べていた。ここで大門氏が指摘したのは、子どもの作文という資料が「人と歴史を結びつける」役割をもつということであったが、それは同時に、作文が地域史料としての価値をもつことへの示唆でもあった。大門氏は、子どもの作文などが、以前の歴史研究において一般的には位置づけられてこなかったことを指摘し、そのうえで、資料がはじめからそこに「ある」のではなく、人との関わりの中で「つくり出される」ものであると述べた。[11] つまり歴史資料としての位置づけがなされてこなかったものが、具体的な関係性に着目することによって、史料として「再発見」されうるということである。

学校所蔵文書についても、はじめから歴史研究の対象としてそこに「ある」のが当然なのではなく、「つくり出す」ことの必要性を感じている。すなわち、一見「おもしろさ」のない学校の公的文書の中に、「おもしろさ」を見出していくことこそが、史料分析の専門的技量をもつ歴史研究者の使命であろう。だが、「おもしろさ」を伝える、とはどういうことだろうか。

学校史料のうち、従来の研究でよく使われてきたもののひとつに「学籍簿」がある。たとえば土方苑子『近代日本の小学校と地域社会』[12]は、地域における小学校の実質的な普及過程を明らかにした貴重な成果であるが、村役場文書と併せて、小学校の所蔵する「学籍簿」や「修業生名簿」「卒業者名簿」などの名簿類を活用して「五加村学齢児童名簿」を作成した。[13]「学籍簿」または「児童（生徒）指導要録」とよばれる書類は、児童ひとりひとりについて、居住地、保護者の氏名と職業、児童と保護者との関係、児童の成績、卒業後の進路などが記されたものである。また、土方氏が加わっていた「五加村研究会」[14]の作成した、「所得調査簿」や「所得調査資料」をもとにした経済状況データなどを合わせ、職業や土地所有状況、所得ランクなども含めた総合的なデータベースを作成した。こうした形で情報をリンクさせていくことにより、地域の社会構造が複合的に理解しうる。

多くの研究者が評価してきたように、五加村研究会の成果や、それにつながる土方氏の研究などは、史料のもつ情報の魅力を最大限に生かしたひとつの到達点であろう。研究者として筆者は、五加村研究会のような研究事例が地域史研究における重要な手法であり、こうした成果が今後も積み重ねられ増えていくべきだと考えている。

だが、このような研究は年々やりにくくなっているのが現状である。小学校の「学籍簿」などは現在、二十年程の保存年限が設けられているところが多く、年限を過ぎた文書はすみやかに廃棄することが望ましいとされている。また、学校の統廃合などによって一括して処分されたという事例も少なくない。

保存年限の規定が厳格に運用されるようになった理由のひとつに、個人情報保護法の施行が挙げられる。個人情報に関する危機意識は近年高まっており、それらの史料の研究利用についても概して慎重になっている。筆者らの科研費研究においても、個人情報が多く含まれる史料については写真撮影を行わないなどの条件つきで、調査研究を認めていただいている。

個人情報保護の問題は、学校史料を「残す」こと、あるいはそれらを研究利用することを考える際に当然に配慮すべきことであろう。ただし本来、史料を学術研究のため利用することは、個人情報保護法による「個人情報取扱事業者の義務等」の適用から除外されている[15]。個人情報保護の問題があるから史料にタッチしないのではなく、個人情報保護があるからこそ、研究者が専門性を活かして研究素材とし、市民への情報開示をすすめていくべきだと考えている。これは、整理公開の技術に関わる問題であると同時に、プライバシーに配慮しつつ情報を分析し、研究を進めることにより、史料のもつ価値を明らかにするという点で研究者の問題でもある。

地域で生きてきた人たちのあり方、その人たちの生活が織りなしてきた地域の姿を、史料から明らかにしていきたい。その際、人びとの固有の生き方に着目することは重要な観点だが、個人情報保護の観点からみるとリスクだとみなされがちである。だが、五加村研究会の例が示すように、研究の観点からすると、誤解をおそれずいえば「名前」は「記号」にすぎず、ただその人たちの「生き方」を具体的に知りたいだけなのである。その個人に不利になるようなかたちで個人情報を把握したいわけではない。そうした研究者（市民も含む）の倫理について理解を求めていくことはまず必要である。そしてその先に、史料を使って地域の現状と歴史とを継続的に研究していく仕組みを作るという課題がある。(16)

そのためには、学校史料について、行政文書と同様のアーカイヴズが構築されることが望ましいと考えている。学校所蔵文書の全体像を把握し、史料の選別や整理保存の技術を確立していくことが必要であると同時に、さまざまな切り口での分析や研究を行っていくことで、そうした史料の価値に対する理解は深まっていくだろう。

そのために、研究者自身が学校所蔵文書の全体像に関して調査研究を進め、理解を深めていくこと。そこにこそ、史料を扱う専門家としての、研究者の役割があると考えている。

注

（1）　二〇〇三年九月から翌年三月にかけて、飯田市内の小中学校を対象に、所蔵文書の所在状況調査を実施した。二〇〇四年以降、市内の二つの小学校について、現状記録調査を継続的に行った。それらの成果を引き継ぎ、科研費研究「飯田下伊那における学校所蔵史料と地域社会に関する基盤的研究」（基盤研究（B）、課題番号22330219、二〇一〇～一三年度）および「小学校区を対象とする地域社会の文化構造に関する歴史的研究」（基盤研究（C）、課題番号26381059、二〇一四～一六年度）において継続的に取り組んでいる。

（2）　多和田真理子「学校史料所在状況調査の成果と課題」（『飯田市歴史研究所年報』二号、二〇〇四年）。同「飯田市追手町小学校・座光寺小学校所蔵史料調査報告」（『飯田市歴史研究所年報』一三号、二〇一四年）。

（3）第32回日本教育史研究会サマーセミナー「学校所蔵史資料の収集・活用と保存」二〇一三年八月二十四・二十五日、於日本大学文理学部。なお筆者を含む報告の要旨は日本教育史研究会報「日本教育史往来」No.204を参照のこと。また当日の議論をふまえた感想などについては「日本教育史往来」No.206およびNo.207を参照のこと。

（4）神奈川歴史資料保全ネットワークシンポジウム「地域と人びとをささえる資料――文字資料から自然史資料まで」（二〇一四年八月二日、於関東学院大学関内メディアセンター）。

（5）多和田真理子「学校史料所在状況調査の成果と課題」（前掲注2）。

（6）詳しくは多和田真理子「飯田市立追手町小学校・座光寺小学校所蔵史料調査報告」（前掲注2）、を参照のこと。

（7）前掲注3を参照。ほか、研究者が資料を利用する際の倫理規定の必要性についても認識が広まっている。たとえば教育学者の多数が参加している日本教育学会では、倫理綱領を設定している。「一般社団法人日本教育学会倫理綱領」（URL: http://www.jera.jp/wp-content/uploads/2013/03/26788ccfe3c5c567929 6aa9e0bfa09ee1.pdf　二〇一五年九月四日閲覧）。筆者が経験した範囲でも、こうした規定があることで、史料利用の信頼が得られる事例は確かにあるように思える。一方で、必ずしも学会に参加していない市民にとっての研究利用の位置づけなどについては、あまり論じられてこなかった。

（8）筆者は史料調査を進めるにあたって、諏訪市の小学校で調査を継続している宮坂朋幸氏（大阪経済大学）の助言をたびたび得てきた。他の地域においても学校所蔵文書の調査研究事例が蓄積されつつある。だが少なくとも、そうした調査研究に関する情報の共有が進められていないのではないか。筆者自身も、あまり情報を広める活動を積極的にできているとはいえない。今後の課題である。

（9）西山伸「大学アーカイヴズと大学資料」（『日本教育史往来』No.204）一二―一四頁。さらに西山氏は、アーカイヴズの「対内的意義」として①資料の集中管理によって情報を保全する、②資料の集中管理によって業務の効率化をはかる、③業務記録を蓄積し、現在の業務に役立てる、④現用の文書管理に助言を行う、の四点を挙げている。

(10) 統廃合を機に学校所蔵文書の多くが廃棄される事例については、上記日本教育史研究会のサマーセミナーでも話題にのぼった。たとえば竹内久隆氏による報告「小学校における資料の作成と保存・活用」(『日本教育史往来』№204) 三―六頁を参照のこと。

(11) 大門正克「人々の『生存』を支える歴史と資料――二〇一三年岩手県陸前高田フォーラムの経験から」前掲注4における配布資料および当日の報告内容より。

(12) 土方苑子『近代日本の学校と地域社会――村の子どもはどう生きたか』(東京大学出版会、一九九四年)。

(13)「五加村学齢児童名簿」の作成方法については、同上第三章第二節、一一三―一二五頁に詳しい。

(14) 五加村研究会は、大石嘉一郎氏、西田美昭氏らを中心に一九七九年に結成され、長野県埴科郡旧五加村(現千曲市)の村役場文書および旧村内の区有文書の全点調査などを実施した。主要な研究成果として、大石・西田編著『近代日本の行政村――長野県埴科郡五加村の研究』(日本経済評論社、一九九一年)がある。

(15) 個人情報保護法第50条第三号において、「大学その他の学術研究を目的とする機関若しくは団体又はそれらに属する者　学術研究の用に供する目的」の場合は、同法第四章「個人情報取扱事業者の義務等」が適用されない旨が記されている。すなわち利用目的の特定(第15条)、利用目的による制限(第16条)、取得に際しての利用目的の通知等(第18条)といった規定に、直接的には縛られない。ただし第50条第三項では、学術研究のために利用する場合も「個人データの安全管理のために必要かつ適切な措置、個人情報の取扱いに関する苦情の処理その他の個人情報の適正な取扱いを確保するために必要な措置を自ら講じ、かつ、当該措置の内容を公表するよう努めなければならない」とされており、個人情報の扱いに研究者自身の責任が伴うことはいうまでもない。また、そもそも同法における「個人情報」とは「生存する個人に関する情報」であり（第2条）、歴史研究においては対象外となる場合もあるが、これも故人であればプライバシーに配慮しなくてもよいという意味では当然なく、法の趣旨にもとづく配慮は当然に求められる。

(16) 一方で、その地に住む人々にとっては、「個人」の生きた軌跡をその固有名を含めて知ることが重要になる場合がある。プライバシー侵害のおそれとどのように折り合いをつけるのかは、つねに課題として意識されるべきだが、地域とそこに住む人々のアイデンティティに関わる問題としてアーカイヴズは市民にとっても必要な存在であるといえるだろう。本稿では、研究者としての筆者の立場にそくして考察したが、市民にとってのアーカイヴズの重要性についても、今後積極的に論じていきたいと考えている。

附記　本稿脱稿後、論文「教育学研究における『個人情報保護』と『固有名』認識――学校所蔵資料の保存活用問題を中心に」（『子ども教育研究』八号、相模女子大学子ども教育学会、二〇一六年）を発表した。本稿で述べた内容を土台に、人々の「固有の生き方」への着目という点についてさらに考察したものであり、教育史・教育学研究において、資料を通じて人々の「固有名(identity)」を明らかにすることの重要性を述べた。もちろんそれは、地域史研究においても重要であろう。

鈴木重雄への旅

松岡弘之

はじめに

鈴木重雄の名を知る人はほとんどあるまい。今を隔てること四十年以上も前にハンセン病を患った過去を隠すことなく地元の町長選挙に出馬し、僅差で敗れた人物である。大門正克さんが『Jr.日本の歴史』以来、一九七〇年代に陸前高田市で繰り広げられた広田湾埋立反対運動の関係者を訪ね歩いていたころ、私はこの鈴木重雄を介して同じ広田湾に行き着こうとしていた。もっとも、私の場合は、陸前高田市に南接する宮城県本吉郡唐桑町（現・気仙沼市）がそのフィールドとなる。漁業で栄えた当時人口一万人ほどの唐桑町でも隣町の巨大開発構想に対して町ぐるみの反対運動が展開されており、鈴木はそのなかで町の指導者として自らの役割を果たそうとしていたのであった［田中一九七七］［松岡二〇一六］。地域と人々をささえる資料について考える手がかりとなることを願いながら、調査の過程で出会った方々それぞれにとっての鈴木重雄への旅をつづる。

一　岡山から唐桑へ

鈴木重雄は、明治四十五年（一九一二）に宮城県本吉郡唐桑町鮪立（しびたち）地区に生まれ、長じて東京商科大学に進み外交官を志していた。だが、自らがハンセン病に侵されていることを知ると、友人たちの前から忽然と姿を消す。死地を求めた長い遍歴のあと、昭和十一年（一九三六）になって鈴木が入所したのが岡山県邑久郡の国立ハンセン病療養所長島愛生園であった。故郷と鈴木重雄の名を捨て田中文雄を名乗った彼は、もちまえの若さと行動力、しがらみのなさからたちまち入所者のリーダーに押し上げられ、日本の隔離政策を牽引した光田健輔園長からの信頼も得て、戦前・戦後の愛生園の自治会幹部として活躍した［松岡二〇一一］。平成十七年（二〇〇五）九月になって刊行された自叙伝『失われた歳月』は、戦後勧められて筆を執ったもので、自らの学生時代や発病後の放浪、入所後の体験を緻密に描く［田中二〇〇五］。その叙述は当時調査の進みつつあった愛生園の事務文書からも裏付けられ［邑久町史編纂委員会二〇〇九］、入所者の体験記として重要な価値を持つものとなっている。

その田中がなぜ故郷の町長選挙に出馬しえたかを、まずは紹介しておこう。戦後、ハンセン病は治療薬プロミンの登場と社会の民主化にもかかわらず、昭和二十八年（一九五三）になって隔離を継続し退所規定を持たないらい予防法が施行された。各療養所では自治会が再建され、新生面にふさわしい法改正を目指していたから、法案に対して大きな反対運動が起こされた［全国ハンセン氏病患者協議会一九七七］。とりわけ田中の入園する愛生園では光田の隔離強化を求める国会証言が伝わったことで、隔離政策やそれを主導した光田への評価をめぐり入所者間の亀裂は深刻なものとなっていた。時代を顧みない証言内容に光田の辞任を求める声が高まる一方で、田中は光田に証言内容を修正させつつ、政官界への強い影響力を行使させることで入所者の望む法改正をたぐり寄せようと画策するのであった。だが、こうした立場は園内からも入所者の全国組織からも理解されがたく、苦境に追い込まれた田中は自殺を試みる。

らい予防法が改正された後、田中の関心は園内の自治会活動から社会復帰支援へと移ることとなった。その伴走者となったのが藤楓協会（旧癩予防協会）理事長の浜野規矩雄である。浜野は、新薬プロミンの登場により、隔離を中心にすえたハンセン病施策にも見直しが必要と考えおり、協会として新時代にふさわしいハンセン病の啓発や社会復帰の支援を課題として認識していた。その際、入所者の立場から藤楓協会の活動を支援する役割を田中に求めたのである。田中は浜野の期待によく応え、啓発のための冊子作成や各園有志による研究会開催に尽力した。その過程で田中は浜野の後押しを受け、藤楓協会会長・渋沢敬三の子息で大学時代の親友である渋沢喜一郎とも再会を果たした。喜一郎や、大手企業の幹部のなった大学の旧友たちは、突如失踪した友人との再会を心から喜ぶのであった。

こうして浜野との親交を深めるなかで、田中は故郷・唐桑町との関係を修復させていくこととなる。当時、唐桑町や気仙沼市はリアス式海岸の雄大な景観を陸中海岸国立公園に編入させるべく、厚生省が所管する国立公園審議会の委員である浜野も陳情先のひとつとしていた。協会で偶然唐桑町長らの名刺を目にした田中は、唐桑町が自らの故郷であることを浜野に明かし、劣勢とみなされていた国立公園への追加編入に奔走することとなった。浜野と田中は挽回方法を気仙沼市長や唐桑町長に授け、昭和三十九年（一九六四）六月に編入実現がなると、浜野は地元の首長らに対して影の功労者である田中文雄なる人物が唐桑町出身の鈴木重雄というハンセン病回復者であることを告げた。この年の八月四日に気仙沼市で国立公園編入祝賀会に招かれた翌日、鈴木は浜野とともに多数の地域住民に迎えられ鮪立でハンセン病啓発のための講演会に登壇した。これら一連の経過は、自らの名前を取り戻し再び故郷に帰りえたという意味において、田中文雄にとっての鈴木重雄への旅というべきものであった。

国立公園編入を契機として、鈴木は自らの不在を埋めるかのように故郷への貢献を続けていくこととなる。その鮮やかな手法を印象づけたのが、国民宿舎からくわ荘の誘致であった。鈴木は国立公園を観光資源として活用するためにも町内への宿泊施設整備を訴えていたが、町は財源の見通しが立たないことを理由に慎重な姿勢を崩していなかった。ここで鈴木は、上水道を望む声があることを踏まえ、国民宿舎をあえて唐桑半島の南端に建設し、その運営のためにも上水道をあわせて整備するという案を練り上げた。観光振興と生活基盤整備の双方の実現を目指す構想は多くの人の心をとらえ、国の低利融資を獲得して昭和四十三年（一九六八）には国民宿舎からくわ荘が、昭和四十五年（一九七〇）には給水人口一万人の上水道が完成した。こうした鈴木の構想を後押しし、また実現に尽力したのが、藤楓協会歴代幹部が官僚生活のなかで培った厚生省を中心とする政官界の人脈であった。国民宿舎も上水道も厚生省の主管する事業であり、鈴木の活躍は藤楓協会にとってもハンセン病という過去を克服するうえでの希望の星となっていたのである。その後も鈴木は、船員保険保養所の拡張（昭和四十六年（一九七一））や気仙沼検疫所の誘致（昭和四十七年（一九七二））に成功したが、その人脈は気仙沼の漁業振興のためだけに用いられたのではない。町内の遺族年金・傷病恩給の申請に関する相談にも応じ、受給の途を開いていた。

やがて鈴木の見識と実行力に目をつけた町の遠洋漁業船主たちは、昭和四十八年（一九七三）四月に実施される町長選挙への出馬を促すようになった。固辞を続けていた鈴木を翻意させたのが広田湾埋立計画であった。すなわちこの巨大開発計画は鈴木の願いである恵まれた漁場や景観を活かしたまちづくりを根底から破壊するものであり、その阻止を決定的なものとするためにも中央への働きかけを通じた強力な運動を展開する必要があると考えたのである。町長選挙の相手方となった前助役も埋立計画そのものには反対であって、いきおい選挙の争点は双方の政策よりも政治手法や人格をめぐる応酬となった。だが、鈴木は地道な訴えで低い知名度と出遅れを挽回し、選挙は町を二分する「南北戦争」とも評されるにいたる。こうした激しい戦いを経て、鈴木は二七七四票を獲得し、相手方との得票差は僅か一八三票に過ぎなかった。

この町長選挙の後、鈴木が再び政治の世界を目指すことはなく、昭和四十九年（一九七四）四月には夫婦で愛生園を退園し、船主らが鈴木のために建てた唐桑の家に移った。そして、昭和五十一年（一九七六）以降、選挙当時から寄せられていた知的障害者の入所施設の建設に取り組むこととなった。この鈴木の思いを物心両面で支えたのが船主たちである。彼らは施設の必要性を説く鈴木に対し、これまでの貢献への恩返しとして社会福祉法人の役員に名を連ねたのであった。だが、知的障害者のための施設は建設予定地周辺編地区を中心とした地域からの反対運動にさらされ、賛否双方の請願を受け町議会でも施設の是非がしばしば論じられた。厳しい地域対立を乗り越えて、社会福祉法人・洗心会が高松園を開園させたのは昭和五十四年（一九七九）四月のことである。園を名付けたのは鈴木に誘われからくわ荘にも宿泊した高松宮であった。だが、開園直前の一月末に鈴木は突如自らの命を絶つ。その理由はよくわからない。しかし、厳しい反対運動のなかで鈴木は新しく建設される施設が知的障害者を隔離するためのものではなく、地域で孤立する家族の希望となって「社会復帰の日が一日も早からんことを念じつつ、施設の周囲の方々と共に愛の手を差しのべる」ことこそ、この社会福祉法人の使命であると訴えた。それは、偏見を乗り越え故郷に帰り得た喜びを知る鈴木の生涯をかけた主張だったといえよう。こうして設立された洗心会は、地域に根を張り、設立四十周年を迎えた。

二　奈良から唐桑へ

東北大学東北アジア研究センターの荒武賢一朗さんが、東北の地域史に関する共同研究に誘ってくださったのは平成十四年（二〇一二）のことである。田中について考える好機とメンバーに加えていただいたものの、成算は全くなかったといってよい。唐桑町への足がかりを求めるなかで、療養所の元職員からの紹介で矢部顕さん（昭和二十二年（一九四七）生）を岡山市のご自宅に伺ったのは、その年暮れになってからのことであった。矢部さんは、ＦＩＷＣ（フレンズ・インターナショナル・ワークキャンプ）関西委員会のメンバーとして、田中文雄と関わりを持ち、昭和四十八年（一九七三）には町長選挙支援のため唐桑町に出かけられた経験を持つ。

ＦＩＷＣとは一九二〇年にスイスで生まれた国際青年ボランティア団体であって、一定期間集団で現地に定住しながら労働活動を行う「ワークキャンプ」という形式のボランティア活動を行っている。国内での活動は昭和三十一年（一九五六）に関東・関西・広島・福岡の四つの地域で委員会が設立されたことにさかのぼり、昭和三十六年（一九六一）からは各委員会が独立した組織となった。水害被災地や障害者施設などでワークキャンプを続けていたＦＩＷＣ関西委員会は昭和三十八年（一九六三）以降、ハンセン病問題に深く関わっていく。そのきっかけとなったのが、この年に東京で発生したハンセン病回復者の宿泊拒否事件であった。回復者に宿泊先を紹介した鶴見俊輔は憤慨し、同志社大学の自らのゼミ生たちに事件のあらましを伝えた。この話を聞いた鶴見ゼミの柴地則之が、自らの参加するＦＩＷＣ関西委員会の活動として、ハンセン病療養所回復者のための宿泊施設建設に取り組むことを企画したのである。当時のワークキャンプ先のひとつであった大倭教の法主・矢追日聖はこの計画に賛同し、自らが運営する大倭紫陽花邑（おおやまとあじさいむら）に用地の提供を申し出たことから、施設建設は次第に具体化していった。そして、この計画に入所者の立場から賛同し、支援を惜しまなかったのが田中文雄である。田中は十二月には関西地方で学生とともに街頭募金に立ち、大手企業の重役となっている大学時代の友人のもとを訪ねては建設資材を提供させ、同行した学生たちを驚かせた。こうして計画は順調に進むかに見えたが、昭和三十九年（一九六四）八月、工事の始まる直前に、地元自治会から施設に対する反対運動が起こされたことで中断する。だが、学生の粘り強い説得活動や、計画に賛同する地元市議や谷川雁の働きかけをへて翌年二月に調停が成立し、ようやく建設が開始されたのであった。

矢部さんが同志社大学に入学したのは、工事が始まった年の四月であった。一回生からＦＩＷＣ関西委員会のワークキャンプに参加して、田中とともにハンセン病啓発と計画への支援を募るためのキャラバン活動に奔走したのである。こうして資金四五〇万円、延べ五〇〇〇名もの労働奉仕によって、昭和四十二年（一九六七）七月、ついに「交流の家（むすびのいえ）」が竣工式を迎えたとき、矢部さんはＦＩＷＣ関西委員会の委員長となっていた。この後、「交流の家」は国内の療養所入所者が関西方面に外出する際の宿泊施設や、文字通り交流の拠点として利用されることとなるのである。大学を卒業後、大倭教の印刷工場に勤めていた矢部さんは鈴木重雄が唐桑町長選挙に立候補することを知り、「交流の家」建設に汗を流した仲間たちとともに、やむにやまれず唐桑町へと旅立ち、選挙運動を支援した。矢部さんにとって、この小さな町の町長選挙での鈴木勝利は、自らも経験した病への偏見克服の証明となるものであり、その先に広がりゆく日本の民主主義の新地平に胸を躍らせていたのである。そして、矢部さんと同じように、湯浅八郎や渡辺はま子といった鈴木を慕う人々が全国から選挙の応援に駆けつけていた。「交流の家」が発行する機関紙「むすび」は選挙戦に関わった人々の思い出を綴り、この小さな選挙の大きな意義を各地に伝えていく灯の役割を担うこととなった。また、矢部さんたちは選挙期間中に地元紙「三陸新報」や、既に廃刊となった「唐桑民友新聞」なども収集して「交流の家」に持ち帰り、それらのコピーを矢部さんはその後次々に私に届けてくださった。

一方、ＦＩＷＣ関西委員会にとって「交流の家」建設事業は、ハンセン病問題を活動の柱にすえていく契機となった。昭和四十八年（一九七三）には、韓国のハンセン病回復者定着村でのワークキャンプが開始され、さらには中国のハンセン病回復者村、フィリピンのクリオン療養所でのワークキャンプへと広がっている。それは、鶴見にハンセン病との関わりを与えた詩人・大江満雄がハンセン病支援を契機としてアジアとの関係を深めようという「癩がアジアを結ぶ」という思想を具体化するものとなっているのである［木村二〇〇八］。

さて、矢部さんはその後奈良を離れ、谷川雁の主宰していた言語教育団体で忙しい日々を送るようになった［松本二〇一四］。鈴木が亡くなったことはＦＩＷＣの関係者から聞いていたものの、定年を控えた頃、東京勤務となったことで再びＦＩＷＣ関東委員会の若者たちと国立ハンセン病療養所・多磨全生園（東京都東村山市）に足を運ぶようになった。そこで、平成十七年（二〇〇五）十一月に「ハンセン病図書館友の会」が主催していた「鈴木重雄・神谷美恵子展」をたまたま見学し、鈴木重雄が自叙伝を残していたこと、それが三十年の時を経て刊行されたことを知ることとなる。そのことがきっかけとなり、平成十九年（二〇〇七）四月に東北出張の機会を捉え、鈴木がつくったという社会福祉法人・洗心会に思い切って電話をかけてみた。受話器のむこうには、当時鈴木の秘書役を務め、洗心会の常務理事となっていた馬場康彦さん（昭和二十二年（一九四七）生）がいた。

馬場さんは、町長選挙をともに戦った矢部さんのことを忘れてはいなかった。念願叶って鈴木の墓参を果たした矢部さんは、この年の十二月洗心会設立三十周年を記念する式典に招かれた。ＦＩＷＣ関西委員会の往年のキャンパー十七名が唐桑町へと押し寄せるなか、式典で挨拶に立った矢部さんは「鈴木さんの高潔なる魂は、いまなお唐桑に生きていることを実感いたします」［洗心会記念誌編集委員会二〇〇七：四頁］と感慨深く述べた。

以上の経過からすれば、矢部さんたちが東日本大震災の発生直後からＦＩＷＣの現役キャンパーに鈴木重雄のゆかりの地である唐桑町で復旧支援のワークキャンプを実施すべきと訴え、自らもその活動に連なったことは当然のことであった。そして、震災一年を経て鈴木の自叙伝が品切れになっていることを惜しみ、再刊の呼びかけを行ったところ、三ヶ月程で目標とする予約申込者を獲得して実現の運びとなった。私が矢部さんのもとを訪ねる半年ほど前のことである。

矢部さんは、こうした自らの鈴木重雄への旅をお話くださり、平成二十五年(二〇一三)九月二十三日に「交流の家」で開催された「交流の家建設運動開始から50年の集い」に誘ってくださった。矢追日聖が土地提供を申し出てから五十周年を記念する催しは、各地から世代を超えたキャンパーや療養所の入所者が集う賑やかなものとなった。相応の古さが感じられる建物は現在もFIWC関西委員会の事務局となっており、委員会のこれまでの活動の記録がぎっしりと保管されていた。会では元キャンパーたちによって目下『交流の家運動50年史』の編纂中であることが紹介され、後に昭和三十九年(一九六三)から昭和四十八年(一九七三)までの十年間を対象とした年表と、関連する記事四七一点を収録した資料編DVDからなる貴重な史料集が届けられた[交流の家運動50年史編集委員会二〇一四]。矢部さんから明日から唐桑に向かうと紹介された私のことを多くの方が励まし、交流の家の竣工を記念して植樹されたヒマラヤ杉が大きく育ったことを見届けて、私は初めて唐桑町に向かった。

三　大阪から唐桑へ

JR気仙沼駅で初めてお目にかかった馬場康彦さんは、私の姿を確認するとにこにこしながらお疲れ様でした、と声をかけてくださった。バス代替輸送区間となっている気仙沼線の車内から、更地と化した南三陸沿岸部の光景に圧倒されていただけに、少しほっとした。気仙沼の内湾の渡船業を営む家に生まれた馬場さんは大学在学中から家業を手伝っていたが、その客のなかに唐桑町と岡山とを忙しく往復する鈴木重雄がいた。やがて勧められて鈴木の秘書役を務めるようになり、社会福祉法人洗心会の最初の職員として採用されて以来、今日にいたる。震災時は、矢部さんたちの呼びかけに応じて唐桑町にやって来たＦＩＷＣをはじめとする全国の学生ボランティアに対して心を砕き、その活動を支えた。馬場さんにとって、彼等はみな鈴木重雄に連なる人々と思われたからである。

翌日、馬場さんは、遠洋漁業船主たちが鈴木重雄夫妻を迎えた平屋建ての家屋、唐桑半島の突先に位置する国民宿舎からくわ荘と、それを見守るように建てられた鈴木重雄の胸像、国立公園に編入されたリアス式海岸のすばらしい景観、小高い丘に建てられた高松園、そして鈴木夫妻の墓地などを案内してくださった。

そして、日も傾きかけたころ、洗心会の本部事務局に到着した。もともとの事務局も震災で使用できなくなり、現在の仮設事務所は小野寺学理事長の私有地に建てられたものとのことである。設立後四十年近くを経て洗心会は宮城県北の拠点法人として位置づけられるまでに発展し、行政からの受託事業なども多いという。だが、震災により南三陸町の施設で二名の利用者が犠牲となり、職員のなかにも家や家族を亡くされた方が多数あるなかで、なんとか事業を継続されている。その六畳ほどの応接室に、鈴木重雄が残した史料が納められた五つのコンテナが置かれていた。翌日から民宿と事務所を往復しつつ目録や写真をとるなかで、冒頭で述べたことを裏付ける浜野規矩雄らの書簡や、唐桑町に関係したさまざまな書類、町長選挙の選挙応援演説を録音したテープなどが次々と確認され、私は息をのむばかりであった。その後も、矢部さんと一緒に唐桑にお邪魔するなどして、調査を続けるなかで、多くの方が事務所に来られて鈴木との思い出、この町の歴史、そして震災当時のことなどについてお話しを聞かせてくださった。

洗心会の小野寺学理事長（昭和二十年（一九四五）生）はもともと鈴木の遠縁にあたり、町長選への出馬を打診した遠洋漁業船主の小野寺淳一氏は義父にあたる。大学を出た頃に行われた町長選挙は鈴木家の一大事として親族会議を開いたうえで重雄への支持を決めたのだという。その後、小野寺家に入り、古峯丸という屋号で遠洋漁業船主として長く経営に携わられたものの、二〇〇海里問題や原油高、アジア漁船進出を受けた鮪価格の低迷などが重なり、余力のあるうちにと十年程前に看板を下ろされた。鈴木とは父のそばから交流を持ちながらも、愛生園での経験についてはほとんど聞いたことがなかったそうで、事前にお送りしていた岡山県の史料集に目を通していてくださったことは嬉しい驚きだった［岡山県ハンセン病問題関連史料調査委員会二〇〇七・二〇〇九］。私には延縄漁の難しさや、値決めの緊張感など遠洋漁業の厳しさと楽しさをお話くださり、この町を支えてきた遠洋漁業のことを改めて教わった。そして、この町の多くの人が津波に打ち上げられた第十八共徳丸の解体決定に安堵しているのだと仰った。

洗心会の顧問である村上純一さん（昭和五年（一九三〇）生）は、母が自宅を訪ねてきた鈴木と挨拶していた時の様子をよく覚えていた。母は村上さんにこの人はハンセン病が治って帰ってきたのだと紹介し、一緒に茶を飲んでいたという。八幡丸という屋号で鰹そして鮪を追う遠洋漁船を次々に新造していた村上さんも、かつて結核で入院しストレプトマイシンの登場に命を救われた。その村上さんからすれば、鈴木のハンセン病による長い闘病生活もその人格を陶冶し、地域に繁栄をもたらす人脈を築いた貴重な経験であったのだ。その村上さんにハンセン病への偏見はなかったのかとお尋ねしても、船主は常に新しい知識が必要なのだ、そんなのは不思議なことでもなんでもなくて、ただ自分が素直だっただけなんだと笑った。そして、鈴木に連れられ品川の高松宮邸に鮪を献上した思い出を楽しそうに話してくださった。

第二高松園施設長の熊谷眞佐亀さんは、唐桑町の宿浦地区で養殖業を営む家に生まれた。町長選で鈴木を支持し、高松園の計画にも賛同して地域での孤立を怖れない父と口論となったこともあったという。エンジニアを志し高等専門学校卒業を控えたころ、熊谷さんは実際に鈴木と面談する機会があり、そのスケールの大きさにたちまち虜となってしまう。この人のもとで働きたいと高松園での就職を懇願する熊谷さんを、鈴木は困惑しながらも受け入れてくれただけに、その突然の死は熊谷さんを深く失望させることとなった。だが、その後も利用者に教えられながら素晴らしい仕事に取り組むことができたことをお話くださった。熊谷さんが施設長となっていた高松園は震災で急遽避難所となり、三五〇名以上の地域住民を受け入れた。最後まで残られた方が仮設住宅に移ったのは七月中旬という。そのなかのある老人から、かつて施設の計画に反対していたこと、そしてその後も施設と関わりをもっていなかったことを申し訳なく思う、とぽつりと

図1　鈴木（前列中央）を囲む親族
（撮影時期不明・洗心会所蔵）

打ち明けられたことは、熊谷さんにとって忘れられないものとなった。
　このように多くの人にとって鈴木重雄はいまも楽しく懐かしい存在として洗心会の人々の傍らにあり、だからこそ施設がどのような願いでつくられてきたかを若い職員たちにも伝えたい、という強い思いが感じられた。後日、そのことを象徴する写真が見つかった。かつて、いくつかの記録とともに別の施設に保管されていたものという。そこには、船主たちの贈った唐桑の家で、親族に囲まれてくつろぐ鈴木夫妻のうえを、黒々とした津波の跡が覆う。洗心会の職員は、この写真を混乱のなかから、懸命に救い出したのである。鈴木に魅了された人々は、それをよりどころに鈴木の残した施設と、鈴木につながる記録を大切にされている。その記録に引きよせられた私自身の鈴木重雄への旅も、まだ始まったばかりというところなのであろう。

むすびにかえて――唐桑にて

唐桑町では多くの若者にも出会った。その一人にＦＩＷＣの呼びかけに応じて、学生ボランティアとして唐桑町にやってきた加藤拓馬さん（平成元年（一九八九）生）がいた。中国のハンセン病回復者村のワークキャンプに参加していた加藤さんは平成二十三年（二〇一一）三月下旬に唐桑町に入り、馬場さんが庭先にしつらえたプレハブを拠点に復旧に向けた活動に奔走した。やがて、課題が復旧からまちづくりに移りゆくなかで、加藤さんを含む幾人かはそのまま唐桑町に残り、気仙沼市役所で震災復興まちづくり連絡員として働きながら、翌年五月になって「からくわ丸」というサークルを立ち上げた。やがて、地元の若者が活動に加わるなかで代表は唐桑生まれの立花淳一さん（昭和六十一年（一九八六）生）にかわり、漁業や農業など地域の魅力をあらためて確認し、広く伝える活動に取り組んでいる。

加藤さんもまた、自らを唐桑へと導くことになった鈴木重雄のことを考え始めていた。昨年の六月には地元の先生方の勧めで唐桑中学校の生徒たちを前で鈴木の話をしたという。かわくわ丸という団体の名は、馬場さんがかつて舵を取った船・唐桑丸からいただいた。現代の若者たちが漕ぎ出すからくわ丸は、馬場さんが故郷に鈴木重雄を迎え入れたように、再び鈴木を見出しながら地域の未来を築き上げようとしているのである。

参考文献

岡山県ハンセン病問題関連史料調査委員会二〇〇七・二〇〇九『長島は語る――岡山県ハンセン病関係資料集』（岡山県、前編・後編）
邑久町史編纂委員会二〇〇九『邑久町史』通史編（瀬戸内市）
木村哲也編二〇〇八『癩者の憲章――大江満雄ハンセン病論集』（大月書店）
交流の家運動50年史編集委員会編二〇一四『交流の家50年史』（第一巻、NPO法人交流の家）
全国ハンセン氏病患者協議会編一九七七『全患協運動史』（一光社）
洗心会記念雑編集委員会二〇〇七『創立30周年記念誌　洗心』（洗心会）
田中一良一九七七『すばらしき復活』（すばる書房）
田中文雄（鈴木重雄）二〇〇五『失われた歳月』（上・下、皓星社）
松岡弘之二〇一三「総力戦下のハンセン病療養所――長島愛生園における」（『部落問題研究』二〇五号、部落問題研究所）
松岡弘之二〇一六「ハンセン病回復者の社会復帰と宮城県本吉郡唐桑町」（荒武賢一朗編『東北からみえる近世・近現代』岩田書院）
松本輝夫二〇一四『谷川雁――永久工作者の言霊』（平凡社）

気仙沼大島漁協資料の保全と漁協文庫の建設

窪田涼子

はじめに

現在気仙沼大島の高台には、当地域の伝統的な「板倉」と船をイメージしてデザインされた木造の「大島漁協文庫」が新築され、明治八年に大島漁協が成立して以来一三〇年間大切に伝えられた資料が、新しい書架に収められている（図1）。

本稿では、神奈川大学の日本常民文化研究所と大学院歴史民俗資料学研究科、工学部建築学科建築デザイン研究室（以下、重村・三笠研究室）が協働して取り組んだ大島漁協資料の保全活動について、このプロジェクトの事務と文書チーム実務担当として携わった立場から、その経緯と課題を記すものである。またプロジェクトは常にメンバーで相談、打ち合わせしながら関わった全員

図1　完成した大島漁協文庫全景

で進めたものであるが、本稿は、私自身が直接見聞したものに加え、各メンバーからの報告をもとに再整理した情報に基づいているため、記憶違いや誤解も多々含まれていることもあると思うが、この原稿の責任はすべて筆者である私にあることを最初にお断りしておきたい。

一　東日本大震災

二〇一一年三月十一日に起こった東日本大震災において大きな被害を受けた地域の中で、とくに岩手、宮城の沿岸部は、日本常民文化研究所（以下、常民研）と縁の深い土地である。それは、常民研がかつて財団法人であった一九五〇年前後の数年に亘り、当時の水産庁の委託をうけて行なった「漁業制度資料調査保存事業」において、両県の多くの漁村資料、漁協資料を採訪した経緯があったからである。常民研は財団法人を解散した後、一九八二年には神奈川大学の付置研究所となったが、財団時代の様々な資料や事業は引き継がれ、大島や唐桑半島の何軒かの旧家と、財団時代に借用したままになっていた古文書の返却を通じて交流をもっていた［網野一九九九］。そのような経緯もあり、震災発災直後から資料所蔵者を始めとする旧知の方々の安否と同時に、常民研が返却した資料の状況についても、宮城歴史資料保全ネットワークへ照会するなどの情報収集を行っていた。

しかしながら横浜から被災地の詳細な情報を収集するには限界があったため、気仙沼地域の資料所蔵者へのお見舞いと資料の現状を把握する目的で、四月末の三日間、研究所から派遣された佐野賢治所長をはじめとする四名の視察チームに私も加わり、気仙沼入りすることとなった。この視察のなかで大島へ渡り、数件の資料所蔵者を訪問する過程で、数年前に調査研究のため資料閲覧に伺ったことのある大島漁協の事務所全体が津波をかぶり、膨大な現用・非現用資料が被害を受けている状況を知った。そして当時大島漁協運営委員代表であった水上忠夫氏より、大切に守ってきたこれらの資料をどうにか救ってほしいとの強い要請があった。視察チームはこの要請を大学に持ち帰り、常民研としてどのように対応するかを検討することとした。

一方神奈川大学では二〇一一年四月に「東日本大震災支援室」を発足させ、継続的な支援の襷をつなげるべく、「KU東北ボランティア駅伝」として、後方支援の中心的基地であった岩手県遠野市に、学生および教職員によるボランティア支援チームを継続的に派遣する体制を整え、本震災における支援活動に全学的な取り組みを開始していた［神奈川大二〇一二］。そのようななか常民研を母体とする大学院歴史民俗資料学研究科（以下、歴民）と常民研は、前述したような被災地域との長年のつながりと、各地の地域調査の過程で培ってきた資料整理の経験から、被災した資料の保全を行うことがこのような専門性をもつ組織の支援のありかたとして適切であろうという機関決定をしていた。

そして視察チームの報告を踏まえ「常民・歴民合同被災資料救出プロジェクト」を発足させ、①常民研と歴民の教職員、大学院生が合同で被災資料の保全を行う、②当面の対象資料は気仙沼大島漁協組合資料とする、③期間は五月十三日から三十一日の十九日間とする、④A～Eの六グループを編成し、教職員は四泊五日、大学院生は三泊四日の参加とし、教職員のうち一人がリーダーとなり当該グループの動きの責任をもつ、⑤本プロジェクトは大学の東日本大震災支援活動の一環であり、参加者の旅費等は東日本大災災支援室予算より支出されるなどの基本的な枠組みが決められ、森武麿歴民委員長の号令一下、在籍する院生のほとんどが参加するかたちでチームが組まれた。

また当時被災地に宿泊できる施設は皆無であったが、全く偶然にも大島で旅館を営む堺健氏が神奈川大学ＯＢであり、困難な状況の中、宿泊の受け入れを快諾されたことも、プロジェクト遂行上でまことに大きな力となった。当時旅館は第二避難所となっていて何軒かのご家族が寄寓されていたが、突然の闖入者を温かく迎え入れてくださった。

二　大島漁協の現場に入る

そして五月十三日から本格的な活動が開始され、私自身は先遣チームA班として、日本近世史専攻で多くの古文書整理経験をもつ田上繁所員など三名の教職員と共に再び現場入りした。現場は二階建ての漁協事務所全体で、被災後二ヶ月を経て漁協職員の方々の手でずいぶん片付けられていたとはいえ、書類棚はなぎ倒され、散乱した書類は泥水をかぶって濡れたまま床で山を成していた（図2）。窓という窓のガラスはすべて割れ、二階の会議室の仕切り壁は津波の衝撃で破壊されたままぶら下がっていた。意気込んで現場入りしたものの、この惨状にどこからどのように手をつけたものか、途方に暮れた気持ちとなったことを覚えている。気を取り直してチームで相談した結果、まずは事務所全体の見取り図を作成し、資料の置かれているかたまりごとに「1―1」（一階の一番）などの番号を付し、そのかたまりごとにと取り出して二階の会議室に集め、保全作業を行うという方針が決まった。

図2　2011年5月の漁協事務所の状況

しかしこのように当座の方針が決まり作

業を開始した私の頭には、一方で先の見えない不安感のようなものもつきまとっていた。この膨大な量の資料は、計画の最終日である五月三十一日が来た時にどのようになっていなければならないのか、それが見えなかった。

翌日A班の院生七名が到着し、本格的な保全活動が始まったが、まず最初の仕事は作業空間をつくることであった。二階の会議室をある程度片付けたのち、作成した見取り図に従い、現場の資料のかたまりに「1―1」などと書いた紙をおいていき、その単位ごとに濡れた簿冊にキッチンペーパーを挟み込む、エタノールを噴霧するなどの作業を開始した。

A班が現場入りした頃は五月晴れの非常に乾燥した天候であり、漁協事務所は風が吹き抜け、濡れた資料も非常によい状況で次々に乾いていった。そして現在の漁協事務所は取り壊すことになっているが、一時的に高台にプレハプを建ててそこへ資料を移動するとの話も関係者から聞こえてきていて、乾燥した資料をそのプレハプに運び込むところまでが私たちの仕事であるということで、この計画の終着点を描くことができるようになっていた。

その一方、A班が大島入りした五月十三日の朝に、すでに宮城歴史資料保全ネットワークの平川新氏から、奈良文化財研究所（以下、奈文研）の真空凍結乾燥機の利用を視野に入れたほうがよく、必要であれば仲介の労を執ってくださる旨のメールが届いていた。そして十五日に漁協の現場まで助成においで下さった、当時一関市博物館に勤務されていた畠山篤雄氏からも、奈文研での凍結乾燥の提案をいただいた。この提案について現地に入ったばかりのA班の教職員で検討したが、まずは漁協の資料の半数近くが被災直前まで実際に使用していた現用資料、半現用資料であり、これらを奈良に運んでしまうと漁協の業務に支障を来すおそれが懸念されること、そして合同プロジェクト計画は動きはじめたばかりであり、その計画を開始直後から変更することも事実上困難であることから、奈文研への移送は保留され合同プロジェクトは計画通り実行された。

三　資料をどのように救出するか

ところが私がA班の仕事を終え大学にもどった頃から、徐々に天候が不順となり現場の環境は次第に悪化していった。五月半ばを過ぎて気温が上がり始め、雨も吹き込むため、破れたガラス窓を瓦礫から拾い集めた波板やベニヤ板でふさいで資料を守るような状況となった。海水に濡れた資料はほとんど乾かず腐敗とカビの進行が早まってきていた。それどころか乾かしたはずの資料に新しいカビが発生しているという事態までが現場から報告されはじめていた。この事態を打開するためには漁協事務所にこれ以上資料を置いておくわけにはいかない。とりあえず資料を凍らせる方法がベターであろうと、現場では大島において資料を冷凍できるような冷凍庫を探し始めていた。

また最終的にどのような保管のかたちをとることになったとしても、現在のままでは資料の量があまりにも膨大で、貴重資料と雑多な紙類が混然となっていたことから、現場では『大島誌』

『大島漁業組合百年史』の著者である千葉勝衛氏や水上氏、漁協出張所長などにより、保存すべき資料と廃棄する資料の選別もはじめられていた。

私はその間大学において、同僚職員とともに三日おきにグループを送り出しながら、このような現場の状況を集約しては、所内で相談を重ねながら今後の方向性を探っていた。大島で当初話に出ていたプレハブ建設は立ち消えとなり、一時浮上していた小学校の空き教室に移動するという話も具体化せず、島内でやっと借りることができた冷凍庫も、最も重要な漁協設立時の資料を段ボール数箱入れるのが精一杯だった。資料を一時的に安全に保管できる場所の確保が急務となっていた。水上氏など地元の関係者も奔走してくれていたが、漁協事務所丸ごととも言える膨大な資料の保管場所の確保は、多くの建物を津波で失っている大島の現状からも困難であることは明らかであった。横浜の常民研で、遠く離れた大島の現場から入る同僚からのメールや電話の状況報告を聞きながら、私が当初感じていた不安が現実のものとなったことを知り、現場で動くことができないもどかしさと大きな焦燥感にかられたことを記憶している。

このような状況の中で五月十八日朝に、宮城資料ネットの平川氏から再び奈文研での凍結乾燥を強く勧めるメールが届き、そこには大島漁協資料が大量に行く可能性があることにつき奈文研からすでに内諾を得ている、とも書かれていた。この段階にきて、私は現場の状況を考えても最終的な選択肢はひとつしかないことを強く感じ、そうなった場合に最も気にかかっていた経費の規模とその負担について伺うメールをすぐに送った。常民研にはそのような予算の準備は全くなかったからである。すると翌日には「すべてが文化庁の文化財等救済委員会の枠組みのなかで処理できます」との返信があった。

四　資料を奈良へ送る

プロジェクトが開始されて十日あまり経った五月二十四日、A班・B班・C班の教職員と、現地にいるD班の電話参加により状況報告会を行った。この席上とくにC班参加の所員からは、A、B両班で乾燥させたはずの資料もすでに湿気を帯びてきており、前日にエタノール処理した資料にも翌日カビが発生する事態であったこと、それまで長い間いわば密閉状態であった資料を取り出して空気に触れさせたことで、かえってカビが発生しやすい状況をつくり出していると思われること、このままでは資料を救出するといって被災地に入った我々自身の手によって資料の全てが壊滅状態となってしまうのではないか、との見解がだされ、報告会は重苦しい雰囲気となった。長い議論の末、やはりこの状況を打開するためには奈文研での真空凍結処理しかないだろうという出席者の一致した結論がだされ、大島の水上氏、千葉氏、当時気仙沼のリアスアーク美術館に勤務されていた川島秀一氏とも電話で協議し、奈良への移送を具体的に進めることとなった。

奈文研への移送にあたり費用の問題はすでに解決していたが、資料の量については未解決であった。現場では資料の取捨選択を進めていたが、それでも保存すべき漁協資料は段ボール箱一五〇～二〇〇箱と見積もられた。古代・平城京の木簡などの文化財を対象にしている国の機関である奈文研が、大島にとってはかけがえのない資料であるとはいえ近代の大量の文書類を受け入れてくれることに、所内の誰もが半信半疑であったが、二十五日夕刻、平川氏からは「奈文研の高妻さんに尋ねましたところ、二〇〇箱でも大丈夫だとのことです」とのメールが届き、これを受けて二十五日夜、はじめて奈良文化財研究所保存修復科学研究室の高妻洋成氏に、資料の状況、資料を保存すべき環境を当分の間確保することが困難である現地の事情を説明し、奈文研での処置をお願いしたいという長いメールを送った。これに対し高妻氏からは即座に奈良移送にむけての詳細な段取りを記した返信が届き、しかもそこには「奈文研では一回に水濡れ状態の重量で一トンほどの紙資料を処置できます」とあった。このメールを見たときの安堵感をいまでも忘れることができない。ようやくこのプロジェクトの当面の着地点が見えてきたのである。

最終組のE班は五月二十七日の出発であった。当初私は参加予定ではなかったが、資料の最終的な状況を見届けるためにもこの最後の作業にどうしても加わらなければならないと感じ、E班二日目から参加することとした。

E班の作業は奈良への移送準備のため、これまでの班とは全く異なる作業であった。高妻氏よりの指示に従い、台帳とタグへの資料状態の記録、資料数点ずつのデジタル撮影とビニール袋詰め、それらの段ボールへの箱詰め……。その作業をE班メンバーと千葉氏、水上氏そして漁協の職員の方々が協力して、ほぼ二日半で概数五〇〇〇点、段ボール一四五箱の資料を梱包し終えることができた。そして最終的に六月一日、奈良市場冷蔵株式会社の一〇トン積の大型冷凍車が大島漁協に横付けされ、箱詰めされたすべての漁協資料は、奈良へと移送され、真空凍結乾燥のため奈良文化財研究所の手に託されたのである。

五　資料収蔵庫建設計画

奈良への資料搬出に先立つ五月二十八日に、神奈川大学建築学科の重村力所員が大島入りし、水上氏の案内で漁協のワカメ集荷場、大島開発センター、学校など資料の一時保管場所の候補を見て回った。その結果、これほど大量の資料を保管する空間は現在の大島にはなく、むしろ奈文研から戻った際に資料を収める専用の収蔵庫を新しく建設することを検討した方がよいのではないかとの考えを示し、高台の何カ所かを候補地としてすでに建物のラフスケッチを描いていた。そして六月二十日の常民研所員会議において、奈文研での真空凍結乾燥が終了した後の漁協資料の保存・保管について議論がなされ、研究所として新たな収蔵体制を検討していくことが決定され、七月にはそのための外部資金申請も決められ、十月には「気仙沼大島漁業史文庫の復興」計画（二〇一一年九月～二〇一四年九月の三年間、後に事情により二〇一五年九月まで延長）が、三井物産環境基金二〇一一年度東日本大震災復興助成案件として採択され、収蔵庫建設のための基本的な資金を確保することができた。そして大島の水上氏、千葉氏と常民研の重村所員、田上所員などから成る気仙沼大島漁業史文庫復興委員会をつくり、常民研側と現地とがつねに相談しながらこの事業を進めていく体制ができあがった。

しかしながら、震災直後の現地の状況はやはり複雑であった。共に『大島漁業組合百年史』の編纂に携わり漁協の資料を大切に守り続けてきた千葉氏や水上氏も、資料を残したいという誰よりも強い気持ちを持っておられたが、収蔵庫を建設するということについては「諸手を挙げて賛成」ではなかった。やはり大島の多くの方々が家や家族を失い、避難所や仮設住宅に住まわれている現状、漁協組合員が従事されている漁業も壊滅状態で先の見えない状況のなか、人ではない「書類のため」に建物を建てる、ということは当時の大島の方々にとっては気持ちを逆なでされるようなことであったことと思う。それでも千葉氏や水上氏は決断をされ、漁協文庫建設に向けて計画は動き始めた。

二〇一二年十一月には大島において「第一回漁協文庫を語る会」を開き、千葉氏「大島の漁業の発達と漁業史資料」、川島氏「気仙沼大島の漁労・社会・民俗から」等の講演に加え、田上・重村所員による資料救出の経過説明と建設計画図を示しての漁協資料収蔵庫「大島漁協文庫」建設の提案も行い、地元のみなさんに計画への理解を促すようつとめた。

収蔵庫は、基本的な工事は専門業者に任せつつ、可能な限り建築学科学生などが参加する建築チームのワークショップで行うよう計画した。また建設後のランニングコストがかからない建物にするため、空調やトイレなどの設備は設置せず、新設予定の漁協関連施設に隣接させて建設することで必要な施設を共用する計画とした。

そのような基本的なコンセプトは決まったものの、実際には肝心の建設用地が決まるまでにかなりの時間を要した。それはこのプロジェクトが漁協施設の新築計画と密接に関連していたためであった。現在宮城県の漁協は、宮城県漁業協同組合という一県一漁協であり、大島漁協の正式名称「宮城県漁業協同組合気仙沼地区支所大島出張所」が示すように、大島漁協は宮城県漁協の単位のひとつであり、大島個別の事情だけでものごとを進めることは難しい状況にあった。今回の震災で宮城県漁協傘下の他の多くの単位漁協も大きな被害に遭い、おそらく宮城県漁協へは各地の単位漁協から様々な要望が数多く寄せられていたことであろう。

そのため、最終的に大島の漁協集荷施設の新築場所が決まり、そこに隣接して漁協文庫の建設が可能な状況となったのは、二〇一三年末のことであった。

六　資料目録の作成とドライクリーニング

ところで、二〇一一年六月に奈良文化財研究所に託した資料は、同研究所の高妻氏らの手により次々と真空凍結乾燥機にかけられ、同年十二月末に奈文研を視察した際にはほとんどの資料の作業が終了し、湿ってカビが進行していた資料が、ページ同士の密着もなくぱらぱらとめくれるほどにきれいに乾燥している状況を見たときには、本当に信じられない思いだった。

こうして資料の状態は、いつでも大島に戻ってもよいようになったが、やはりまだ地元の受け入れ体制が整わないため、奈良文化財研究所に資料のいましばらくの保管をお願いし、二〇一二年六月末から七月にかけての八日間、文書チーム三十数名の院生と教職員が合宿しながら奈文研に通い、乾燥が終了した資料一点ずつの番号、表題、形態、作成年、作成者、法量などをパソコンに入力していく作業を行った。またこれに先立って、別の被災地から奈文研に送付され凍結乾燥処置を経た遺跡図面などのドライクリーニング作業をボランティアで行っていた「書物の歴史と保存修復に関する研究会」所属の司書の方々などにも、一週間ほど目録作成のお手伝いをいただき、作業も一段とはかどった。

ただ残念なことに、私たちが横浜に戻っている間にも作業を続けていた方が、粉じんを長時間吸い込んだことが原因で体調を崩すということがあった。これは、被災資料を整理する際にはマスクや手袋、帽子、上着などを必ず着用するという指示を私が徹底せず、現場任せしてしまったことによる瑕疵であった。津波を被った資料を取り扱う際には作業者の健康を害することがないように気を配らなくてはならないことを、この一件で肝に銘じた。

この奈良での目録作成は計画通り七月には終了し、大島の水上氏らにその旨伝えたところ、秋には小学校の空き教室に受け入れることができるよう手配するので、資料を大島に戻したいという意向が伝えられた。そして文化庁、宮城県教育委員会、気仙沼市教育委員会などの奔走で、二〇一二年十一月には大島小学校の空き教室に資料が運び込むことができた。二〇一一年に奈良へ

189 喧嘩から戦争へ 戦いの人類誌
山田仁史・丸山顕誠［編］ 2,400

188 日本古代の「漢」と「和」 嵯峨朝の文学から考える
北山円正・新間一美・滝川幸司・三木雅博・山本登朗［編］ 2,400

187 怪異を媒介するもの
東アジア恠異学会［編］ 2,800

186 世界史のなかの女性たち
水井万里子・杉浦未樹・伏見岳志・松井洋子［編］ 2,500

185 「近世化」論と日本 「東アジア」の捉え方をめぐって
清水光明［編］ 2,800

184 日韓の書誌学と古典籍
大高洋司・陳捷［編］ 2,000

183 上海租界の劇場文化 混淆・雑居する多言語空間
大橋毅彦・関根真保・藤田拓之［編］ 2,400

182 東アジアにおける旅の表象 異文化交流の文学史
王成・小峯和明［編］ 2,400

◆…白居易研究年報

16 仏教と文学
白居易研究会［編］ 5,400

◆…水門――言葉と歴史

26 仏教東流と東西世界 玄奘三蔵とシルクロード・敦煌・日本
水門の会［編］ 3,000

2 末摘花・紅葉賀・花宴・葵・賢木・花散里 2,500

1 桐壺・帚木・空蟬・夕顔・若紫 2,500

◆…日本「文」学史

1 「文」の環境 「文学」以前
河野貴美子・Wiebke DENECKE・新川登亀男・陣野英則［編］ 3,800

◆…天理大学考古学・民俗学シリーズ

2 モノと図像から探る妖怪・怪獣の誕生 1,600

1 モノと図像から探る怪異・妖怪の世界 1,600

天理大学考古学・民俗学研究室［編］

◆…ライブラリーぶっくす

知って得する図書館の楽しみかた
吉井潤［著］ 1,800

ささえあう図書館 「社会装置」としての新たなモデルと役割
青柳英治［編著］岡本真［監修］ 1,800

◆…わかる！ 図書館情報学シリーズ

2 情報の評価とコレクション形成 1,800

1 電子書籍と電子ジャーナル 1,800

日本図書館情報学会研究委員会［編］

◆…加瀬英明著作選集

1 アメリカ・中国・中東は、どうなってゆくのか
加瀬英明［著］ 3,200

研究書

◆五月刊行予定

川端康成詳細年譜 小谷野敦・深澤晴美［編］◉12,000

◆四月刊行予定

浄土真宗と近代日本 東アジア・布教・漢学 川邉雄大［編］◉8,000

21世紀に安部公房を読む 水の暴力性と流動する世界 李先胤［著］◉4,200

能面を科学する 世界の仮面と演劇 神戸女子大学古典芸能研究センター［編］◉4,200

日出づる国と日沈まぬ国 日本・スペイン交流の400年 上川通夫・川畑博昭［編］◉7,500

国際地域学入門 小谷一明・黒田俊郎・水上則子［編］◉2,800

シルクロードと近代日本の邂逅 西域古代資料と日本近代仏教 荒川正晴・柴田幹夫［編］◉8,500

◆三月刊行

霊性と東西文明 日本とフランス「ルーツとルーツ」対話 竹本忠雄［監修］◉7,500

京城帝国大学の韓国儒教研究 「近代知」の形成と展開 李暁辰［著］◉7,500

『色葉字類抄』の研究 藤本灯［著］◉15,000

孝の風景 説話表象文化論序説 宇野瑞木［著］◉[illegible],000

教養書・一般書

◆六月刊行予定

東京復興写真集 1945〜46 文化社がみた焼跡からの再起 東京大空襲・戦災資料センター［監修］山辺昌彦・井上祐子［編］◉10,000

◆四月刊行予定

「反日」と「嫌韓」の同時代史 ナショナリズムの境界を越えて 玄武岩［著］◉4,200

世界神話伝説大事典 篠田知和基・丸山顯德［編］◉25,000

邪馬台国は、銅鐸王国へ東遷した 大和朝廷の成立前夜 安本美典［著］◉2,800

京都三山石仏・石碑事典 綱本逸雄［著］◉5,200

女性から描く世界史 17〜20世紀への新しいアプローチ 水井万里子・伏見岳志・太田淳・松井洋子・杉浦未樹［編］◉3,200

触感の文学史 感じる読書の悦しみかた 真銅正宏［著］◉2,800

◆三月刊行

中国現代散文傑作選 1920〜1940 戦争・革命の時代と民衆の姿 中国一九三〇年代文学研究会［編］●4,200

清河八郎伝 漢詩にみる幕末維新史 徳田武［著］◉4,800

計量文献学の射程 村上征勝・金明哲・土山玄・上阪彩香［著］◉3,800

オビから読むブックガイド 竹内勝巳［著］◉[illegible],800

行ったときはわかめをいれる大型の箱一五〇箱であったが、奈文研での作業で小さい箱にいれかえられ、その数三〇〇箱であった。あいにく使える教室は三階であったが、これもまた大島にボランティア活動にきていた方々のお力を借りて、バケツリレーで短時間のうちに運び入れることができた。

そして翌二〇一三年の秋からは、大島において文書チームによる資料のドライクリーニング作業が始まった。ここでも歴民の大学院生に加えて、地元の方や神奈川県立公文書館や神奈川資料保全ネットワークからの参加もあった。奈良での一件から、参加者のマスクや手袋、帽子など防塵のための装備を徹底し、空気清浄機なども準備した。また陸前高田の公文書の保全活動をおこなっていた神奈川県立公文書館からは、多数のドライクリーニングボックスの貸し出しを受け、作業者の健康を害することがないような体制をある程度作ることができた（図3）。

この二〇一二年度から開始した目録作成作業とドライクリーニングに参加した大学院生のうち、震災当時の現場で作業経験がある者は次第に減り、当時に日本にいなかった海外からの留学生も多く参加するようになり、自分達が行っている作業の意義を見いだしにくくなっているものと思われた。そのフォローのため当時のビデオや写真を見る機会を設けるなどしたが、結局、毎日のように作業に付き添って様々な助力をくださる千葉氏、水上氏の姿に接して話を聞き、泥がこびりついた資料と向き合う毎日を過ごすことで、自ずと大津波をくぐりぬけた漁協資料のもつ重要性、これらを地域の歴史を語る資料として大切に伝えていく意味などをそれぞれが納得していったように思える。ドライクリーニング作業は二〇一四年秋には大略終了した。

図3　大島小学校体育館でのドライクリーニング作業

七　大島漁協文庫の未来にむけて

ようやく確定した漁協文庫建設予定地は、フェリー発着所のある浦の浜から徒歩十五分ほどの高台で、漁協の集荷施設と隣り合った敷地であった。

建設にあたっては重村所員と三笠友洋助教が中心となり、水上氏や漁協関係者、土地提供者、工事関係者などと話し合いの機会を持ち、集荷施設との境界は明示するがフェンスは作らない、集荷施設のトイレを漁協文庫側からも使用できるようにする、漁協文庫には電気・水道を敷設する等の合意事項を確認すると同時に、「大島漁協文庫の会」を立ち上げた。会長を水上氏、永世顧問を千葉氏とし、おもに大島漁協運営員と常民研所員、大島の有志の会員からなり、「大島漁協文庫の会規約」に基づき漁協文庫を管理運営するための会で、「大島漁協文庫資料の保全整備につとめ、この資料の研究活用の促進」を目的とする（「大島漁協文庫の会規約（案）」より）ものである。

二〇一五年六月二十二日に安全祈願祭が行われ、工事が始まった。建設予算は三井物産の助成金に加え常民研の二〇一五年度特別予算も組まれたが最小限の資金であったため、重村・三笠研究室では地元大島や宮城県内の建設会社などのご協力を得ながら建設費を抑えるべく様々な工夫をこらした。そのひとつには重村・三笠研究室の大学院生、学生ら建築チームによる現場ワークショップで、柱立て、外壁張り、床張り、書架製作などの作業を大工さんの指示のもとに実際に学生達も行った。このワークショップは建設費の軽減のみならず、建築デザインを学ぶ院生・学生にとって実際の建物の建設に加わるという貴重な経験ともなった（図4）。七月二十日の上棟式での餅まきには地元の方が七十名ほども集まり、皆さん楽しそうに餅を拾っていた。これは漁協文庫の建物と地元の方々とのあいだがだんだんと近くなってきたことを実感できるうれしい出来事でもあった。

図4　外壁に焼杉板を張る作業も学生達が参加した

一方、千葉氏は資料を棚に配架するための独自の「大島漁協文庫資料分類表」を作成し、約五〇〇〇点の資料の分類を進めており、それをもとに二〇一五年八月に文書チームは資料全体を分類番号別に仕分け直し、書架への配架作業に備えた（図5）。九月十八日からは建築チームによる書

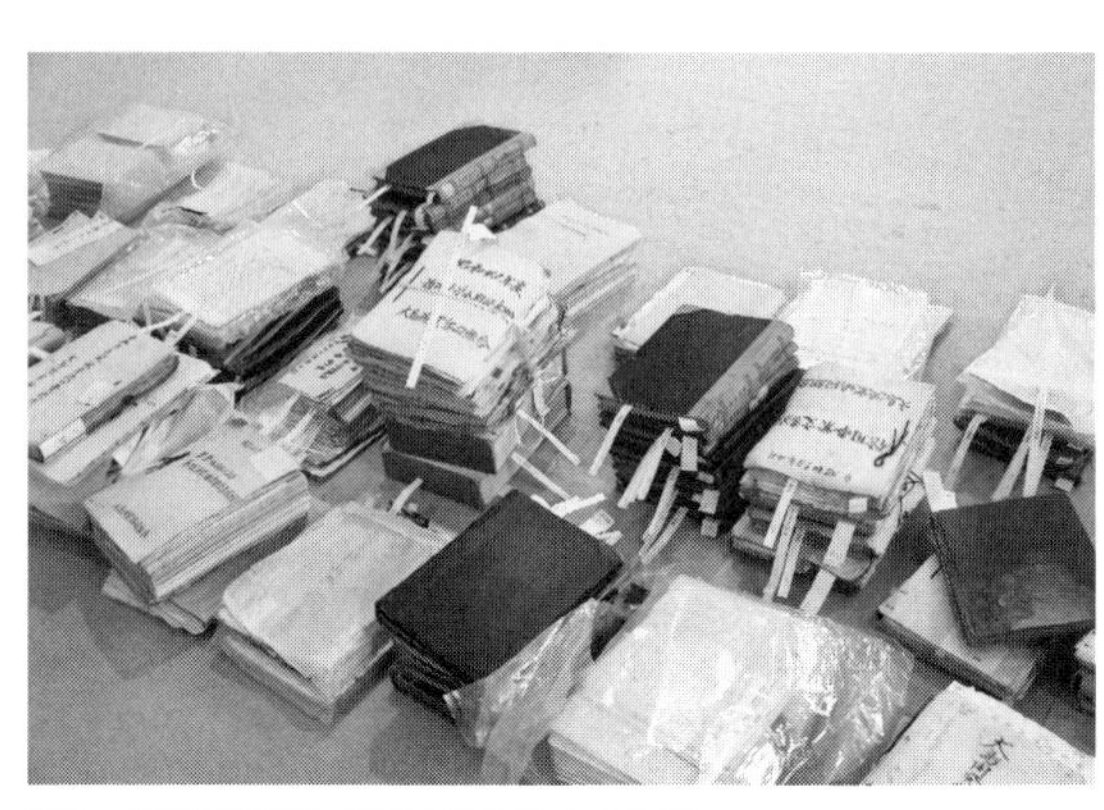

図5　分類番号別に資料を仕分けする作業

架製作が進められ、二十三日からは文書チームが分類した資料を棚へ収める作業を行った。ここに、二〇一一年五月以来、段ボール箱に詰め込まれ遠く奈良まで旅していた資料が、四年半ぶりに大島において書架に並べられたのである。

今回、震災により滅失の危機にあった大島漁協資料は、多くの方々の「こころざし」と知恵との積み重ねによって保全され新しい収蔵庫に無事に収められた。先に述べたように、震災当初、このプロジェクト終着点が見えず大きな不安に駆られていたところを、奈文研での凍結乾燥処置ということでやっと終着点が見えて安堵したのだが、その時終着点と思ったものは、その後のさまざまな紆余曲折を経た現在からみるとひとつの中間点に過ぎなかった。そしてこの収蔵庫完成でやっと本当の終着点に到達できたと思ったのであるが、実はこれもまた終着点ではなかった。

大島漁協資料は一三〇年間守り伝えられ、これまでも『大島漁業組合百年史』などとして結実してきたが、この豊かな漁村の資料はもっと広く多くの人に公開、活用されて、様々な視点で研究されるべきものであろう。二〇一五年九月二十六日には漁協文庫の完成にあわせ第二回漁業史文庫を語る会として「漁協文庫の未来にむけてのシンポジウム　漁村文化と大島の未来」が大島公民館で開催された。このシンポジウムでは大島漁協の成立や漁業権の獲得、豊かで多彩な大島の漁業の歴史や民俗、あるいは明治以来書き継がれてきた漁協文書の意義などを議論しながら、

図6　シンポジウムには70名近くが集まった

この資料がひとり大島漁協の歴史のみならず、大島や気仙沼、ひいては日本の漁村文化の歴史や民俗の豊かさや重要性を再確認する研究の場として、今後の活用にむけて議論が交わされた（図6）。常民研としても二〇一五年度から共同研究「海域・海村の景観史に関する総合的研究」のフィールドとして、大島の研究を開始することとなった。歴史学、民俗学、建築学、文化人類学、地理学などさまざまな分野の研究者を所員とする常民研が、漁協資料を基礎にして新たな大島の姿に光を当て、広く日本の漁村・海村の文化を考える拠点として、大島漁協文庫を活用する計画である。震災から四年を経て漁協文庫に収められた漁協資料は、また

新たな出発点に立つことになった。

おわりに

　このようにして漁協文庫は今回滅失の危機を免れたが、実際には課題ものこる。最も大きな課題は資料の安定化処理が完了していないことである。本来紙製文化財の安定化には固着する泥等の除去や殺菌に加えて、海水の浸潤によって紙に含まれた塩分の除去が不可欠だが、大島漁協資料ではまだ塩分の除去が成されていない。本震災以降、様々な紙製文化財に関する安定化処理のノウハウが蓄積されてきているため［赤沼二〇一四］、水洗可能な資料を選び、一ページずつ水洗を行い綴じ直していく作業は可能である。しかしながら近現代資料である大島漁協資料の多くは分厚い簿冊類であることから、その処理には多くの時間がかかるため、一方ではデジタル撮影による複製を作ることも視野に入れながら、これをどのように進めていくかを検討する必要がある。

　またこの漁協文庫を将来に伝えていくための基盤も不安定さが残る。気仙沼市全体でみたとき一九六〇年に四万人を越えていた人口のうち五二・二％が第一次産業従事者であったが、二〇一〇年には人口は約八〇％に減少し、そのなかの第一次産業従事者の割合は九・六％と激減している。水産業についても就労者の高齢化による後継者不足や魚価安など課題も多く、震災後この傾向はさらに加速している［宮城県気仙沼市二〇一四］。大島も当然この傾向の中にあるといえ、漁協文庫をどのように安定的に存続させていくかを、自治体等も交えて考えていく必要があろう。

以上、二〇一一年から始まった気仙沼大島漁協文庫に関する経緯を記してきた。このプロジェクトは、神奈川大学が当時進めていた在学生に対する被災地ボランティア活動支援の一環としても位置付いていたため、どちらかと言えば資料を救出することよりも、歴民の大学院生を主体としたボランティア活動を推進することに重きが置かれていたと思う。常民研勤務という私の立場から言えば、大学院生の活動推進よりも資料救出を優先すべきであると考えていたため、とくに奈文研への移送時期に関してはもっと早くに決断してもよかったのではないかと考えている。しかし一方で、収蔵庫ができあがった現在に至って思うことは、やはりあれだけの分量の資料をクリーニングしたり目録を作成したりするためには参加した大学院生の力は不可欠だったし、数多くの大学院生がこの活動を通じて、震災や資料や地域社会のことを現場で感じ考える機会を持ったことは、この漁協資料の将来を考えた場合にはとても大切なことであったとも感じている。その意味では多様な専門の研究者や学生を抱える大学という組織が大島という小さな地域に関わることができた意味は大きい。

この執筆過程で過去の書類を読み返し四年間を記述してみると、とくにプロジェクト開始当初、先の見えない暗いトンネルの中で道を曲がるたびに何かにつまずき引っかかりしながら、まさに手探り状態で進んだこと、その度に行き違いを重ね議論を交わしたことなどの記憶がよみがえった。同時にこれまで一面識もなかった本当に多くの方々が惜しみなくアドバイスやご協力を下さったからこそ、プロジェクトがここまで進んだのだということも改めて深く心に刻んだ。たくさんの「こころざし」を以て手をさしのべて下さった方々のお名前をすべて挙げることはできないが、この場を借りて心から感謝を申し上げたいと思う。

参考文献

網野善彦一九九九『古文書返却の旅――戦後史学史の一齣』(中央公論社)
神奈川大学二〇一一『大学生、ボランティアの襷をつなぐ』(御茶の水書房)
常民研二〇一一『気仙沼大島被災資料救出ボランティア活動報告書』(神奈川大学日本常民文化研究所)
赤沼英男二〇一四『安定化処理 = Stabilization processing：大津波被災文化財保存修復技術連携プロジェクト』(津波により被災した文化財の保存修復技術の構築と専門機関の連携に関するプロジェクト実行委員会)
宮城県気仙沼市二〇一四『気仙沼市過疎地域自立促進計画（素案）(平成二十六年度～平成二十七年度)』(宮城県気仙沼市)

※本稿に登場する方々の所属、肩書などは当時のものである。

千葉資料救済ネットの現状と課題

小田真裕

はじめに

千葉歴史・自然資料救済ネットワーク（略称：千葉資料救済ネット）は、「災害などによって歴史・文化・自然資料への悪影響が県内で起こった時に、県内外のさまざまな団体あるいは個人による資料救済活動をスムースに推進するために」、二〇一二年三月三日に発足したボランティア団体である（千葉資料救済ネット「申合せ」）。会費は無く、ネットの趣旨に賛同してメーリングリストへの参加を希望すれば誰でも会員になれ、二〇一五年度末時点で、一一五名・四団体が登録している（二〇一六年三月二十日付総会資料）。

筆者は、千葉県千葉市に住み、卒業論文以来、近世の房総に関する歴史研究と資料調査を続けている。その関係で、千葉資料救済ネットには発足準備の段階から携わっている。また、二〇一四年四月から二〇一六年三月まで、神奈川県横浜市にある公益財団法人大倉精神文化研究所で働いていた。そのため、二〇一四年八月に開催されたシンポジウム「地域と人びとを支える資料」には、自分のフィールドである房総や千葉の資料との向き合い方を考えるため、そして、今後関わりを持っていく神奈川の資料について学ぶために参加した。

本稿は、二〇一五年夏の筆者が、千葉資料救済ネットの発足から三年余の活動を振り返り、千葉資料救済ネットでの経験が自分にとって持っている意味を考えようとしたものである。本稿脱稿後、千葉資料救済ネットが迅速な対応を迫られた事態もあり、特に、千葉県富津市での民間所在資料レスキュー（二〇一六年二月〜）や茨城県常総市での民間所在資料および行政文書レスキュー（二〇一五年九月〜）の現場は、筆者に強い衝撃を与えるものだった。本来であれば、これらの経験も踏まえた文章の方が、「現状と課題」というタイトルに即しているかと思うが、ある時点の自分、そして千葉資料救済ネットについて見直せる記録を残しておくことも大切だろう。そのため、ここからの本論部分は、二〇一五年八月に入稿した文章にほとんど手を加えていないことを、お断りしておく。

一 「歴史・文化・自然資料」

千葉資料救済ネットは、

1 災害などで被災した歴史・文化・自然資料の救出と保全をおこなう。
2 災害などで被災した歴史・文化・自然資料に関する記録作成をおこなう。
3 年に一度総会を開催するほか、上記の活動に必要な事業をおこなう。

という三点を活動の柱としている（千葉資料救済ネット［申合せ］）。

千葉県では、二〇〇四年の九十九里いわし博物館爆発事故後の資料レスキューをきっかけとして、二〇〇九年に、千葉県博物館協会地域振興委員会の主導により「千葉県文化財救済ネットワークシステム」が設立されていた［新和二〇一〇］。しかし、二〇一一年三月十一日に発生した東日本大震災後における、民間所在資料や文化財指定を受けていない資料の被災状況の把握は、円滑に行われなかった。一般的に、災害などによる被害が甚大な自治体では、職員が資料保全に手を回す余裕が無い。また、資料の被災状況を確認しようにも、民間所在資料のデータが不十分であったり、資料所蔵者と連絡を頻繁に取っていなかったりする場合もある。そして、概して大きな組織や公的機関だと、資料のために動く前の手続きに時間がかかる。そこで、様々な機関・個人の連絡・連携のために機能する、フットワークの軽い新たなネットワーク構築の必要性を感じた有志が、千葉県における資料ネット設立に向けて動き出したのである［久留島二〇一三］。

さて、千葉資料救済ネットと神奈川資料ネットには、地理的な近さに加え、いくつかの共通点がある。二〇一五年二月に兵庫県神戸市で開催された「全国史料ネット研究交流集会」の配布資料では、全国にある二十二の資料保全ネットワークのうち両資料ネットが、設立の経緯を踏まえて「予防型ネット」と位置付けられていた〔歴史資料ネットワーク二〇一五〕。また、集会当日の報告において宇野淳子氏は、当時の神奈川資料ネットが、特定の機関等に依拠しない「もちより型」の運営形態であると述べていたが、この点も千葉資料救済ネットと共通している〔宇野二〇一五〕。そして、「神奈川歴史資料保全ネットワーク」から改称した「神奈川地域資料保全ネットワーク」と、全国の資料ネットで唯一、正式名称に「自然」という語が入っている「千葉歴史・自然資料救済ネットワーク」は、いずれも自然資料を救済する対象として明確に意識している。

しかし、千葉資料救済ネットの運営委員には現在、理系分野を専門としている者はいない。千葉資料救済ネットでは、参加者のうち有志が運営委員となり、運営会議や運営委員用のメーリングリスト上で情報・意見を交換し、ネットの運営を担っている。そして、前述した三点の活動の柱に即して、必要に応じた資料レスキューや勉強会の実施、メーリングリストとブログの管理を行っている。運営会議は、二ヶ月に一回程度のペースで平日（主に月曜日）夜に、事務局がある千葉大学西千葉キャンパス（千葉市）で行っているが、本務や授業との兼ね合いもあり、参加人数は多くない。この「もちより型」の運営形態に起因する運営委員全体の集まりづらさは、運営委員の複数名が授業・調査・研究会などで顔を合わせる機会が多いことで、ある程度補えてはいる。しかし、運営委員同士が会う機会の多さは、歴史学、特に日本近世史を専攻する者が多いことの裏返しでもある。

千葉資料救済ネットの設立準備に携わったメンバーの間では、保全・救済の対象とする「資料」を幅広く視野に入れたいという思いは共有されていた。しかし、参加者の専門分野や事務局体制などを考えたとき、自然資料の保全・救済のためにネットができることを具体的にイメージできた者は多くなかった。発足以前に抱いていた懸念は現在も解消されておらず、自然資料や考古資料、民俗資料など、これまでの活動で十分に取り上げられていない資料はある。

しかし、二〇一二年三月以来の活動のなかで千葉資料救済ネットへの参加者は増え、ネット総体として見ると、参加者の専門分野や取り扱える資料の幅は広がっている。資料救済が必要になったとき、その場にいる者だけで救済が円滑に行えなくても、ネット参加者のなかに、その資料の取り扱いに長けた者と作業に従事できる者がいて、それぞれが名乗り出られれば良いはずである。また、ネット内に多様な参加者がいれば、ある視点からでは見逃すかも知れない資料についても救済の必要性に気づき、その必要性を指摘することができるだろう。

幅広く資料を保全・救済するためには、様々な専門・立場の方と非常時に連絡を取り合えるようなネットワークにする必要がある。今後は、千葉資料救済ネットとして、理系分野の方はもちろん、図書館関係者・建築関係者など、現在の参加者に少ない分野の方々との連携を図っていくべきだと感じている。そして、そうした方々が情報の受け手となるだけでなく、活動に参加しやすく、情報を発信しやすいネットにしていきたい。

次に、千葉資料救済ネットが行ってきた具体的な活動を紹介する。

設立準備に携わったメンバーが、何よりも早く行おうとしたのが、資料救済が必要な緊急時に、様々な機関・個人が情報を交換できる連絡体制の構築である。議論の結果、媒体としてメーリングリスト（以下、MLと表記する）とブログを選択し、二〇一二年三月三日の発足集会を経て、ブログを三月中に、MLを四月中に開設した。発足集会を紹介した新聞記事を読んで参加希望を寄せてくれた方もおり、発足集会後一通目となるMLは二〇一二年四月二十六日に、個人会員五十九名・団体会員二団体へ届けられた。

二「フットワークの軽さ」

いざという時のフットワークの軽さを重視している千葉資料救済ネットにとって、参加者が誰でも情報を、さらには要望や疑問も発信できるMLは、気をつけるべき点はあるが、うまく活用したい媒体である。千葉資料救済ネットでは、資料への影響が懸念される災害が発生した際には、運営委員がMLとブログで情報提供を呼びかけている。野田市などに被害をもたらした二〇一三年九月二日午後の竜巻発生に際しては、翌三日昼に、運営委員がMLで資料救済が必要な場合の連絡を求めた。すると、三日夜から四日夜にかけて、竜巻発生時に野田市内で調査をしていた鎌ケ谷市の学芸員と、野田市の小学校教員・野田市在住の大学生がMLに情報を寄せてくれた。この時は、実際に市内を確認した大学生が被災状況を詳しく伝え、他の二名は野田市の学芸員および市史編さん担当者とのやり取りや、勤務している小学校周辺の文化財の無事について伝えた。それぞれの個性を活かして得た情報が繋がり、会員に共有されていった一連の流れは、MLの特性を発揮したものといえる。また、MLへの投稿記事に、自分が誰に問い合わせているかを明記すれば、被災地の学芸員や文化財担当者への問い合わせの重複を避けられるとも感じた。

ただし、二〇一四年度末時点で千葉資料救済ネットは、一刻を争う資料救済の必要が千葉県内で生じていると連絡を受けたことは無い。いざという時に素早く的確に動くための経験は、足りていない。資料救済の必要性は、いつどこでどのような事態によって生じるかわからない。だからこそ、ネットとしても個人としても、平時から非常時のために備えておく必要がある。

また、被災地や近隣に、自ら情報を収集・発信してくれる会員がいて、学芸員や行政の担当者がネットに協力してくれるとも限らない。東日本大震災後、筆者はいくつかの自治体や機関に、歴史・民俗資料の状況について問い合わせたが、取り合ってくれない場合や、関係者・担当者以外による情報発信に難色を示される場合があった。ある担当者からは、被災地を見ようという来訪者が増えて迷惑なので、被災地イメージの形成につながる情報発信は避けてほしいと伝えられた。資料保全のためには、資料の被災状況は正確に把握されないといけないが、情報発信の仕方には配慮が必要だろう。とはいえ、資料救済が必要なときにSOSを発信してもらえなければ、千葉資料救済ネットを立ち上げた意味が無い。

資料が被災した場合、資料所蔵者や、資料が所在する自治体から資料救済の要請があれば、千葉資料救済ネットは動きやすい。しかし、そうした要請を受けるためには、①非常時であっても資料は保全される必要があると認識されていること、②非常時の資料保全をサポートしてくれる団体として千葉資料救済ネットが認知・信頼されていることが必要である。これらの条件を満たすためには、常日頃からの活動が重要となってくる。

三　「資料保全の担い手」

二〇一二年三月三日の発足時点で、千葉資料救済ネットには、レスキューや整理の対象となる特定の資料群は無かった。その代わり、MLとブログでは、千葉県外の資料ネットによる資料レスキューの情報を伝えて参加者を募り、千葉県からの参加者による活動参加記を掲載した。また、資料保全に関する新聞や雑誌の記事、ウェブサイトを紹介し、資料保全活動について、できるだけ具体的なイメージを持ってもらえるように努めた。

恒常的に機会がある資料調査や資料整理に比して、資料レスキューに参加する機会は限られている。新規の資料調査を伴う自治体史編さん事業が減り、インターネット上で閲覧可能な資料も増えている現在は、実地での資料調査経験を積む機会自体が減っている。資料保全のために役立ちたいと思っていても、自分がどう役立てるかイメージできないという方は多いのではないだろうか。そして、資料保全活動のことを、専門家や研究者がするもので、自分には敷居が高いと感じている方もいるだろう。

しかし、資料保全のためにできることはたくさんあるし、本当は様々な方が担い手になれる。

表　千葉資料救済ネット主催勉強会・総会の内容（二〇一四年度末まで）

実施日	タイトル	報告者・講師など	参加者数
二〇一二年三月三日(土)	「千葉歴史・自然資料救済ネットワーク」(千葉資料救済ネット)発足集会	久留島浩「千葉歴史・自然資料救済ネットワーク」立ち上げについて」 新和宏「千葉県内における資料ネットの発足経緯と課題」 川口康「東日本大震災における香取市の文化財の被災状況と復興への取り組み」 藤方博之「佐倉市内での歴史資料レスキュー活動について」	四十八名
二〇一二年七月七日(土)	資料が被災した。あなたはどうする？	講師：久野一郎「水損資料の救出法1」 髙花宏行・横山謙次「宮城県石巻市石神社の被災史料の修補について」	三十三名
二〇一二年十二月九日(日)	古文書修補の実習	講師：横山謙次	十七名
二〇一三年三月十日(日)	あれから2年、そのときあなたは！これからあなたは？	斉藤明子「被災資料標本を救え」 小関悠一郎「大学と千葉資料救済ネット」 小田真裕「3・11後の房総史料調査会」	(総会)
二〇一三年七月六日(土)	資料救済の現場に行こう！	須藤千裕(二〇一二年七月二十二～二十三日、栃木県茂木町の旧家での資料レスキュー紹介) 日暮義晃(二〇一三年二月十日、千葉県市原市霊光寺での資料レスキュー紹介)	四十一名

二〇一三年三月九日(日)	あれから3年　新しい資料救済への取り組み	市町村別資料所蔵者リスト作成の経過報告	(総会)
二〇一四年七月十三日(日)	古文書修補を学ぶ②	講師：横山謙次	三十四名
二〇一四年十二月十五日(月)	資料の被災に備えて	布施慶子「君博協の活動と「災害時の資料保全の相互応援に関する覚書」」 小関悠一郎「千葉歴史・自然資料救済ネットワークの活動について」	二十八名
二〇一五年三月二十一日(土)	震災の記憶を共有する ――1・17から20年――	新田裕二郎「全国史料ネット研究交流集会」参加報告 阪神・淡路大震災などに関するDVD鑑賞	(総会)

会場は二〇一四年十二月十五日「資料の被災に備えて」のみ木更津市郷土博物館金のすず、他は千葉大学西千葉キャンパス内。

歴史資料のレスキュー作業を例に取ると、資料を運び出す作業、レスキュー・整理のための資材や資料保管場所の確保、作業を円滑に行うための環境整備などは、歴史資料と接した機会がほとんど無くてもできる。

多くの方々に、自分も資料保全の担い手になれると気づいてもらいたい。そうした思いから、千葉資料救済ネットでは、年二回程度のペースで「勉強会」を実施している。

表は、二〇一四年度までの勉強会と総会の内容をまとめたものである。

二〇一二年七月に開催した第一回勉強会では、運営委員の久野一郎（睦沢町立歴史民俗資料館）が講師となり、文書資料や書籍資料が水損した際の対処の仕方を体験した。この第一回勉強会では、東日本大震災で被災した宮城県石巻市石神社（いその）の古文書修補を実施した白井市の事例が報告され、講師の一人横山謙次氏に、第二回勉強会で古文書の修補を実演していただいた。横山氏には、これ以降も勉強会の講師をお願いしており、二〇一四年度・二〇一五年度は、全参加者が同時に作業できる、こより作りの体験会を企画した。これらの体験型勉強会では、学芸員・歴史を学んでいる老若男女の学生・歴史研究を専門としていない方といった多様な参加者が一堂に会し、動きながら話しながら、和やかな雰囲気で資料の取り扱いを学べている。そして、昼食時や空き時間にも、肩肘張らずに有意義な情報交換ができている。

千葉資料救済ネットの勉強会に参加した後、自主的に白井市での修補ボランティアに参加した者もいる。その一人である運営委員の後藤恵菜は、二〇一四年四月十七日からブログに、「古文書修補・研修日記」を連載している。筆者のように歴史資料と日常的に接している者でも、修補の具体的な内容を知る機会は多くないし、資料の取り扱いについて確認したいと思うことは多々ある。非常時の資料保全に限らず、資料に関する様々な知識・情報を千葉資料救済ネットのブログやMLを通して得られれば、資料保全の担い手が育っていくはずである。後藤の「古文書修補・研修日記」に刺激を受けつつ、会員から「こんなことが知りたい」という要望を気軽に伝えてもらえるような雰囲気を作っていきたい。

さて、千葉資料救済ネットでは、資料レスキュー経験者が画像を示しつつ実例を紹介する、座学での勉強会も実施している。企画の最大の目的は、資料調査の経験がほとんどないような方々に、資料保全活動との距離感を縮めてもらうことである。席の配置は、一対多の形になることを極力避け、参加者同士の顔が見えるように配置している。それは、多様な参加者がフラットな立場で、資料保全のために協力できるネットにしたいという思いからである。

自分に資料保全のためにできることなどあるのか、自分が専門家と一緒に参加して良いのか。そのような懸念があったとしても、自分と似た立場の方が千葉資料救済ネットに参加しているとわかれば、不安感が和らぐはずである。そう思い、千葉資料救済ネットでは、できるだけ様々な立場の方に情報発信をしてもらえるように努めている。その例が勉強会の形式であり、ブログとMLに掲載している「ネットワーク通信」である。

「ネットワーク通信」とは、「会員相互の交流をはかり、また、資料ネットを広く世間のかたに知ってもらうため」にリレー形式で記事を書く企画で、二〇一三年三月に開始した。記事の形式や内容は自由だが、自己紹介をした後、自分と資料保全活動についての関わりを述べ、資料保全活動について感じていることや、今後の抱負を書くという形式が多い。これまでの執筆者には、本務の関係で会議や活動になかなか参加できない学芸員や、東日本大震災時に千葉県外にいた者もいる。先述したように、千葉資料救済ネットは事務局が千葉大学西千葉キャンパスにあるため、運営会議や勉強会も、同キャンパス内で行うことが多い。しかし、資料を幅広く保全・救済するためには、平日夜の会議や土日祝日の勉強会に参加できない方々との意見・情報交換を、積極的に行う必要がある。

資料館や図書館のような資料保存機関は、土日祝日が開館日となっている場合が多い。東日本大震災以降、災害や資料保全に関する学会企画・シンポジウムなどが増え、筆者も可能な限り足を運んでいる。しかし、資料保存機関で「地域資料」と向き合っていればいるほど、自分の都合で休みは取れず、そういった議論の場には参加しづらくなる。小規模な職場では、特にその傾向が強い。資料保全に関する催しの目的は、その催し自体を盛況で終わらせることではなく、資料保全の実践に活かすことにあるはずだろう。千葉資料救済ネットの催しに参加してもらうだけでなく、現地で資料と向き合っている方々の許に出向き、意見を交わす必要がある。発足から二年経った二〇一四年春頃、運営委員の間でそうした課題意識が強くなってきた。

四　現地での連携のために

千葉県内の自治体で文化財や資料の保全を担当している方々と、千葉資料救済ネットのメンバーが席を同じくし、非常時にどのような連携ができるか考える場を設けたい。この申し出に好意的な反応を示してくれたのが、君津市立久留里城址資料館の布施慶子氏である。相談の結果、君津地方公立博物館協議会（略称：君博協）の研修会と千葉資料救済ネットの勉強会を兼ねた企画を実施することになり、約半年間の準備を経て、二〇一四年十二月十五日（月）に、木更津市郷土博物館金のすずで、君博協・千葉資料救済ネット共催の勉強会「資料の被災に備えて」を実施した。

一九九一年に発足した君博協には現在、木更津市郷土博物館金のすず・君津市立久留里城址資料館・袖ケ浦市郷土博物館の三館が加盟しており、共同での研究・調査や、展示協力などを行っている［布施二〇一五］。君博協は、二〇一三年度末に「災害時の資料保全の相互応援に関する覚書」という、災害発生時の連携に関する取り決めを交わしており、千葉資料救済ネットの活動にも、学芸員や職員の方々が頻繁に参加してくれていた。勉強会は、主に布施氏と千葉資料救済ネット運営委員の小関悠一郎・筆者がやり取りを重ねて準備したが、以前から資料保全について意見を交わしていたこともあり、比較的順調に進んだと思う。

勉強会当日は、君博協から布施氏が「君博協の活動と「災害時の資料保全の相互応援に関する覚書」」、千葉資料救済ネットから小関悠一郎が「千葉歴史・自然資料救済ネットワークの活動について」という、お互いの団体の活動を紹介する報告を行った後、フロアを交えて意見や情報を交換した。この勉強会から得たものは参加者個々で異なるはずだが、君津地方の資料保全に携わっている、あるいはこれから携わろうとしている様々な立場の者が顔を合わせ、普段感じていることを伝え合えたことの意義は、とても大きかったと思う。当日の参加者には、歴史・民俗・考古を専門としている方だけでなく、美術館や自然史系の学芸員もいた。所属する組織・団体の性格の違いも、いざという時の連携のためには理解しておいた方が良いが、市立の機関の関係者に加え、筆者と同じく公益財団法人に勤める参加者もいた。そして、他県の資料ネットのメンバーや、公文書担当部署に配属された市職員、博物館友の会のメンバーが自主的に参加してくれたことも特筆される。

筆者は、千葉資料救済ネットが全県下の資料保全を主導するというよりも、県内各地で資料と接している方々の資料保全への取り組みを、千葉資料救済ネットがサポートする関係が理想だと考えている。そして、資料保全のためにすべきことは、その時対象とする地域や資料によって異なるのだから、現地の資料を保全するために千葉資料救済ネットに何ができるのか、どうすれば良いのか。ネット側でも考える必要があるし、現地の方々から気兼ねなくニーズを伝えてもらえる関係作りも必要である。

千葉資料救済ネットでは、君津地方以外でも非常時の連携について考える場を設けていく予定である。そして、君博協加盟館の学芸員の方々とは、今後も資料保全のための取り組みを協働で続けていこうと話しており、資料整理や、災害に関する碑文・資料収集などの案が上がっている。具体的には決まっていないが、博物館友の会の方々や地元の高校生たちとも一緒に、フィールドや資料について楽しみながら学んでいけたらと考えている。

五　資料所蔵者との関係

さて、当初はレスキューや整理の対象となる特定の資料群がなかった千葉資料救済ネットだが、二〇一三年には、東日本大震災で蔵が被害を受けた千葉県市原市の霊光寺で、資料の蔵出し作業を行うことになった。この作業に際して議論されたのが、目録作成・資料撮影といった作業への千葉資料救済ネットの関与の仕方である。千葉資料救済ネットには恒常的な事務局員が不在で、会費収入も無い。そして、ネットとしての資料保管場所や満足な資材も無い。そのような事情もあり、千葉資料救済ネットとして広く参加者を募るのは被災に伴う資料の蔵出し作業までとし、目録作成・資料撮影などは、初回の参加者をもとに立ち上げた霊光寺史料調査会が主催することにした。資料の保管に必要な文書箱は霊光寺の住職が購入し、封筒と目録用紙などは、調査を協賛した房総史料調査会が用意した。

千葉資料救済ネットとして参加者を広く募るのは人手がいる資料レスキューまでとし、資料整理・資料調査の段階には千葉資料救済ネットのメンバーが有志で参加する。この形式は、二〇一四年度から始まった茂原市と君津市の旧家の資料整理でも踏襲されている。茂原市のA家では、封筒と目録用紙は茂原市側が用意し、茂原市・千葉大学教育学部小関ゼミ・千葉資料救済ネット会員有志の協働で資料整理を進めている。この茂原市での活動は、大手新聞の地域欄に紹介され、ご当主からネットの活動を聞いたA家の知人の方から、君津市にある実家（B家）の資料についての情報が寄せられた。その後、千葉資料救済ネット運営委員の小関・小田と小関ゼミの学生数名が、B家で聞き取りと資料所在調査を行い、現在は小関ゼミで資料整理を進めている。

A家・B家の資料整理の主力となっているのは、資料整理の経験が少ない大学生・大学院生たちである。作業のスピードは早くないが、経験豊富な千葉資料救済ネットのメンバーと一緒に作業することで、徐々に資料の取り扱いに慣れてきた。もっと早く、もっと上手にできる人はいるかも知れないが、従来未整理だった資料の埃が落とされ、整理され、何があるか明らかになり、家や地域の歴史が紡ぎ出されていくのは、彼・彼女たちがいるからである。

筆者は、大学で歴史を学んでも、就職を期に歴史から「引退」してしまう方が多いことを常々残念に思ってきた。資料保全活動に感じる敷居の高さとも関連するが、日常のなかで歴史の勉強をしたり、資料と接したりする機会が少なくなると、専門家や研究者と一緒の場にいることに息苦しさを感じるのかも知れない。しかし、自分でも資料保全の担い手になれると気づけば、可能な範囲で資料保全活動に関わってくれるのではないだろうか。筆者が歴史研究を続けている最大の理由は、資料所蔵者や地元の方々が、自分たちの資料整理や研究の成果を喜んでくれるからである。意外なところに反応があり、自分では気づかなかった資料の面白さに気づくことも多い。この感覚をできるだけ多くの人に、特に、若い学生たちにこそ味わってほしい。

筆者が会務を務めている房総史料調査会では、資料群の目録作成が完了すると、会誌『紙魚之友』で資料群の概要を紹介している。調査地の学芸員によれば、資料所蔵者の多くは自家の資料群の紹介が『紙魚之友』に載ると、とても喜んでくれるそうである。そして、「こんなに貴重な資料なのだから、今後も大事にしていこう」という反応を得ることが多いという。『紙魚之友』自体は、四〜八頁程度の小冊子である。しかし、資料所蔵者にとって、歴史の専門家が自家の資料について文章を書き、それがちゃんとした体裁の冊子に載り、図書館・大学・研究者などに配布されるということは特別なことである。歴史研究をする身としては、不十分な検討のまま概要だけを伝えるよりも、わからないことを調べてから報告したい。しかし、資料所蔵者は、自家に伝わる資料がどのようなものなのか、できるだけ早く知りたい。資料所蔵者の期待には、応えていく必要がある。

資料保全のために、資料所蔵者との関係性はとても重要である。千葉資料救済ネットが現在やり取りしている資料所蔵者は少ないが、今後はより多くの資料所蔵者と関係を築きつつも、一人一人との連絡を疎かにしないことが求められる。資料調査が終わってから時間が経つと、資料所蔵者と連絡を取る機会は減ることが多い。自治体史編さん時に調査した資料が後に散逸する例は、各地で報告されている。筆者自身も、論文を届けてから何年も連絡していない資料所蔵者がいるし、ある資料所蔵者からは、他の家の資料の検討に力を注ぎ、自家に来る機会が減ったことへの寂しさを示されたことがある。民間所在資料の場合、資料に最も近いところにいるのは資料所蔵者と、ご家族である。既に述べた内容と重なるが、千葉資料救済ネットとしては、資料所蔵者に対し、資料保全の重要性を認識してもらい、資料保全のために千葉資料救済ネットを活用してもらえるような関係を築く必要がある。その際、次の二点に留意したい。

まず、自家の資料だけでなく、自家がある地域の資料、ひいては資料保全そのものに関心を持ってもらえるように努めることである。一つの資料群が、整理や調査・研究の対象になり続けることは稀で、研究者や資料保存機関からの連絡の頻度が変わることは、ある程度やむを得ない。

そうした場合でも、自家の資料群が自家にとって貴重というだけでなく、より広い文脈で位置付くと認識してもらえていれば、自家の資料を保全することの重要性も認識し続けてもらえるのではないだろうか。レスキューや整理をした資料からわかったことを、広い視野で位置付け、わかりやすく資料所蔵者や地域の方々に伝えようと努力することは、研究能力を鍛えることにも繋がる。ただし、作業する者に負担感を与えすぎると、資料保全活動自体に敷居の高さを感じさせてしまうし、専門的すぎる説明では、資料所蔵者や地域の方々が親しみを持てない。資料レスキューや資料整理に携わったメンバーが、資料所蔵者や資料所在地の方々の前で成果を紹介する場はどのようなものが良いのか。千葉資料救済ネットの運営委員で考えるだけでなく、幅広く意見を募っていきたい。

二点目の留意点は、資料所蔵者が置かれている状況と心情を理解することである。民間所在資料を整理していると、資料館や博物館のような環境では資料を保全できないから、自分たちで「きちんと保全できる量の資料」だけを大切に残したいと言われることがある。日々の資料保全に携わるのは資料所蔵者なのだから、そうした意向に対して、資料群総体としての保全の重要性を理念的に伝えるだけでは説得力は無い。理想的な資料保全の仕方を伝え、理解してもらった上で、現実的に可能な資料保全の方法を提案することも、専門家の役目だろう。そして、そうした提案をする機会を得るためにも、千葉資料救済ネットは、疑問や悩みを気兼ねなく聞いてもらえるような存在になる必要がある。

おわりに

歴史研究をする筆者にとって「資料」とは、歴史の面白さや先人の営為を、資料所蔵者や地元の方々に伝えるために不可欠なものである。研究者と地域に生きる人びと、過去・現在・未来に生きる人びとを繋ぐものとも言えるだろう。この考え自体は以前とあまり変わらない気もするが、千葉資料救済ネットに参加してからは、「そもそも資料って何なのだろう」と考えることが多くなった。そして、自分の関心をベースにして資料と向き合うのではなく、一つ一つの資料群や資料に目を向けるようになった。自分ならではの視点は大事だし、誰もが同じように資料と向き合う必要は無いが、従来の筆者には、視野に入っていなかった資料や、面白さに気づいていなかった資料が多かったように思う。

資料と向き合う「自分」の位置付けも、明らかに変わった。資料は意識的に残そうとしなければ残すことができないものだと思うようになり、自分なりに、資料を残し伝えるための働きかけをしていこうと思うようになった。自分を、「資料保全の担い手」の一人だと意識するようになったのである。自分のなかのこうした変化は、地理的にもジャンル的にも広範囲な資料を保全しようという千葉資料救済ネットに参加し、様々な方から刺激を得てきたことによるのだと思う。

「資料保全の担い手」というと、特別な存在のように思うかも知れない。しかし、資料保全のためにできることは、限りない代わりに色々ある。「資料保全の担い手」には誰でもなれるはずだし、資料所蔵者だって担い手である。資料は一人だけでも、専門家や研究者だけでも保全できない。だからこそ、本稿で繰り返し述べてきたように、多くの方に資料保全に関わってほしい。そして、思っていることや知っていることを気兼ねなく伝えてほしい。

いざという時にフットワーク軽く動くためにも、無理はしないで構わない。場所は違うかも知れないけれど、本書を読んでいる方々と、一緒に資料保全に取り組んでいけたら嬉しい。

参考文献

宇野淳子二〇一五「神奈川地域資料保全ネットワーク（神奈川資料ネット）について」（歴史資料ネットワーク編集・発行『歴史資料ネットワーク設立二十周年記念全国史料ネット研究交流集会予稿集』）
久留島浩二〇一三「《資料保全ネットシンポジウム報告レジュメ》自然災害の中で歴史・文化・自然資料をどのように救済するか」（『神奈川地域史研究』三〇）
新和宏二〇一〇「千葉県文化財救済ネットワークシステム構築」（『千葉史学』五七）
布施慶子二〇一五「君津地方公立博物館協議会「災害時の資料保全の相互応援に関する覚書」について」（『千葉史学』六六）
「各地の資料保全ネットワーク一覧」（歴史資料ネットワーク編集・発行『歴史資料ネットワーク設立二十周年記念全国史料ネット研究交流集会予稿集』二〇一五年）
千葉歴史・自然資料救済ネットワークブログ（http://chibasiryounet.blog.fc2.com/）

新聞社と地域資料

平松晃一

はじめに

神奈川新聞社は、日刊紙『神奈川新聞』をはじめ、図書・逐次刊行物、ウェブサイト『カナロコ』といった神奈川県内の事象を扱う資料を日々生み出し、保存している。その多くは、震災・戦災や社屋の移転等のため、一九五〇年代以降に作成されたものだが、ここでは、地域資料としての役割が明確な外部化資料[1]、すなわち、社外へ向けて発信するために作成した資料を媒体ごとに紹介する。なお、デジタル化や媒体の劣化防止、利用に向けての方策は、試行錯誤を続けている段階にあり、今後方針が変わる可能性もある。

一　『神奈川新聞』の概要

当社が発行する『神奈川新聞』は、明治二十三年（一八九〇）創刊の『横浜貿易新聞』を発祥とし（写真1）、『横須賀日日新聞』等県内各地の新聞と合併しながら、新聞統制により、昭和十七年（一九四二）二月一日付紙面から、一県一紙の『神奈川新聞』となって現在に至る（図1）。創刊後まもなく横浜市内に本社を置き、支社・総局・支局・通信部（二〇一五年現在一支社・五総局・十三支局）を配置して、県内に特化した取材体制を取っている。県外のニュースは、多くの場合、通信社からの配信を受けるため、他紙と重複する記事もあるが、神奈川県の地域資料としては、独自の内容を持つものである。

（逓信省認可）
横濱貿易新聞
第壹號
明治二十三年二月一日
（土曜日）
社説

写真1　1890年2月1日付の『横浜貿易新聞』創刊号1面
1915年5月1日付の『横浜貿易新報』に創刊25周年記念として掲載されたもの。他の面は、一部が飛騨高山まちの博物館（岐阜県）に所蔵されている。

発行日中に配達できる地域は、二〇一五年現在、県内全域と東京都町田市の一部で、その他地域は郵送により販売している。印刷所から新聞販売店までの距離によって原稿締切時刻が異なるため、複数の版を刷る日があり、また、一九五二年以降の地

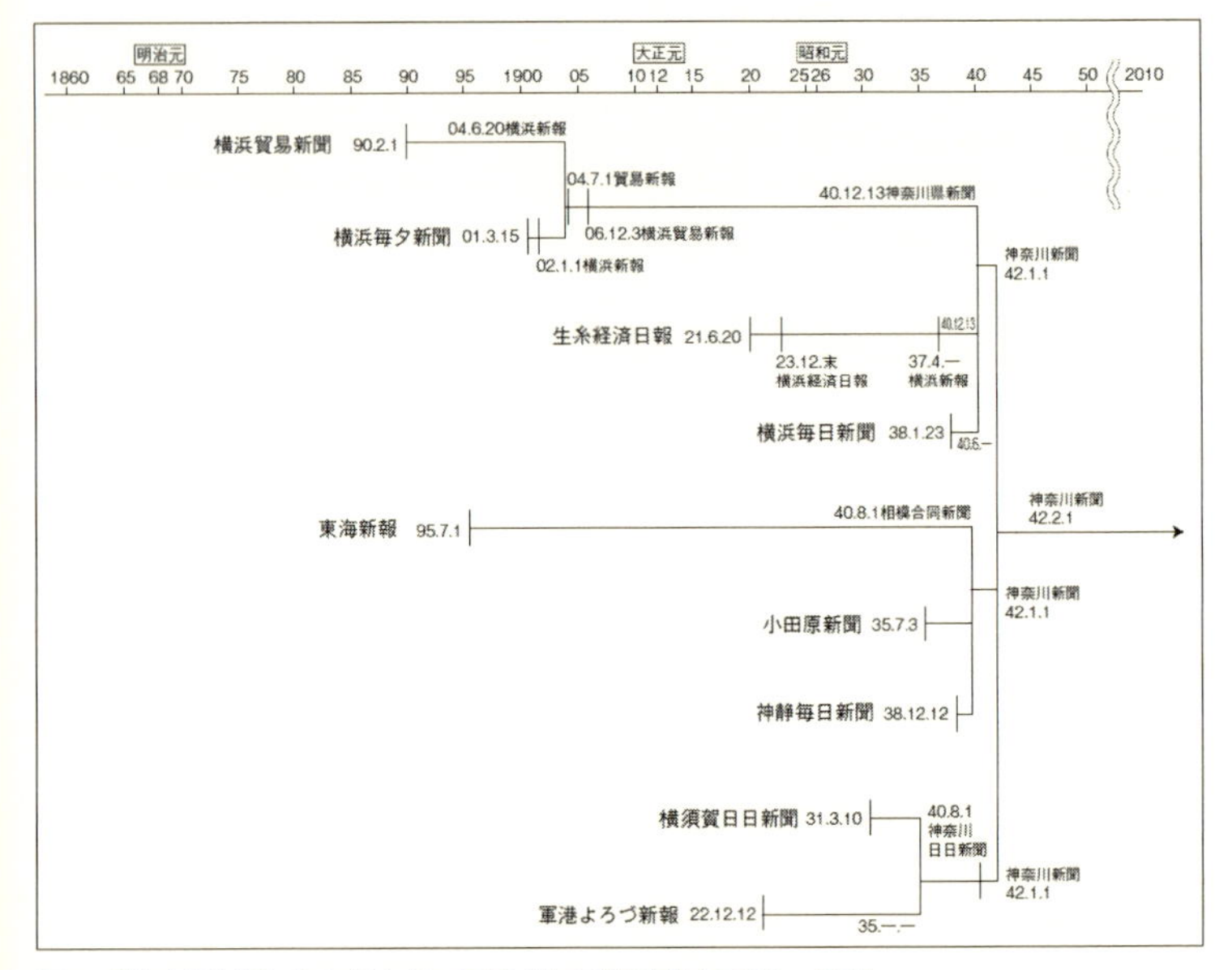

図1　『神奈川新聞』主な前身紙の系譜（神奈川新聞社2010c：6頁）
神奈川県内には『神奈川新聞』とは系譜の異なる新聞がこの他に数多く存在する。

区版の組み合わせによっても、地域ごとに異なるバージョンの『神奈川新聞』が存在する（図2）。二〇一五年六月からは、当社ウェブサイト『カナロコ』で、紙面とほぼ同じ見た目の画像（紙面イメージ）を有料配信するようになったため、インターネットへの接続環境があれば、国内外を問わず閲覧可能である。

開始年月日	**地区版の名称**
1952-12-16	**横浜川崎市内／横須賀・湘南／北相**
1956-01-10	横浜川崎市内／横須賀・湘南／**北相・湘南**
1956-04-04	**京浜／横須賀／相模**
1958-01-17	京浜／**横須賀・湘南／湘南**／相模
1958-04-16	**横浜／川崎**／横須賀・湘南／湘南／相模
1959-04-01	横浜／川崎／横須賀・湘南／**湘南・相模（相模・湘南）**
1981-10-06	横浜／川崎／横須賀／湘南／**相模**
1983-07-01	**横浜A／横浜B**／川崎／横須賀／湘南／相模
1984-03-01	横浜A／横浜B／川崎／横須賀／**湘南ひがし／湘南にし**／相模
1984-06-01	横浜A／横浜B／川崎／横須賀／湘南ひがし／湘南にし／**相模原・津久井／県央**
1984-09-01	**横浜きた／横浜みなみ／横浜にし**／川崎／横須賀／湘南ひがし／湘南にし／相模原・津久井／県央
1989-06-01	**横浜／横浜みなと**／川崎／横須賀／湘南ひがし／湘南にし／**多摩田園**／相模原・津久井／県央
1990-07-01	横浜／川崎／横須賀／湘南ひがし／湘南にし／多摩田園／相模原・津久井／県央
1990-07-17	**よこはま／かわさき京浜**／横須賀／湘南ひがし／湘南にし／多摩田園／相模原・津久井／県央
1992-04-01	よこはま／**かわさき／よこすか／しょうなん**／相模原・津久井／県央
1993-04-27	よこはま／かわさき／よこすか／しょうなん／**さがみ東／さがみ西**
1995-07-04	よこはま／**よこはま瓦版**／かわさき／よこすか／しょうなん／さがみ東／さがみ西
2000-08-22	よこはま／よこはま瓦版／かわさき／よこすか／しょうなん／**県央／県西**
2003-04-06	よこはま／よこはま瓦版／かわさき／よこすか／しょうなん／**相模原・県央**／県西
2004-03-16	よこはま／かわさき／よこすか／**湘南／相模原・県央**／県西
2005-06-07	よこはま／かわさき／よこすか／**みうら半島情報バザール**／湘南／相模原・県央／県西
2006-12-24	**横浜 川崎／横須賀 湘南／相模原・県央 県西**
2007-01-01	**横浜／川崎／横須賀**／湘南／相模原・県央／県西
2008-04-01	**よこはま／かわさき／よこすか／しょうなん**／相模原・県央／県西
2011-07-24	**横浜／川崎／横須賀／湘南**／相模原・県央／県西 ※この期間のみ全地区版を一挙に掲載した
2013-09-03	横浜／川崎／横須賀／湘南／相模原・県央／県西

図2　地区版の変遷

2015年6月時点で判明している限り。追加・改名箇所を太字で示した。1952年以前は、一つの面の中に「11郡」として各地区のコーナーを設ける等、複数の版を作成していなかったと考えられる。また、1952年以降も、休日を中心に「総合版」や一般面として地区版が存在しない日もある。

二　神奈川新聞社所在資料の概要

当社の主要な媒体である新聞は、主に次の三つの形で保存されている。

（二）―一　新聞・ウェブサイト

①合冊製本された新聞原紙および号外等の別刷り原紙（昭和二十年代以降・欠落あり）
②モノクロマイクロフィルムおよびそれらをデジタル化した画像（一八九〇年二月一日付『横浜貿易新聞』創刊号以降・欠落あり）
③デジタル環境で作成された紙面イメージ、記事テキスト、写真・図表等画像ファイル（二〇〇四年五月一日付以降・欠落なし）

①と②は、紙面全てまたは一部の面が現存しない日や、その日に複数あったはずの版・地区版のうち一つしか現存しないケースもあり、世に出回ったものの一部分である。②のマイクロフィルムは、国立国会図書館等外部機関により作成されたものも多く、①の原紙よりも年代の幅が広い。しかし、色や紙質、印刷の状態は、原紙にしか残されていない情報である。特に色については、日常的にカラー面が登場するようになった一九八九年より前にも、赤・黒二色刷り広告や、年に数回のカラー特集面があり、同じ日・同じ面でも、マイクロフィルムと原紙とでは、読み取

れる情報に差異がある。

一方の③は、個々の記事や画像への注釈等紙面には表れない情報や、最終的に印刷されなかった版も含まれ、世に出回ったものよりも多くの情報を持っている。このうち、ウェブサイト上で配信する紙面イメージは、①の原紙と、内容やレイアウトといった見た目はほぼ同じだが、印刷の過程で色や画像の表現、字体等に若干の差異が生じること、全ての地区版が掲載されていることと、広告や寄稿記事の一部は外されていることから、紙媒体とは異なる独立した版といえる。

資料の物理的状態について、①の原紙は、合冊したものを中性紙箱に収納しているが、表紙にカビが発生しているものや、昭和二十〜三十年代のものでは、開くことが不可能なほど劣化が進んでいる場合もある（写真2）。また、一九八〇年代以降のカラー面も、紙やインクの変色により、当初の情報を失いつつあり、カラーでのスキャンや脱酸処理等、資料としての価値をより長く保つための方策を検討している。

②のマイクロフィルムは、加水分解による酢酸臭が強いものもあるが、いずれも利用できる状態にある。二〇一四年にデジタル化を行ったため、現在はデジタル画像版を主に利用しており、フィルムは原資料として長期保存を図る方針である。

③は、デジタルデータとして一般的な多重バックアップをとっているが、大規模災害に備え、県内遠隔地での保存も検討している。

写真2　劣化の進んだ新聞原紙の例
1946年8月分で、現存する原紙のうち最も古い部類。酸性紙特有の劣化を起こしており、1枚目をめくることも困難な状況だが、印刷の凹凸や紙の質感等、原紙からしか得られない情報がある。

（二）―二　出版物

当社は、横浜貿易新聞社時代より、新聞と並んで、図書や雑誌・年鑑等の逐次刊行物を発行してきた。「かもめ文庫」（一九七七年創刊）・「かなしんブックス」（一九八五年創刊）シリーズ、季刊誌『横濱』（二〇〇三年創刊・横浜市との協働編集）、『神奈川年鑑』[2]（一九五九～一九九六年版）等が近年の主な例である。こうした一般に流通する商業出版物のほか、県内の企業や自治体等の団体史、新聞連載記事等をまとめた小部数の冊子といった限定的に頒布・販売される出版物も数多く、いずれも神奈川県内の事象を扱った地域資料である。しかし、二〇年以上前に出版されたものや小部数の冊子は、当社にはほとんど保存されていない。また、「灰色文献」として図書館でも扱われにくい資料も多く、これまで世に出たものの全体像は把握できていない。

(二)―三　ウェブサイト

当社は、二〇〇四年から、インターネット上に、会社概要等の企業情報を掲載するサイトと、県内の情報を発信するサイト『カナロコ』、また、携帯電話への情報配信サイト『カナモバ』を開設している。『カナロコ』・『カナモバ』とも新聞紙面から抜粋した記事と、スポーツ速報や動画等独自の記事とから成り、過去の記事も一定期間参照できるといったことから、内容も見え方も紙面とは大きく異なる別の資料である。しかし、当社では、二〇一五年現在、これらサイトを長期的に保存する体制をとっていない。

(二)―四　写真

新聞紙面や出版物、ウェブサイトに掲載するために撮影された写真の一部は、掲載された形とは別に、フィルム・プリント・電子データといった一般的な写真の媒体としても保存されている。当社に現存するのは、一九五〇年代以降に撮影されたもので、その多くは、組織的に整理・保存を続けている映像編集部（前身は写真部）が撮影した横浜市内の写真である。その他の地域では、多くの場合、記者が撮影しており、紙面掲載用プリントの一部は残されているものの、属人的な管理によっていたネガフィルムは、ごく少数にとどまる。デジタルカメラの普及した二〇〇〇年

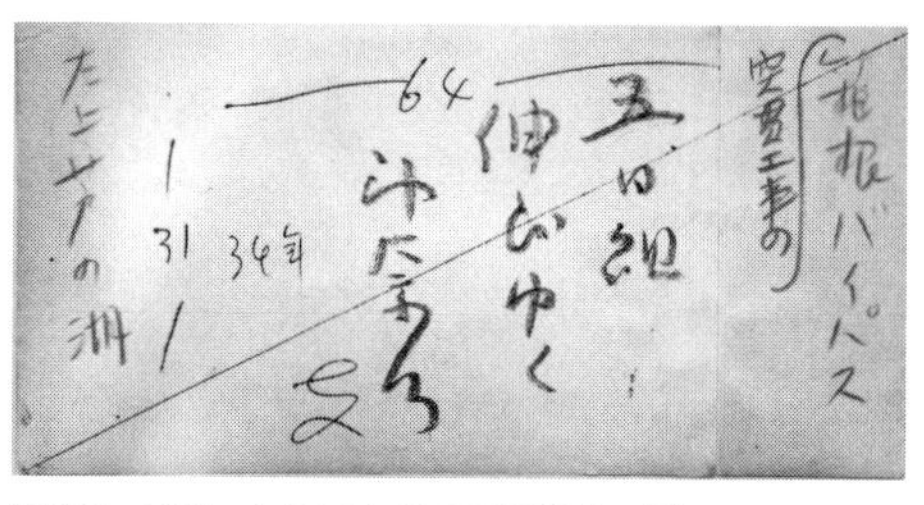

写真3　プリント（上）とその裏面（下）の例
1960年1月6日付連載「伸びゆく神奈川⑤西湘の観光地帯」に掲載された写真。裏面の「34年」から、年始企画用として前年に撮影されたものと考えられる。2枚を左右につないでパノラマ写真としており、中央上の山から中央横顔の人物の右側にかけてつなぎ目が見える。また、当時の写真製版では網点が大きく細部がつぶれてしまうため、ホワイトやスミをのせて輪郭や明暗差を強調している。

代以降、記者による撮影が増えたため、最近になって記者撮影分を収集する取組みを始め、徐々に保存を進めている。

プリントは、次の二種類に大別される。

①紙面掲載のために撮影とほぼ同時期に作成・使用されたもの。裏面には、キャプション・日付（撮影日・プリント作成日・掲載日のいずれか、または、複数の日付）・掲載面・大きさ／トリミン

グ指示・撮影者といった情報が記載されている（写真3）。

②『激流――かながわ昭和史の断面』（一九八二年刊）・『かながわの記憶――報道写真でたどる戦後史』（二〇一〇年刊）といった書籍の原稿作成時にフィルムから作成されたもの。掲載された記事と照合され、掲載日と記事の見出し等が書き込まれている。

これらは、テーマ別・自治体別の紙製ファイルに適宜分類されていたが、近年再使用されたものは、キズやコントラストが修整された上で再プリントされ、掲載紙面のコピーとともに、年・テーマ・自治体の各ファイルに一枚ずつ収納されている（写真4）。

一方のフィルムや電子データは、結果的に掲載分として選ばれず、いまだ一度も世に出ていない写真が大半を占める。一九九〇年代初めまではモノクロネガフィルム、その後カラーネガが主となり、二〇〇四年頃からデジタルに移行した。いずれも、撮影から日を置かず、撮影者によって、取材ごとに、取材テーマ摘要と撮影日か紙面掲載日かを記したネガ袋または電子フォルダ

写真4　プリントを収納した自治体別ファイル
当社カメラマンOBが30年以上かけて整理を進めた。この他に年別・テーマ別のファイルがある。

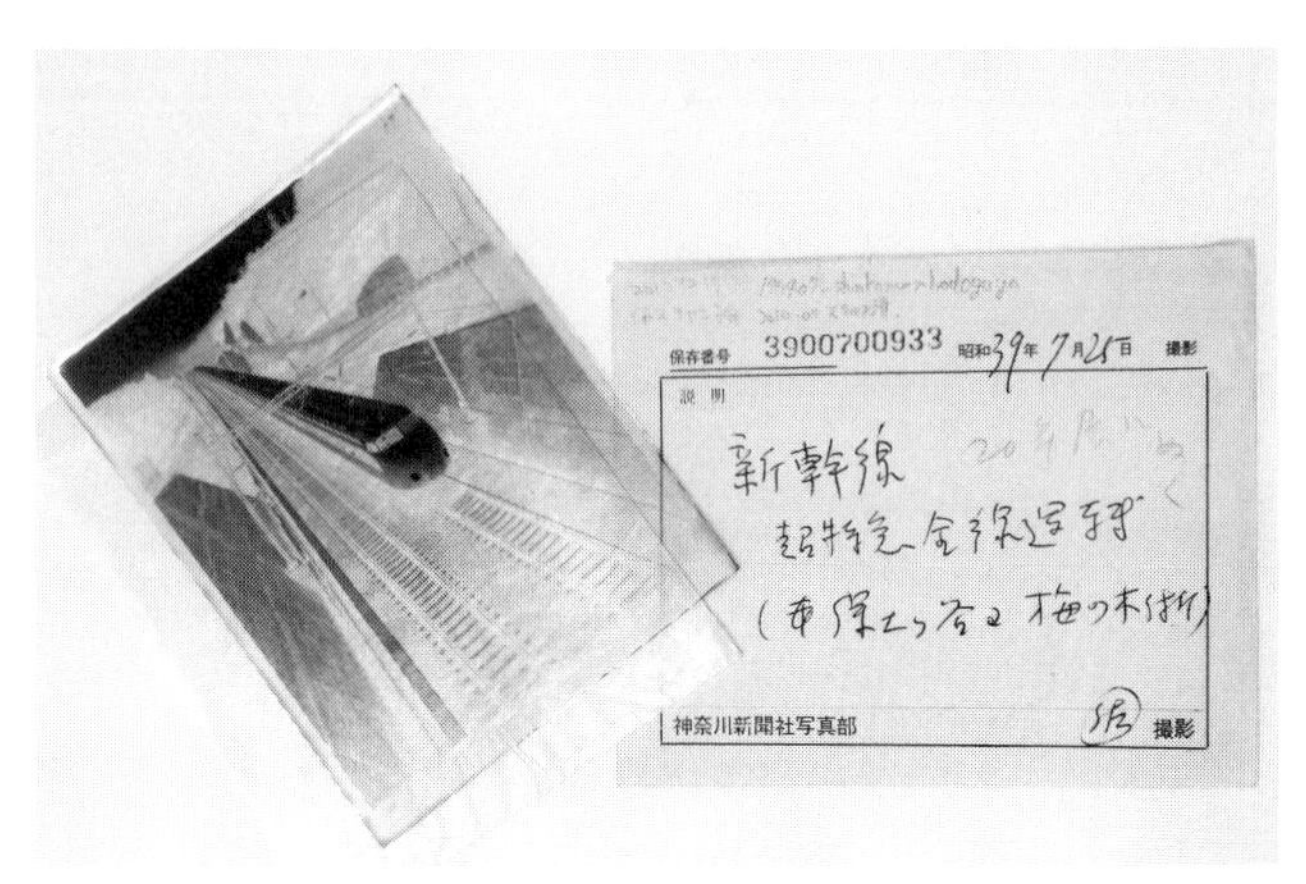

写真5　大判ネガフィルムと紙製のネガ収納袋の例
1964年7月25日、東海道新幹線初の東京—大阪間全線試運転を知らせる記事のために撮影された写真。袋左上の保存番号は、1963年から撮影時点で付されている年ごとの通し番号。袋中央上の文字は、デジタル化の作業月と袋のID。枠内右上の「20年展にぬく」は、1965年8月に当社が開催した「写真にみる戦後の記録展」に使用されたことを示すもの。

に収められている（写真5）。多くの場合、この一次的整理の段階で、全撮影コマから保存分が適宜取捨選択され、さらに、紙面掲載分やその候補となるコマには何らかの目印がつけられている。ただし、一九六二年以前は、一次的整理が十分でなく、後年、古い袋に書かれたわずかな情報や掲載記事を頼りに、二次的に整理されたものが残されている。また、一部の総局から移管された未整理のフィルム群もあり、いまだ撮影の趣旨や年代等が不明確な写真も多い。

フィルムの保存では、加水分解やカビの発生が問題になるが、密閉しない紙製の袋に収納し、頻繁に出し入れしていたためか、画像情報が著しく損なわれるほどの劣化を来したフィルムは少ない。(3) 東京五輪に向け三五㎜フィルムを本格的に導入した一九六四年以前は、中・大判フィルムで撮影されており、半世紀以上経た現在も、非常に精細な画質を保っている。しかし、カラーネガが持つ色情報は、古いものから確実に失われつつあり、撮影時点で作成されたプリントの方がむしろ色の状態がよいことも多い。一九五〇年代に使用された可燃性フィルムも含まれており、専用の収蔵庫がない中で可能な限り劣化の進行を抑えられるよう、温湿度管理をはじめ、容器の更新やガス吸着剤の投入等に努めている。

また、これら写真は、利用の便と保存の多重化とを図るため、二〇一四年以降、利用の要求があるものから順に、デジタル化と目録作成とを進めている。目録には、ネガ袋やプリントの裏面に書かれている情報の他、撮影地や画像から読み取れる文字情報、検索用のキーワードを適宜追加している。しかし、写真全体をカバーする検索環境が整うまでには時間を要するため、利用時には、すでに整理されているプリントと併せて参照・検索している。原資料が持つ情報を可能な限り引き出すことと、電子データとして長期安定的に保存することとを作業方針として、プリントは裏面もデジタル化する、フィルムはネガ袋単位で抜粋し原則としてネガ袋内は全コマデジタル化する、将来的な資料所在情報の共有に向け目録の項目やキーワードを図書館の標準に準拠する、データは複数のファイル形式で複数の媒体に保存する等、作業や機器にかかるコストとのバランスの中でよりよい方法を探っている。

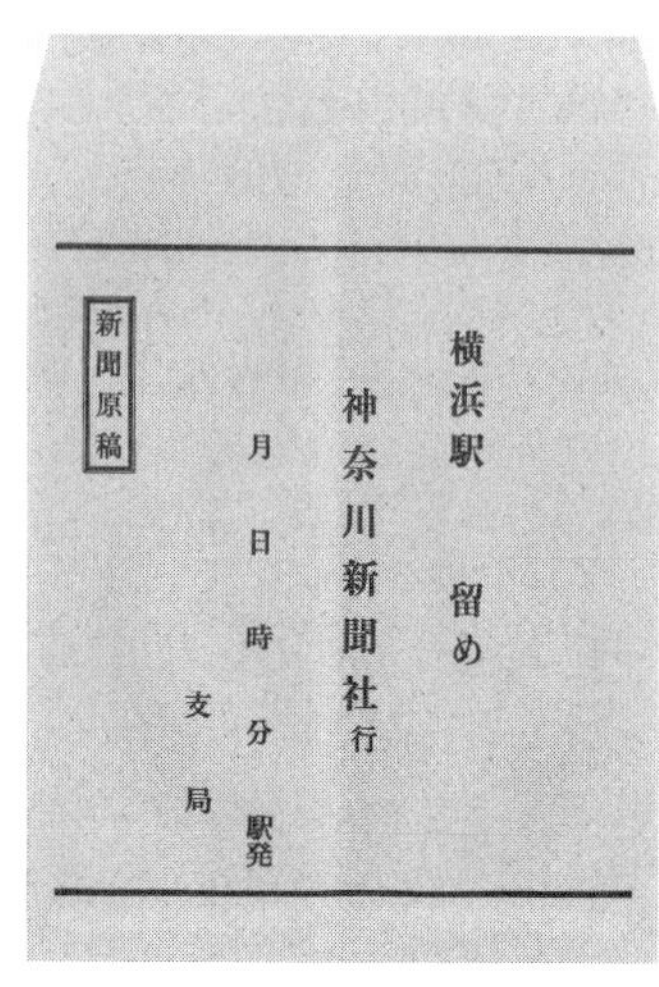

写真6　“汽車便”封筒
総支局では、この封筒に原稿や写真を入れ、所定の時刻までに駅に持ち込んだ。電送機が導入された後も、未現像フィルム等の補助的な輸送手段として1990年代まで使用された。JR（国鉄）のほか、小田急・京急・相鉄も利用していた。

（二）―五　その他

こうした資料を生み出し、新聞の形で世に出すために使用した機器や道具も、わずかながら残されている。例えば、デジタル環境が整う以前、総支局からの原稿・写真は、日々の締切時刻に間に合わせるため、新聞社ならではの手段で本社に送っていた。原稿等を総支局最寄り駅から、駅員・車掌に託し、横浜駅で待つ社員に届ける通称〝汽車便〟（写真6）や、電話回線を通じて精細な画像を送信する電送機（ネガ・プリント）などである。他にも、編集、製版、印刷、販売等のために用いられる機器・道具はあまた存在したが、現状での利用価値が皆無である上かさばるため、社屋移転や機器の更新とともにほとんどが廃棄されてきた。今後は、物理的スペースが許す範囲での収集・保存を図りたい。

三　地域資料として果たす役割

新聞一般について、内容の主観性や対象の取捨選択における恣意性といった留意点はあるものの、継続的な事象の記録としての資料的価値は、広く認識されている。(4) ここでは、地域資料としての有用性という視点から、当社所在資料の具体例を挙げてみたい。

（三）―一　新聞紙面・ウェブサイト

①連載やグラフ等の企画記事…「新相模風土記」（一九五二〜一九五四年）「この駅この町」（一九七八〜一九七九年）等日常を概観する地誌的連載や、「湖底の民は訴える――城山ダム建設序曲」（一九六〇年九月）「公害――私たちは泣いている」（一九六四年六月）、二〇一五年現在も続く「減災新聞」の前身ともいえる「裸の都市」（一九六九〜一九八五年）等地域的課題を掘り下げまとめた連載、「かながわグラフ」「斜写射」等写真で時流を描くグラフ、といった企画記事は、主観性の強い内容ではあるが、その時代・その地域が置かれた状況の一端をうかがい得る資料としてまとまっている。

②新聞広告…『横浜貿易新聞』創刊期から新聞紙面には広告が掲載されており、県内での企業・行政の活動や生活の状況が読み取れる。セールや求人といった当時の流行や商品価格、賃金等がわかる日々の広告以外にも、その年のスローガンや抱負を示す年始広告や、「子供を交通事故から守ろう！」（一九六五年四月）、ゴミのポイ捨てを問題提起した「街が泣く。」（一九七四年四月）等の啓発広告からは、当時の社会的課題をうかがうこともできる。また、例えば駅ビル等大きな商業施設の広告からは、その時々にテナントとして入っていた店舗や

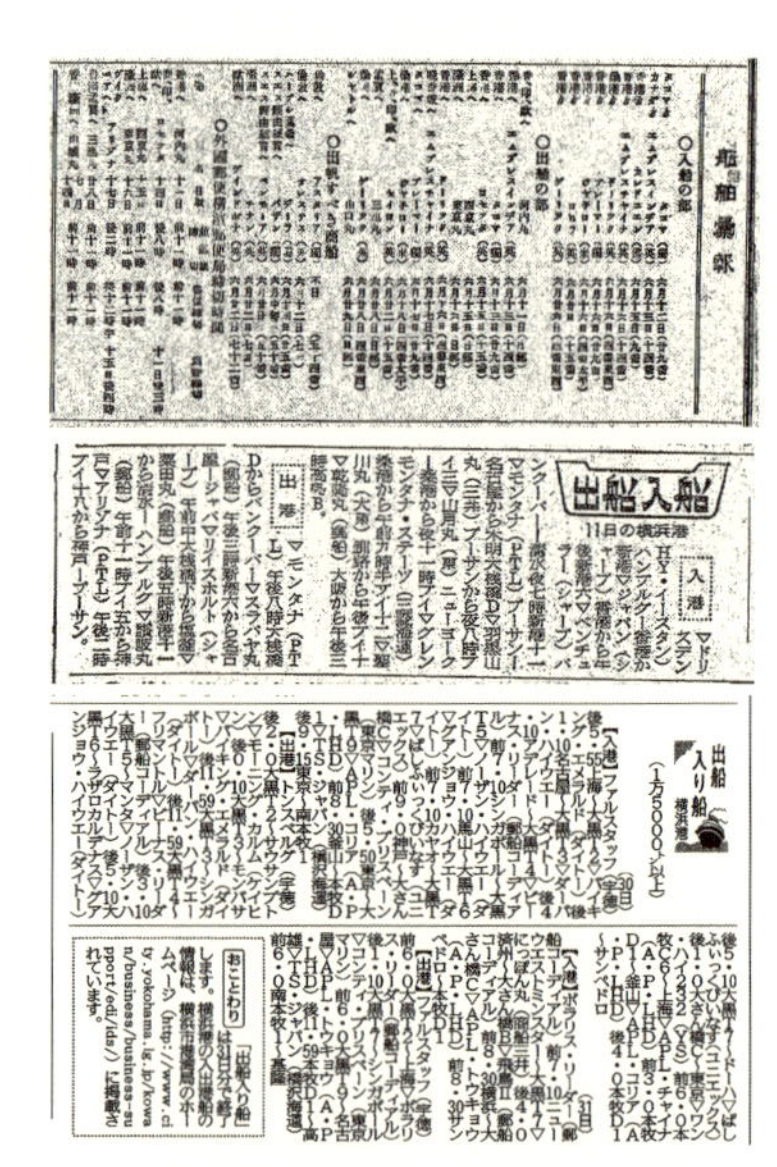
船舶彙報

出船入船
11日の横浜港

出船入り船

写真7　横浜港に出入りする船の一覧
現存する初期の一覧である1898年6月11日付4面の「船舶彙報」(上)、「出船入船」のタイトルが初めて付された1958年2月11日付2面(中)、2015年6月時点で最後の「出船入り船」となった2013年3月30日付12面(下)。

ボウリング場、映画館といった、変化しやすく、記憶にはあっても記録としては残りにくい日常生活に関する情報を得ることもできる。

③その他…天気予報や市況、スポーツの結果、ラジオ・テレビ欄のような長期継続的に掲載される情報は、事象の記録として利用しやすい資料といえる。地域資料としては、県内の映画館と演目がある程度網羅された映画上映案内や、創刊期から二〇〇六年まで続いた横浜生糸相場、二〇一三年まで続いた横浜港に出入りする船一覧といったコーナーが特筆される（写真7）。

(三)―二　写真

①**事件・事故**…鶴見事故（一九六三年十一月九日）や戦車闘争（一九七二年八月）といった歴史的に重大なものだけでなく、小さな火事や事故でも、その時代ならではの事情を反映していたり、現場付近の人々や建物が、普段撮影されることの少ない地域での貴重な記録になったりすることも少なくない。

②**行事・式典**…東京五輪・国体・横浜博覧会等大規模なイベント、鉄道や道路の開通式、大きな施設のオープン、高校野球やプロスポーツの全国優勝といった多くの人々の記憶に残る行事は、その時代その地域を端的に表す写真としてよく利用される。また、各地の祭礼や国際仮装行列、クリスマス、初詣といった長年続く恒例行事は、同じ地域の移り変わりを、当時流行した服装やキャラクターとともに比較する資料としても有用である。

③**スケッチ**…開花や紅葉、汗を拭く人、傘をさす人等を通して季節の訪れを伝える写真で、撮影場所は本社周辺に限定されるものの、日常の一端を継続的に伝える資料である。商店街に置かれた花氷や、大雪の日に道路でスキーをする様子など、その時代を知らない世代から見ると驚くような光景も多い。

④**連載・グラフ**…あるテーマに沿って一地域、一事象をさまざまな角度から数多く撮影したもので、継続的ではないものの、県内を幅広く取り上げた、最も地域資料らしい写真である。社会問題や地誌以外にも、「春の街角ヤングが行く」（一九七七年四月四日付）等流行を扱った

グラフも多く、背景に写る町並みとともに、その時代の雰囲気を感じられる資料でもある。

⑤空撮…飛行機やヘリコプターから斜めに地表を撮影したもので、横浜都心部を中心として県内各所を五〜十年ごとにある程度網羅している。紙面上では、紅葉や海水浴といった季節ものや、年始の特集面で用いられることが多いが、出版物や新旧対比等に将来使用するための資料写真という意図でも撮影されており、大半は未使用のコマである。開発の過程を視覚的にわかりやすく示すだけでなく、地上では写真が撮影されていない年代・地域を補完する役割も果たしている。

数十万コマと推計されるこうした写真は、時を経て新たな視点から見直されることで、紙面に掲載されず眠っていた大多数のコマに、計り知れない資料的価値が生まれる可能性を秘めている。利用に向けたデジタル化や目録作成には時間がかかるが、その時代その地域への視点を少しでも多様なものとするために、一コマ一コマの潜在力を生かせるような保存・整理の方法を考えていきたい。

四　長期的な保存と利用

以上の資料は、日々の新聞発行を主目的とする企業にあって、個人的な努力や偶然によって

〝捨てられずに残った〟ものという傾向が強い。二〇一二年度に、デジタル・非デジタルを問わず過去の紙面・写真全般を扱う専門部署としてアーカイブ室が発足した。ようやく、〝貴重な資産〟として長期的視野をもって保存していく体制の端緒についたところである。大部分の非デジタル資料は、使用に堪える状態をまだ保っており、デジタル化を進めつつも、企業活動の確実な証拠となる原資料としてより長く保存できる環境を整え維持していく。デジタル媒体の資料は、最低限必要な情報を複数のデータ形式で保存し、多重バックアップをとっているが、MO等古い媒体の変換や、操作ミスによる消失の防止等、長期保存のためには、非デジタル資料よりむしろ不断の注意と関与が求められている。また、『カナロコ』の定期的な保存や、新聞以外に当社が発行する印刷物やグッズ類の組織的・体系的な保存も、重要な今後の課題である。

こうして保存した資料は、当社が持つさまざまなメディアを通して伝えていくことで、新たな地域資料として蓄積され利用されることを期待している。有償での社外利用も進めているが、さまざまな資料を長期的に保存し、また容易に利用できる状態にしておくためのコストをまかない得るものではない。〝資料は当社にとってかけがえのない価値を持つ資産〟という意識を、社内で醸成し維持することが、保存と利用の持続可能性を高めるためには不可欠である。その上で、二〇一三年十月分から電子縮刷版を発行したり、近隣の博物館での企画展示に資料を提供したり等、より多くの人の目に触れる提示方法を模索している。現段階では、アーカイブズとして必ずしも十分な体制とはいえないが、当社所在資料が、地域資料としての価値を持ち続けられるよう取り組みたい。

注

（1）［小風二〇〇三］による企業資料の分類に基づく。
（2）一九九一年版から『かながわDatabook Kanagawa』と主タイトルを変更した。
（3）一つの袋の中に多数重ねて収納されていたものや、後年、プラスチック製の袋に移し替えられていたものに、加水分解を起こしているケースが多い。
（4）［小野一九五〇］など。

参考文献

小野秀雄一九五〇「新聞の史料的価値とその利用法」（国立国会図書館支部図書館部編『びぶろす』一巻三号、国立国会図書館支部図書館部）
神奈川新聞社編a二〇一〇『四万号の遺伝史　神奈川新聞一二〇年　上巻』（神奈川新聞社）
神奈川新聞社編b二〇一〇『四万号の遺伝史　神奈川新聞一二〇年　下巻』（神奈川新聞社）
神奈川新聞社編c二〇一〇『資料集　神奈川新聞一二〇年の歩み』（非売品）（神奈川新聞社）
小風秀雅二〇〇三「近代の企業記録」（国文学研究資料館史料館編『アーカイブズの科学　下巻』柏書房）

神奈川県立図書館の地域資料

水品左千子

はじめに

神奈川県立図書館（以下、県立図書館という）は昭和二十九年（一九五四）に開館し、平成二十六年（二〇一四）に創立六十周年を迎えたところである。

開館の式辞で、内山岩太郎県知事（当時）は、「神奈川は偉大な鎌倉文化を持ち、横浜開港による近代文明発祥の地として知れ渡っているにも関わらず、関東大震災や戦争等の災害を受けその後の文化振興はきわめて遅々としていた。東京に隣接していることから東京文化に寄生し、本県固有の文化施設を持たぬ極めて遺憾な状態であった」と述べている。(1)「東京文化に寄生」はさすがに言い過ぎの感があるが、そう言わしめる時代の空気があったのかもしれない。ともあれ、県立図書館は全国の県立図書館の中で最後から二番目に、遅まきながら設立された図書館であった。[2]
　スロースターターであった県立図書館にとって基本図書をはじめとする一般書の収集整備が最優先課題であったことは間違いない。だがその一方で、集書に際し特に留意する資料として地域資料が取り上げられている。[3]このことは、当時の沓掛伊左吉資料課長の言葉を借りれば、図書館がその所在地域に関する資料を広く深く収集して活用すると共に、後世に伝え地方文化の発達の跡を明らかにすることは、地方公共図書館に課せられた責務であるとの考え[4]を反映したものと考えられる。
　一般書と同様に、ゼロからスタートした地域資料の所蔵数は現在約十九万冊を数えるまでになった。この冊数の多寡を判断することはできないが、六十年という節目を機に、県立図書館の地域資料の概要を記してみた。

一　地域資料と郷土資料

　ところで地域資料は郷土資料とも呼ばれている。昭和二十五年（一九五〇）に公布された図書館法では郷土資料と地方行政資料という言葉が使われており、以前は郷土資料という言い方が一般的であった。法律の公布間もない昭和二十六年（一九五一）刊行の図書館関係の用語辞典を確認してみると「地域資料」という項目はまだない。[5]このあたりの言葉の移り変わりは、言葉の持つ意味合いや概念等が社会情勢を反映しながら時間をかけて熟慮・検討され選択された結果であろう。(6) 郷土資料という言葉はもちろん現在でも使用されているが、昨今では、より広範な資料を包括する地域資料という言葉を用いる場面が多いようだ。

県立図書館では「郷土資料」使用時代が長く続いた。「地域資料」の語は平成五年(一九九三)あたりから使用し始め、その後「神奈川関係地域資料」や「かながわ地域資料」を併用しつつ、現在では「神奈川資料」に統一されている。東京都が地域資料を東京資料と読んでいるのを模倣した訳ではないのだろうが、神奈川もまた全国各地から人が集まってくる地であることを考えると、この呼び名がわかりやすいということかもしれない。ただ本稿ではタイトルとの統一感を保つため、「地域資料」という語を使用したい。

二　なぜ地域資料を収集するのか

図書館の設置や運営に関して必要な事項を定めた図書館法には、その第三条に図書館のなすべき仕事の記述があり、その一号で郷土資料、地方行政資料の収集に留意して一般公衆の利用に供するよう定めている。(7) また平成十八年(二〇〇六)発表の文部科学省の提言『これからの図書館像』においても、地域資料の提供が地域の課題解決や地域研究の支援、地域文化の保存の観点から重要であるとの見解が示されている。(8)

ただ、こういったものを待つまでもなく、すでにその地域の資料は地域の図書館に集められているという事実があった。[9]

神奈川県では、冒頭の知事の言葉にあるように、関東大震災と横浜大空襲等により、県に関する諸記録や文献類の多くを焼失するという被害を蒙った。四代目の宇井儀一館長は『神奈川県立図書館所蔵郷土資料解説目録』[10]の序でこれらの歴史に触れ、「所謂地方史料乃至郷土資料と云われる文献類の喪失は、質量ともに莫大なものがあり、惜しみても余りがある。」との心情を著している。

地域資料の収集については、五代目の成瀬隆義館長が、前館長の言葉を引き継ぎつつ補強した形で、『神奈川県立図書館所蔵郷土資料解説目録　第二』の序で、その意義を次のように表している。

「本館で、郷土資料を収集する理由は、本県の歴史的資料と今日的資料を収集して、この土地で、われわれの父祖が歩んだ道を知り、あるいは事物存在のよって来たるところの理由を知り、本県のもつ歴史的背景を認識し、さらに今日の現状を把握した上で、これを将来的に活用するところに、郷土資料収集の意義を見いだしているものである。」

（『神奈川県立図書館所蔵郷土資料解説目録　第二　昭和四十年十二月三十一日現在』神奈川県立図書館、一九六六年）

三　地域資料に関連した県立図書館の動き

開館から現在までの図書館運営のうち、地域資料をめぐってどのような動きがあったのか、ごく簡単に記すと以下のような変遷をたどっている。

昭和二十九年（一九五四）十月

横浜市西区紅葉ヶ丘に開館。後に国立国会図書館も手がけた建築家前川國男による設計で、県立音楽堂と一体の建物としてデザインされた。

地域資料はそれ専用の閲覧室をまだ持たず、相談室の一隅に部分的に配架していた。組織としては視聴覚資料を除く資料の受入と利用とを別部署が担当するという分離型の体制でスタートしている。(11) この年の地域資料の受入数は一四五冊であった。(12)

昭和四十二年（一九六七）四月

県政一〇〇年の記念事業として『神奈川県史』の編纂が始まる。この事業は昭和五十九年（一九八四）まで継続した。なお、県史編集室は文化資料館の設置後は同館四階に移設している。

昭和四十七年（一九七二）八月

図書館裏手に文化資料館が開館。県史編集室の収集資料と県立図書館が収集した地域資料（約一万五〇〇〇冊）が移管され公文書館としての役割を担った。(13) 資料の受入・利用を同一の部署が担当し、五十席分を擁する専門閲覧室も整備され、[14] 資料利用の大幅な推進が図られた。これにより県立図書館は地域資料に関する業務を停止、もっぱら一般資料のみを扱う機関となる。

平成五年（一九九三）十一月

公文書館が横浜市旭区に開館。文化資料館は閉館となり、所蔵資料は公文書館と県立図書館にそれぞれ移管された。内訳は、文書資料と行政資料は公文書館へ、郷土関連資料は図書館へと分けられ、行政資料・郷土関連資料の副本は相互にという区分とした。

この移管資料（約十一万三〇〇〇冊）をもとに新館（元文化資料館施設）の四階に「かながわ資料室」を新設。また地域資料課が組織され、以後、資料の受入から利用までを一部署が一元的に担当することとなった。[15] 資料の収集では、新規資料だけでなく、資料分割による行政資料等の欠如を埋める作業に力が注がれた。

平成二十二年（二〇一〇）四月

組織改編が行われ、資料の受入と利用とを分離する体制が復活。地域資料と逐次刊行物の利用を担う地域情報課が発足した。全図書資料の受入は図書課が、逐次刊行物と視聴覚資料の受入は情報整備課が担当することとなった。[16]

平成二十七年（二〇一五）三月

県立かながわ女性センターの移転に伴い、同センターの資料を受け入れるスペース確保のため、新館四階「かながわ資料室」と新館三階「新聞・雑誌室」が統合、「かながわ資料／新聞・雑誌室」となり現在に至っている。

四　地域の範囲

図書館用語の解説では、地域資料とは「特定の地域で刊行あるいは生産され、また、その地域に関して記述されている資料」と定義されている。[17]「特定の地域」は各図書館で異なるし、市町村図書館と県立の図書館では自ずとその範囲に違いが生じる。当然ながら、県立の図書館では収集資料の広域性が顕著となる。

県立図書館においてはこの範囲を、現行の神奈川県全域は当然のこととして、その他留意すべき隣接地域を「準郷土地域」として以下のとおり規定している。

1東京都三多摩地区（町田市、八王子市、多摩市等）
2東京都南部隣接地域（世田谷区、大田区）
3千葉県房総半島対岸地域（木更津市、富津市、館山市等）
4静岡県隣接地域（御殿場市、熱海市、伊東市等）
5山梨県隣接地域（上野原市、道志村、山中湖村等）

この地域の範囲は、明治の廃藩置県から明治二十六年（一八九三）の多摩三郡の東京府への編入や足柄県の設置、また藩政時代に地域内にあった六浦藩、荻野山中藩、小田原藩等、その他の天領など、歴史的な経緯を考慮した設定がなされているもので、表記方法の変更はあるものの、開館当初より変わらず継承されている。

五　資料の選定

県立図書館の資料選定に関しては、現在、「神奈川県立図書館資料収集要綱」[18]と「資料選定基準」が定められている。資料収集の基本方針や資料の種類、収集にあたっての留意事項等を定めた要綱と、資料選別のためのより具体的な拠り所を定めた基準の二本立てであり、これまでに幾度もの改訂を重ねている。[19]

地域資料の収集については昭和二十九年（一九五四）に定められた「神奈川県立図書館基本方針及集書基準」において、集書に際して特に留意すべき項目として「5．地方行政資料（全国並びに本県の地方行政資料を広く集書する）　6．郷土資料（金沢文庫との重複をさけ、主として江戸末期――開港――以後の資料を収集する）」と取り上げられた。[20]

この「方針及集書基準」は後の要綱へとつながるものであるが、同時に選定のための具体策が定められた。これについては『神奈川県立図書館所蔵郷土資料解説目録（昭和三十四年十一月三十日現在）』に詳しく記述されており、後の資料選定基準につながるものと考えられる。

　この後、文化資料館を経て平成五年（一九九三）にかながわ資料室が設置された際に、新たに地域資料選定基準が定められた(21)。この基準は若干の改訂がなされた後の平成十八年（二〇〇六）に廃止となり、図書や視聴覚資料、地域資料、逐次刊行物等それまで資料別に定められていた基準を一括した新たな資料選定基準が策定された。地域資料部分については、以後、現在までの基準には大きな変更はない。

　開館時、かながわ資料室発足時、そして現在の選定基準(22)を比較してみると、選定の変化が見えてくる。以下に表にしてみた。なお、各基準とも構成が同じではないので、筆者が読み替えて項目分けしている。

表：資料選定基準の変遷

項目	S29具体策	H5地域基準	H27基準
目標又は基本方針	1神奈川県全般を概観しうる資料 2郡（旧郡を含めて）全般を概観しうる資料 3市全般を概観しうる資料 4町村誌 5行政、産業、歴史、史蹟、事件、人物、刊行等	1神奈川県の地域的特性を活かした資料 2県民が神奈川の郷土を知り、郷土神奈川を調査研究する手がかりとなる資料 3県内の公共図書館並びにその他類縁機関の地域に関する調査質問に対応することができる資料 4既成の資料のほかに県民の研究成果あるいは創作活動の記録となる資料	共通基準 1当館の調査相談機能を十分に発揮できる資料 2県域図書館所蔵資料を補することができる資料 3永く県民の知的財産となり得る資料価値の高い資料 4神奈川県についての理解を深めることができる資料 5男女共同参画社会の形成と推進についての理解を深めることができる資料 6当館の広報活動を援助する資料

資料の種類形態	区分又は分野	選定の重点
1主として紙を材料とした図書記録資料 印刷されたもの、書写された記録、画かれた記録、写された記録 2視聴覚資料 映画フィルム、スライド(他作及び自作等)、レコード、録音テープ等	(印刷されたもの) 1郷土地域に関する歴史 2地誌(地名、地図、史蹟名勝、紀行、名物等) 3神社仏閣等に関するもの 4行政、経済、文化に関するもの 5伝説、民話、方言、慣行、年中行事に関するもの 6郷土出身者、郷土在住者、郷土在職者等の伝記 7郷土を取り扱った文芸作品 8音楽(能楽、三弦楽、唱歌等)及び演劇等に関するもの (書写された記録) 1文書(宛先のある判物、感状、証文、手形、村差出明細帳ほか) 2記録(覚書、戦記、系図、縁起、決議録、速記録、旅行記、日記等)	
1活字資料 ・図書、雑誌、新聞、パンフレット、リーフレット、ポスター、地図等 2非活字資料 ・絵葉書、写真、コピー、マイクロフィルム等	1神奈川県域の学術一般、歴史地理、人文科学、自然科学、産業、芸術、文学等に関する資料 2神奈川県と歴史的・地理的または文化的に深い繋がりがある他県隣接地域の歴史、地誌、伝記、民俗等に関する資料	*記述例(部分) 宗教――丸山教、大山信仰、相模国分寺に関する資料/中世鎌倉仏教に関する基本図書 歴史――遺跡発掘調査団の報告書/鎌倉時代、『吾妻鏡』、小田原
(要綱に記載あり) 1図書 2逐次刊行物 3視聴覚資料 4その他の資料	網羅的分野 1自治体が公刊する市町村史誌及び関連刊行物 2県の行政刊行物 3報徳教関係図書(特別コレクション) 重点的分野 1歴史・地理・民俗・自然等の郷土関係図書 2市町村の行政刊行物 3文化財及び遺跡発掘に関する調査報告書 4博物館・美術館等の展示図録 5会社史・団体史・学校史 6地域に関連の深い人物の伝記的図書 7地震・震災関係図書 8治水・利水関係図書 9地形図、住宅地図、都市地図等	

		北条氏、幕末開港に関する基本図書 政治・経済——県内各市町村に関する最新情報資料／自由民権運動、横浜事件、横浜正金銀行に関する資料（以下割愛）	
地域の範囲	郷土地域 1現行の行政区画を基準とした神奈川県の全地域 2廃藩置県から多摩三郡を東京府へ編入するまでの県域確定動揺期における地域 3藩政時代に現行の本県地域内にあった六浦藩、荻野山中藩、小田原藩等、その他の天領 準郷土地域 1現行行政区画の静岡県、山梨県、東京都の隣接地域、本県の対岸地域の千葉県 2産業、物産等で本県に密接な関連を有する地域	隣接地域（準郷土地域） 1東京都三多摩地域（明治二十六年まで旧神奈川県域） 2東京都隣接地域（世田谷区、大田区） 3千葉県房総半島の神奈川県対岸地域（木更津、君津、館山市等） 4静岡県伊豆半島（明治四〜九年まで旧足柄県域） 5静岡県隣接地域（御殿場、裾野市等） 6山梨県隣接地域（北・南都留郡）	神奈川県隣接地域（準郷土地域） 1東京都三多摩地区（町田市、八王子市、多摩市等） 2東京都南部隣接地域（世田谷区、大田区） 3千葉県房総半島対岸地域（木更津市、富津市、館山市等） 4静岡県隣接地域（御殿場市、熱海市、伊東市等） 5山梨県隣接地域（上野原市、道志村、山中湖村等）
特別文庫		1二宮尊徳および報徳教関係資料 2明治初期に横浜で刊行された和訳聖書 3幕末明治期に横浜で刊行された英語入門書 4「かながわ文学百選」初版本	（網羅的分野） 報徳教関係図書

＊平成五年基準の選定の重点項目は、学術一般、宗教、歴史、伝記、地誌、政治・経済、社会・労働、教育、自然科学、工業、商業、交通・通信、芸術、文学の十四項目

開館当初の収集対象は印刷された資料のみではなく、文書や記録、絵図など、現在ならば公文書館や博物館の資料と考えられる資料も含んでいた。まだ公文書館の設置がほとんどなされていない時代であったことから、図書館での所蔵が適当であるとの判断があったのであろう。しかし、公文書館設置後の平成五年基準では、非活字資料中に文書等の記載はなく、公文書館・博物館との収集資料の分担に留意したものになっている。

総括的な基本資料類の収集・整備に重点がおかれていた開館当初から時を経た平成五年基準では、特に「選定の重点」という項目を立て、かなり具体的な分野や事物についての関連資料の充実・強化を図っており、さらに活字資料の収集を徹底する姿勢が明確になっている。文化資料館との資料のやり取りを経て、大きく変容した蔵書内容を補強・発展させようとする意図があったのかもしれない。

現在の基準は地域資料のみのものではないため、以前の基準に比べ非常に簡素に見える。しかし過去からのつながりとして見てみると、いわゆる商業出版では補いえない地域内の自治体や団体の刊行物を網羅的に、或いは重点的に収集していくという姿勢が鮮明となっていることがわかる。

六　地域資料コレクション

現在県立図書館で所蔵している地域資料にはどんなものがあるのか。個別の図書資料を取り上げると際限がないので、主に特別資料とされているものを紹介してみたい。

①「**マリア・ルス号事件関連資料**」

明治初期に横浜港で起こったマリア・ルス号事件の関係資料。事件解決に尽力した外務卿副島種臣と神奈川県権令大江卓に対して感謝のしるしとして贈られた装飾用旗である大旆（三四九×一八八cm）二枚とその記録資料等。二枚はそれぞれ昭和三十年（一九五五）と三十四年（一九五九）に県立図書館に寄贈されたが、その後公文書館に移管され、平成二十四年（二〇一二）に再び県立図書館所蔵となった。[23]

②「**報徳関係資料**」

小田原出身の二宮尊徳と報徳思想関連の資料。図書館の開館以来収集してきた資料群で現在約一〇〇〇点を所蔵している。『二宮尊徳および報徳教関係資料目録』（一九九九年）が刊行されている。地域資料で唯一、現在でも継続されているコレクションである。[24]

③「**尾崎文庫**」

福島県出身で逗子町会議員を務めた歌人尾崎孝子氏旧蔵の短歌関係の資料約二万八〇〇〇点。昭和二十～三十年代の歌集や短歌雑誌が中心となる。県史編集室から文化資料館への移管第一号となったもので、コレクションとして引き継いだ。『文化資料館目録（尾崎文庫目録）第一、二集』が刊行されている。

④「飯田九一文庫」

横浜市出身の日本画家、俳人・俳画家の故飯田九一氏（一八九二〜一九七〇）の俳諧関係資料。図書や雑誌、軸物、短冊、色紙等をあわせて約六四〇〇点ほどである。なかでも短冊には芭蕉や其角、蕪村などの真跡を含んでおり質の高さが認められている。昭和四十八年（一九七三）から寄託されていたが、平成二十年（二〇〇八）に遺族から寄贈された。『飯田九一氏旧蔵寄託資料目録1・2』（一九九六〜一九九七年）が刊行されている。

⑤「横浜絵」

幕末から明治初期にかけて、港町横浜を舞台に製作された独特の浮世絵や絵図資料。黒船や機関車、洋館といった文明開花期のシンボルを配した風景図や外国人の風俗が題材となり、当時の様子を知るためのビジュアル資料といえる。(25) 県立図書館では所蔵資料から約九十点を「神奈川デジタルアーカイブ」に「横浜絵・開化絵の世界」「神奈川の古地図・絵図」として公開している。

⑥「横浜聖書」

明治期に横浜市内で刊行された和訳聖書と関連資料。約一〇〇点ほどの所蔵がある。中心となるのは聖書翻訳委員会による共同訳の『新約聖書』『旧約聖書』で、和綴じの形態である。横浜市内にあった三つの聖書会社（北英国、大英国、米国）が出版・販売を行った。(26)

七　資料の電子化

県立図書館が収集してきた資料は実物を手に取れるリアルな紙資料群が中心であり、それを閲覧する、貸し出す、複写する、展示するといったサービスが図書館での主要な資料提供方法である。しかし近年では、電子化された形態でインターネットを介して資料を提供するというサービスも実践されはじめている。

県立図書館においても、所蔵資料を電子化した情報を作成して公開する、さらには現物資料を持たないまま、電子データ情報そのものを収集し公開するという新たなサービス領域を開拓しはじめている。

①神奈川デジタルアーカイブ

図書館は資料を様々に利用することを前提にしている施設なので、資料の劣化や汚破損を避けることはできない。しかし県立の図書館としては収蔵資料を未来の県民にも繋いでいく役割も兼ね備えているため、資料の保存にも配慮したい。資料の電子化と一般公開はこういったジレンマの最良の解決策である。

絵図や和装本、軸物などの非活字資料を多少なりとも所蔵している県立図書館では、これらの資料の電子化に平成十七年（二〇〇五）から取り組んでいる。当初は「かながわデジタル・アーカイブ」として図書館単独の運営で、横浜絵等の電子化を試みるなどしていたが、平成二十三年（二〇一一）より公文書館との連携を開始、協定を締結のうえ「神奈川デジタルアーカイブ」を共同運営している。県立図書館コンテンツには絵図だけに限らず、自館刊行の資料も含まれており、現在、両施設併せて二十一コンテンツを図書館ホームページに公開している。[27]

なお、このアーカイブを利用した図書館グッズ（ブックカバーや絵葉書）を県立図書館ホームページで公開している。[28]

②神奈川県行政資料アーカイブ

近年、刊行物の形をとらない電子資料が増えてきている。特に県の行政資料についてはその傾向が顕著で、以前は紙資料であったものが電子資料に切り替わってきており、それ以降の紙資料が刊行されないという現状がある。

インターネットを通じて配信されるこれらの行政情報は場所や時を選ばず閲覧可能であり利便性が非常に高いが、データ保存の永続性に懸念が持たれている。ホームページ等に掲載されていても作成者の都合で削除ということにでもなれば、電子化されて以降の紙資料がない県立図書館にとっては、地域資料の大きな欠落を意味することになり、調査等の利用サービスに重大な支障がでるという課題があった。

このような危機的状況に対応するため、県立図書館では県政情報センター、公文書館と連携し、電子化された行政情報を図書館で登録・蓄積・保存したうえで一般公開するシステムを構築した。平成二十六年（二〇一四）度中にこれに関する要綱等を整備し、[29] 平成二十七年（二〇一五）度の図書館システム更新を機に運用を開始、県庁各部署からのデータ収集や登録作業を行い、同年十月から「神奈川県行政資料アーカイブ」として県立図書館ホームページで公開している。[30]

おわりに

県立図書館の六十年を振り返ってみると、その地域資料収集は途中に二十年近い空白期間がある。組織上は県立図書館の一部だったとはいえ、別の目的をもって設立された文化資料館の存在は、二度にわたる資料の移管を経て県立図書館の地域資料の蔵書構成に大きな影響を与えたに違いない。幕末・明治期の古い刊行物や絵図の存在はそのせいであろうと考えていたが、意外にも文化資料館設置前の受入印が散見され、現在との選定の違いに気付かされた。

神奈川に関する資料を多方面にわたって収集するという大きな目的は終始一貫しているものの、どういう蔵書構成にするかという点で、開館当初と平成五年（一九九三）以降は大きな変化が見られた。平成五年基準については、文化資料館からの移管資料の構成を踏まえつつ、新たに地域資料の蔵書構築をしていくためのものであったことが、具体的且つ詳細な重点項目の設定から窺うことができた。

蔵書の基礎・土台をつくり、資料を充実させてきた現在、さらなる発展が望まれている。図書館で収集する地域資料は公刊資料であるとはいえ、商業流通にのらないものが多くその地域以外では入手しにくいという特性がある。これらの資料の情報をつかみ入手していくことは、未来の利用者へ今の時代を伝えることでもある。地道な作業だが着実に、独自の視点をもって継続していきたい。

また今日では、従来の資料や情報の収集や保存、提供は当然のこととして、それらを活用し発信していくことが求められている。県立図書館においても、広く深く資料の掘り起こしを試み、前述のデジタルアーカイブ等を利用し発信するなど、地域資料の有効な活用を目指していきたい。

本稿では県立図書館の地域資料についてその概要を記そうと試みた。視聴覚資料に関する記述を省くなど全容とはならなかったが、片鱗でも伝えることができていれば、と願わずにはいられない。

注・引用・参照文献

（1）「開館式メモワール」（『神奈川文化』創刊号、神奈川県立図書館、一九五五年）三―四頁。
（2）石井敬士ほか『神奈川県の図書館』（東京堂出版、二〇〇〇年）五九―六一頁。
（3）『神奈川県立図書館・音楽堂二十年史』（神奈川県立図書館、一九七四年）一六頁。
（4）『神奈川県立図書館所蔵郷土資料解説目録　第二　昭和四十年十二月三十一日現在』（神奈川県立

図書館、一九六六年）。
（5）中村初男編『實務必携図書館用語辞典』（同學社、一九五一年）。
（6）三多摩郷土資料研究会編『地域資料入門』（日本図書館協会、一九九九年）一一―一九頁。
（7）図書館法（昭和二十五年四月三十日法律第百十八号）
第三条　図書館は、図書館奉仕のため、土地の事情及び一般公衆の希望に沿い、更に学校教育を援助し、及び家庭教育の向上に資することとなるように留意し、おおむね次に掲げる事項の実施に努めなければならない。
一　郷土資料、地方行政資料、美術品、レコード及びフィルムの収集にも十分留意して、図書、記録、視聴覚教育の資料その他必要な資料（電磁的記録（電子的方式、磁気的方式その他人の知覚によつては認識することができない方式で作られた記録をいう。）を含む。以下「図書館資料」という。）を収集し、一般公衆の利用に供すること。
（以下略）
（8）『これからの図書館像』（文部科学省、二〇〇六年）一九―二〇頁。
（9）明治四十三年（一九一〇）二月には文部省訓令「図書館ノ施設ニ関スル訓令」が発令され、注意事項として「又其ノ所在地方ニ関スル図書記録類竝其ノ地方人士ノ著述ヲ蒐集スルコト最肝要ナリトス」と地域資料の収集を定めている。
（10）『神奈川県立図書館所蔵郷土資料解説目録　昭和三十四年十一月三十日現在』（神奈川県立図書館、一九六〇年）。
（11）『神奈川県立図書館・音楽堂十年史』（神奈川県立図書館・音楽堂、一九六五年）二七―二八、三三頁。
（12）『〔神奈川県立図書館〕事業概要　昭和三十年度』（神奈川県立図書館、一九五六年）八頁。
（13）『神奈川県立文化資料館の二十年』（神奈川県立文化資料館、一九九三年）二―四頁。

(14)『神奈川県立文化資料館案内パンフレット』(神奈川県立文化資料館、一九七二年)。

(15)『神奈川県立図書館・音楽堂四十年の歩み』(神奈川県立図書館・音楽堂、一九九四年)五六、六三―六六頁。

(16)『〔神奈川県立図書館〕事業概要　平成二十二年度』(神奈川県立図書館、二〇一〇年)一―三頁。

(17)『最新図書館用語大辞典』(柏書房、二〇〇四年)三一四頁。

(18)神奈川県立図書館資料収集要綱

http://www.klnet.pref.kanagawa.jp/common/youkou20150401.pdf　(二〇一五年五月二十三日参照)

(19)要綱等の歴史的変遷については、森由紀「神奈川県立図書館の「図書資料収集」を考える」(『神奈川県立図書館紀要』第一一号、神奈川県立図書館、二〇一四年)二五―六五頁、に詳しい。

(20)『神奈川県立図書館・音楽堂二十年史』(神奈川県立図書館・音楽堂、一九七四年)一六頁。

集書に際して特に留意すべき項目は六項目あり1～4については次のとおり。

1. 貿易(日本及び諸外国)
2. 産業(本県の主要産業に重点をおき、更にそれと関連する産業資料)
3. 観光・移民(日本及び諸外国)
4. 国際文化資料

(21)前掲注14、一四八頁。

(22)資料選定基準(平成二十七年四月一日施行)。

なお、『神奈川県立図書館六〇年の歩み』(神奈川県立図書館、二〇一四年)七〇―七一頁に平成二十六年度基準が掲載されているが、地域資料部分について変更はないので参考にされたい。

(23)二枚の大旆の他に所蔵している資料には以下のようなものがある。

『夜半鐘声(やはんのしょうせい)』(譚(たん)禹著、中華会館、一九八二年)、『秘魯國(ぺるーこく)マリヤルヅ舩一件』(神奈川県、一八七二年)、『白露国馬厘亜老士(ぺるーこくまりあるす)船裁判略記』(G・W・ヒール著、神奈川県、一九八四年)、『李鴻章副島種臣書簡』
http://www.klnet.pref.kanagawa.jp/digital_archives/taihai.htm （二〇一六年四月二十七日）

(24) 兼松俊介「神奈川県立図書館の「報徳思想関係資料」」（『神奈川県立図書館紀要』第一二号、神奈川県立図書館、二〇一六年）六二―八二頁。

(25) 野々上慶一『横浜絵』（創樹社美術出版、一九八三年）。

(26) 門脇清・大柴恒『門脇文庫日本語聖書翻訳史』（新教出版、一九八三年）。

(27) 神奈川デジタルアーカイブ
http://www.klnet.pref.kanagawa.jp/digital_archives/ （二〇一六年四月十五日参照）

(28) 図書館グッズ
http://www.klnet.pref.kanagawa.jp/yokohama/information/kanalibgoods.htm （二〇一五年五月二十三日参照）

(29) 『神奈川情報デジタルアーカイブ運用指針（平成二十七年四月一日施行）』（神奈川県立図書館）。

(30) これに次いで平成二十八年（二〇一六）三月には、神奈川県民が所蔵する資料のデジタル画像を収集・保存・公開する「神奈川県郷土資料アーカイブ」を公開した。今後は「神奈川デジタルアーカイブ」「神奈川県行政資料アーカイブ」と併せた包括的なコンテンツ「神奈川デジタルアーカイブ」として三種類のアーカイブの充実を図っていく予定である。

神奈川県行政資料アーカイブ
http://www.klnet.pref.kanagawa.jp/data_catalog/ （二〇一六年四月十五日参照）

神奈川県郷土資料アーカイブ
http://www.klnet.pref.kanagawa.jp/kyoudo_archives/main.htm （二〇一六年四月十五日参照）

アーカイブズと地域社会

——寒川文書館におけるレファレンスの事例から

高木秀彰

はじめに

寒川文書館は平成十八年（二〇〇六）十一月三日に開館した。寒川総合図書館との複合館で、三階までが図書館、四階の一フロアが文書館となっている。「寒川のことなら何でも調べられる」をキャッチフレーズに、地域の記録資料を収集、整理、保存し、利用に供してきた。

この一連の業務のなかで最も重きを置いているのがレファレンスである。相談にきた利用者に対し、最も適した資料を提供するサービスである。利用者の課題にいかに応えられるか、いかに満足して帰ってもらえるか。これがスタッフの腕の見せどころであり、文書館が地域社会といかにつながっているかのバロメーターであるともいえる。

本稿では、これまで当館が取り組んできたレファレンスの事例を通じて、国や都道府県とは異なる基礎的自治体のアーカイブズにおける社会貢献の可能性について考えてみたい。

一　町史編さん事業と寒川文書館

寒川町の町史編さん事業は昭和六十一年（一九八六）にスタートした。まず手がけたのは資料調査である。町内では、古文書等の悉皆調査を数年間かけて実施した。昭和四十年代の住宅地図をもとに各戸を一軒一軒訪ね、資料の有無を確認して歩いた。また、町外の資料についても、高野山、出羽三山、伊勢神宮など遠隔地の宗教者との関わりを示す資料、近世の領主関係資料、相模線や相模海軍工廠といった近現代の資料など、多岐にわたって積極的に調査、収集した。その結果、約六〇〇件、五万二〇〇〇点あまりの資料を調査・整理し、約六十五万コマにおよぶマイクロフィルムに収めた。さらに、個人蔵の写真、行政刊行物、新聞など、地域に関する記録資料を幅広く収集した。

これらを素材に、町史刊行物の編集・発行を行った。町史本編は、平成二年度から平成十四年度までの間に、十六冊刊行した。また、町史研究、調査報告書、資料所在目録、新聞記事目録などのシリーズも次々と発刊し、その総数は七十点あまりに及んだ。

これらの事業の基本的な指針となっていたのが「町史編さん基本構想」である。事業開始時に策定されたこの構想は、基本方針、刊行規模と期間、事務局体制などについて定めたものである。この中に、事業中に収集した資料について、資料館等を建設して保存・活用する旨が明記されていた。その考え方のもと、平成元年から九年間にわたって町史編さん審議会委員に、資料の保存・活用を実践している公文書館や博物館などを視察していただいた。審議会委員は、町議会や自治会、文化財保護委員会などの代表が加わっていたので、こうした方々に資料保存の現場を見てもらい、資料の保存活用の必要性を理解してもらうことができた。これが功を奏し、平成十一年八月、「町史編さん資料の保存・活用に関する要望書」が審議会から町長に提出された。

町ではこれを受けて、平成十四年度からスタートする町の総合計画「さむかわ二〇二〇プラン」に文書館の建設検討事業を盛り込んだ。ただし、当面は役場庁舎内で公文書館的機能をもった組織を暫定的に発足させ、将来的に単独の公文書館の建設をめざすというスタンスであった。

片や、同じ総合計画の中では図書館の建設が町の文化事業として最優先課題となっていた。これまではあまり十分とは言えない公民館図書室しかなかったためである。しかしせっかく建てるのであれば、何らかの施設との併設が望ましいということになり、その相手方として文書館に白羽の矢が立った。図書館と文書館とを複合館にすることで相乗効果を狙うという政策判断であった。平成十四年度には住民代表や図書館および文書館の専門家からなる検討委員会が発足し、基本構想が策定された。これに基づき平成十五年度には基本設計および実施設計が作られ、平成十六年度に着工、平成十八年六月の竣工を経て、同年十一月の開館となったのである。

二　文書館の基本理念

開館にあたり、事業を展開する指針として五つの基本理念を定めた。

①　寒川の記録資料を後世に伝える文書館
②　すべての人々が利用できる開かれた文書館
③　郷土愛と未来の創造に役立つ文書館
④　行政の説明責任を果たす文書館
⑤　みんなが足を運びたくなる文書館

このうち①は資料の保存の機能をうたっているが、②・③・④はいずれも閲覧やレファレンスサービスを念頭に置いた項目である。②は歴史的な事柄だけでなく現在の寒川の情報も取り扱うこと、③は住民の自主的な取り組みに対し資料で応援すること、④は情報公開制度と車の両輪になって町の説明責任を果たすこと、をそれぞれ意味している。なお、⑤は普及事業やボランティア活動などを通して、地域の人々が集いやすい空間をつくるという考え方である。寒川町自治基本条例にうたわれている「町民との協働」を実践する場と位置づけているが、ここに集った人たちがまた②・③・④に流れるような好循環が生まれることも期待している。

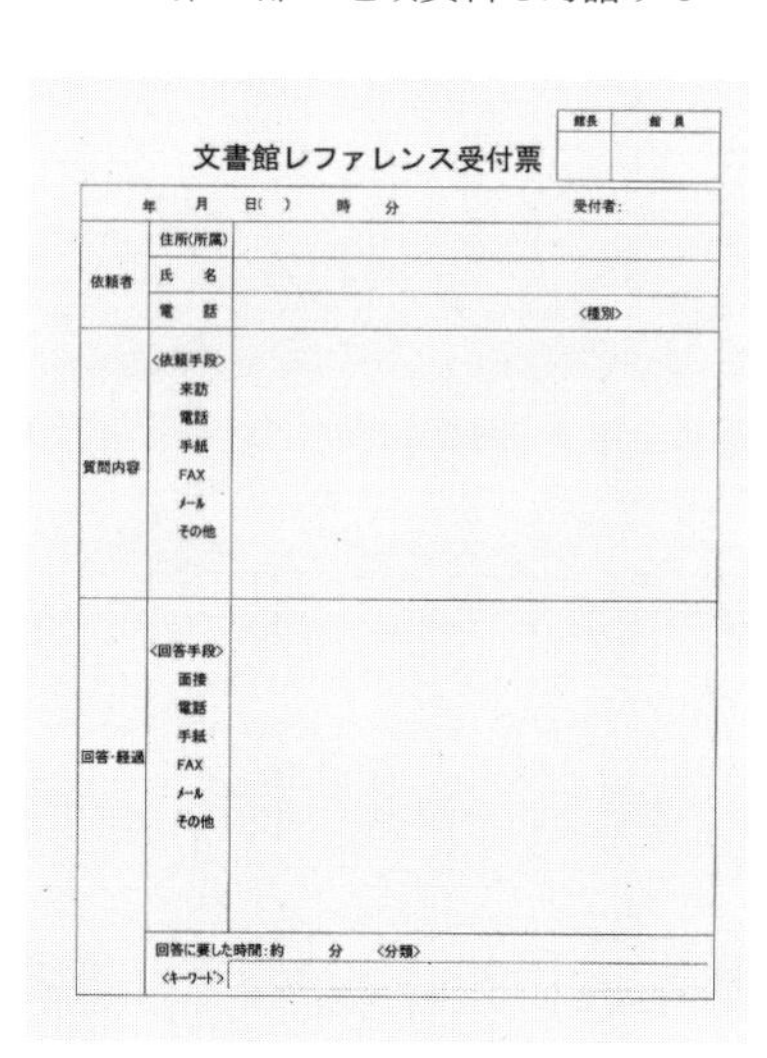

文書館レファレンス受付票

館長	館員

年　月　日（　）　時　分　受付者：

依頼者	住所（所属）	
	氏名	
	電話	〈種別〉
質問内容	〈依頼手段〉 来訪 電話 手紙 FAX メール その他	
回答・経過	〈回答手段〉 面接 電話 手紙 FAX メール その他	
	回答に要した時間：約　分　〈分類〉	
	〈キーワード〉	

図1　レファレンス記録票の書式

三　レファレンスの記録

カウンタで利用者から相談を受けると、その結果を図のような記録票に記している。データベースソフト「DBPro」で作成した書式である。日付、利用者、受付者、質問内容、回答内容、所要時間などの項目を設けており、ここに入力すればそのままデータベースに登録される。このデータはカウンタのパソコンでスタッフが閲覧できるようになっており、過去に類似の質問があったときに、どのように対応したのかを瞬時に探すことができる。

この記録を始めたのは、町史編さん事業が進行中の平成十年五月からで、以来、平成二十六年度末までで三六七四件の対応を行ってきた。このうち文書館が開館した平成十八年度以降の年度別の内訳は別紙のとおりで、累計では二八五六件に及んでいる。編さん事業を始めた当初は、刊行物の編集業務への影響を考え、レファレンスを行っている旨を積極的にPRしてこなかったが、それでも、町の情報について何らかの問い合わせをする人が少なからずあった。そこで、その期待に応えることも町の責務であると考え直し、レファレンス記録を蓄積することで、スタッフ全員が情報を共有し、さらなる対応に備えようとしたものである。

四　レファレンスの事例

このように記録したレファレンス事例の中から、特に基本理念の③「郷土愛と未来の創造」につながると思われる象徴的な事例を紹介したい。

（一）　一之宮不動堂

一之宮四丁目の県道沿いに不動堂がある。ここは旧田村通り大山道に面しており、江戸時代は大山参りをする人々が相模川を渡った田村の渡しにほど近い場所にある。堂内には十七世紀に造立され宝暦三年（一七五三）と寛政四年（一七九二）の修理銘のある木造不動明王坐像と、二躯の脇侍が安置されている。堂の前には、不動明王を彫った石造の道標や、力石が置かれているが、これらは江戸の人が寄進したものである。今日では数少ない寒川町内における大山参詣の名残である。

表1　レファレンスの対応件数（平成18〜26年）

	一般			行政		報道	合計
	町内	町外	学生	町内	町外		
平成18年度	47	80	14	57	6	6	210
平成19年度	93	93	25	74	12	12	309
平成20年度	90	97	32	60	14	1	294
平成21年度	99	106	30	79	17	9	340
平成22年度	99	89	32	72	8	6	306
平成23年度	91	104	33	79	11	13	331
平成24年度	106	90	32	69	5	11	313
平成25年度	123	88	32	77	19	5	344
平成26年度	145	123	36	91	10	4	409
累　計	893	870	266	658	102	67	2,856

図2　一之宮不動堂

この堂の維持管理は近くに住む十軒ほどの皆さんが行っている。一部老朽化してきたため修繕をすることになり、その経費を捻出のため、少し広い範囲で寄付を呼びかけることになった。その趣意書に不動堂の来歴について掲載したいので詳細を教えてほしいと、代表の方が文書館に相談に来た。

これに対し、『新編相模国風土記稿』に、相模川の対岸の田村（現平塚市）から移転してきたという伝承が載っていること、『寒川町史』11「美術工芸」に仏像や石造物の調書が載っており、特に本尊の胎内文書に修理銘があることなど、これまで町史編さん事業で明らかにしてきた情報を提供した。

これらの資料をもとに趣意書をつくり、無事に修繕することができたと、後日報告をいただいた。貴重な歴史遺産を地域の人たちが自らの手で守ろうとする動きに、レファレンスで貢献できたのは良い経験であった。

（二）浜降祭の記録

藤沢市北部在住の若者が、浜降祭のことを調べたいと訪ねてきた。事情を伺ったところ次のような話をしてくれた。自分の住む地区の氏神に神輿があり、その例祭などのおりには担いでいるが、浜降祭にも何とか参加できないものかと考えていた。浜降祭とは、毎年七月、海の日の早朝、寒川神社を中心として茅ヶ崎と寒川の三十社あまりの神輿が、茅ヶ崎市南湖の浜に集まり禊ぎをする神事で、「暁の祭典」という異名を持つ湘南随一の夏祭りである。地域の古老の話によれば、かつてはその神社も浜降祭に参加していた時期があったと聞いた。それが事実であるとすれば、新規参入ではなく復活ということで敷居も低くなるので、過去の参加した記録があれば、現在の神社総代たちを説得する材料になるのではないかと考えたのだという。

浜降祭の記録は、明治十四年（一八八一）から昭和二十六年（一九五一）までおよそ七十年のものが寒川神社に残されており、このうち昭和二十年までは『寒川町史調査報告書』で四冊にわたり活字化している。各巻の冒頭に載せた解説に、参加神社の変遷を一覧表にしているので、まずはその表で自分の神社の参加状況について確認してもらったうえで、史料の該当部分の写真版を閲覧してもらった。その結果、昭和十六年から二十年までの間に三回だけ参加していたことがわかった。

今のところ、その神社が浜降祭に復活を果たしたという事実は確認していないが、自分たちの神輿を浜降祭というハレの舞台で担ぎたいという思いを、過去の記録を証拠として利用しながら突き進めたいというこの若者の姿に、レファレンスの可能性を実感した。

（三）　ＡＯ入試への対応

鶴見大学文学部ではＡＯ（アドミッションズ・オフィス）入試を実施している。学科試験では測れない受験生の能力や学ぶ意欲を評価し入学を許可する制度である。このうち文化財学科では「郷土を調べる」、「文化財の鑑賞と解説」、「伝統に学ぶ」といったテーマのレポートを課し、その内容や口頭発表のようすを合否判定の一材料としている。この制度を使って同学科を志す高校生から、レポート執筆の相談を受けたことが何度かある。

ある年の夏、茅ヶ崎市在住の高校生が来館した。この生徒は前述の浜降祭において自分の住む地区の神社の神輿を担ぎ、その体験をレポートにするのだという。その前提として、まずは祭りの概要や歴史的経緯、寒川神社のことなどの基礎情報を得ておきたいという相談だった。これに対し、『寒川町史』9「神社」、『相模の神輿』などの関連書籍を多数閲覧してもらった。この生徒から後日、無事に合格したとの報告があり、今度は入学前の春休みに、家紋のことや世界遺産のことを調べてくるという課題が出たので、その調べ方を教えてほしいという相談にも訪れた。

寒川町在住の別の生徒は、町内の真言宗寺院・安楽寺について調べたいと相談に来た。同寺は平安時代に造立された大日如来が本尊で、中世以前は寒川神社の別当であったとの伝承を持つ。近世でも末寺十七か寺を擁する中本寺として、地域の有力寺院であった。すでに寺に訪れ、住職の話を聞いたり本尊を拝観したりしているが、文献で肉付けをしていきたいとのことであった。『寒川町史』10「寺院」、『寒川町史』11「美術工芸」などで寺や仏像の概要を読んでもらったほか、「新編相模国風土記稿」や「寒川神社志」で、かつて寒川神社の別当だったという記述を確認してもらった。

さらに藤沢市在住の別の生徒は、テーマを御所見地区の歴史にした。まず神奈川県立歴史博物館に相談に行ったところ、寒川文書館なら具体的な資料を入手できるかもしれないと紹介されたという。とりわけ近世では、中原街道と柏尾通り大山道とが交差する用田辻について調べたいとのことだったので、品川区歴史館や平塚市博物館で発行した展示図録や報告書を提供。大山道に関しては『相模大山街道』など関連する書物を閲覧してもらった。ほかに、地名辞典の使い方や、戦国時代に領有していた小田原北条氏の家臣を「北条氏所領役帳」で調べる方法などについて教えた。

このように大学入試という彼らの人生の節目に、多少なりとも手助けができたのは、貴重な体験であった。彼らが大学生になってから、あるいは社会人になってからも継続して文書館を利用してくれることを期待したい。

図3　倉見自治会への出前講座

（四）自治会への出前講座

出前講座は、おおむね十名以上で構成される町民グループの学習会等に、町職員を講師として派遣する制度である。あらかじめ用意したメニューから選んでもらう方式をとっており、平成二十七年度は十二課が二十三のメニューを設定している。このうち寒川文書館では、①「寒川の歴史百

ている。

科」、②「文書館ってなんだろう」の二つを掲げている。特に①については、自治会などから依頼がある場合、「寒川の歴史」としつつも、なるべくその地域に引きつけて話をするよう心がけている。

平成二十六年二月、倉見自治会から①のメニューで出前に来てほしいと依頼があった。事前の打ち合わせでは、古代から現代まで寒川全体の通史を話してほしいという要望であったが、その中になるべく倉見の話題を織り込むように準備をした。弥生時代は倉見才戸遺跡、戦国時代は小田原北条氏家臣で倉見を領有していた山中彦八郎、江戸時代は倉見に陣屋を構えた旗本高木清方、近代では関東大震災の記念碑や、相模鉄道倉見駅の開設、といった具合である。さらに歴代村長・町長のうち、倉見の出身者にスポットをあてるなど、身近な歴史を伝えるよう心がけた。この時の参加者は三十八名であった。

このような催しは通常のレファレンスとは異なり、個々の参加者たちが特定の課題や目的を持って臨んでくださったわけではないが、身近で具体的な話題を提供することで、自分の住む場所についてより関心や愛着を抱いていただけたのではないかと考えている。

おわりに

以上、地域の人たちが寒川文書館の資料によって問題解決しようとした事例を紹介してきた。

文書館では、資料の収集、整理、保存など基本的な業務を日常的に行っており、展示、講座、講演会などの普及事業も積極的に手がけている。さらに町史刊行物の編集・出版業務も行っているが、これらの業務はすべて、閲覧やレファレンスという利用者サービスにつなげるための手段と位置づけている。収集、整理、保存により閲覧できる資料の範囲を広げ、普及事業や刊行物の発行によって資料への興味を引き出して閲覧を促すのである。

しかし、まだまだ解決すべき課題は多い。適確なレファレンスを行うためには、目録やレファレンスツールの整備が欠かせないが、利用しやすい検索用の目録は必ずしもできているとは言いがたい。WEB上での資料検索もまだ実現できていない。国立国会図書館のレファレンス共同データベースにも一応名を連ねているが、今のところほとんど活用できていない。こうした問題を少しずつ改善していきたい。

アーカイブズは「地域の記憶装置」と呼ばれることがある。住民の生命や権利を守る砦であり、地域のアイデンティティーの守り手でもある。住民にとってこれを利用できることは権利でもあり幸せなことでもある。地域のまちづくりを担う主役は地域住民だが、アーカイブズの持つ資料はその課題解決の手助けになりうるものである。主役を支える名脇役として、今後ますますアーカイブズは社会に貢献する存在になっていくべきであろう。

地域でいきる「ネットワーク」をめざして

——神奈川資料ネットの活動から

宇野淳子

はじめに

神奈川地域資料保全ネットワーク（以下、「神奈川資料ネット」と略す）は平成二十三年（二〇一一）七月三十日に神奈川歴史資料保全ネットワークとして設立した。

神奈川資料ネットでは、現在に至るまで二度のシンポジウムを行っており、テーマにはその時々の運営委員の意識が反映されている。一周年にあたる平成二十四年（二〇一二）八月四日には「大災害から地域資料を救いだす——関東の資料保全ネットワークのとりくみ」と題し、神奈川資料ネットと同時期に関東で設立された茨城文化財・歴史資料救済・保全ネットワーク準備会（当時）（茨城史料ネット）と千葉歴史・自然資料救済ネットワーク（千葉資料救済ネット）の方をお呼びし、それぞれの活動を報告することを通して資料保全ネットワークのあり方を検討した。また、三周年にあたる平成二十六年（二〇一四）八月二日には「地域と人びとをささえる資料――文字資料から自然史資料まで」と題し、さまざまな資料を地域において守り伝えることがいかに重要かを改めて考えるため、神奈川県内に拠点を置く個人・組織の活動を報告していただいた。また、同日に組織名を現在名に改称した。

本稿では平成二十七年（二〇一五）二月十四日・十五日に神戸市で開催された『歴史資料ネットワーク設立二十周年記念　全国史料ネット研究交流集会』にて筆者が「神奈川地域資料保全ネットワーク（神奈川資料ネット）について」の題で報告した内容を基とし、神奈川資料ネットの活動を通して、資料ネットワークの意義を考察することを目的とする。なお、本稿で記す神奈川資料ネットの議論は運営委員会の内容を基にしているが、文責は筆者にある。また、本稿で引用するデータ等は平成二十七年（二〇一五）八月現在の情報である。

一　神奈川県内における資料保全活動

最初に、神奈川県における資料をとりまく環境と資料保存機関の活動を確認したい。結論的なことを先に述べると、都市化により近現代に神奈川固有の記録が作成され、それが地域資料の一部となること。資料保存機関は自然系・人文系共に多くあり、活動の蓄積があることが挙げられる。

（一）地域の特徴と資料の多様性をとらえなおす

神奈川県は約二四一六㎢の中に三十三の市町村（政令指定都市三市、十六市、十三町、一村）がある。[1]人口は約九一一万人で、その中の政令指定都市は東部の横浜市が約三七二万人、同じく東部の川崎市が一四七万人、県央部の相模原市が約七十二万人となっている。[2]

県内には幕府がおかれた鎌倉や幕末に開港した横浜、明治時代には観光地として海外にも知られていた箱根、京浜工業地帯、湘南海岸、さらに基地や御用邸もある。自治体毎に捉えられるイメージは異なり、地域の歴史・文化を伝える史資料には多様性がある。例えば、横浜はアイスクリームや石鹸の製造などが始まった地であり、横浜の産業資料でもある近現代史資料を注視する必要がある。筆者は横浜市生まれだが、郷土教育で教えられたのは横浜開港と関東大震災、そして居住地の現在の姿につながる高度成長期の大規模宅地開発であり、近現代史に比重が置かれていた。筆者が地域の特徴を学んだ資料として思い出されるのは古文書等ではなく、毎年六月二日の開港記念日前に見た横浜開港に関するビデオ（小学校教諭が手描きで作成したスケッチブックを撮影した、紙芝居風の映像と記憶している）であり、実物資料として思い出されるのは都市計画道路建設の際に発見された遺跡の脇から確認できた遺物である。前者は歴史資料ではないが、筆者にとっては地域のアイデンティティを培った基である。区内には名主文書も残されているが、「まち」単位で歴史をみると近現代に比重が置かれる。なお、横浜市の土地利用をみると、農地・山林などの自然的土地利用の面積は約八一六六haで市域面積の約一八・七%、住宅や商業系の施設などによる都市的土地利用の面積は約三万五四一三haで市域面積の約八一・三%であるという[3]。宅地開発の進行状況は地域ごとに状況は異なるとはいえ、このように都市化した地域では資料所蔵者のお宅に蔵があるとは限らない。よって、「蔵出し」による資料収集だけを想定すると残せない資料もあると考えられる。

また、神奈川県は地形的には西部は山地、中央は平野と台地、東部は丘陵と沿岸部の三つに分けられる[4]。海岸線も山地も活火山も擁しており、地域ごとに想定される災害の種類が異なることも意識すべきである。

（二）神奈川県内の資料保存機関と諸活動

神奈川県内にはさまざまな資料保存機関がある。例えば、県立の教育機関としては図書館（二館）、金沢文庫、近代美術館（一館三施設）、博物館（歴史博物館と生命の星・地球博物館の二館）があり[5]、他にも公文書館やフラワーセンター大船植物園、温泉地学研究所（安全防災局安全防災部災害対策課が主管）等が設置されている[6]。また、神奈川県博物館協会加入館園は九十七館で[7]、博物館や神社の宝物館、水族館、大学資料館、私立美術館、科学館、動物園などが加盟している。アーカイブズ機関は、神奈川県立公文書館をはじめ、川崎市公文書館、相模原市立公文書館、藤沢市文書館、寒川文書館が設置されている。また、横浜市史資料室は公文書館機能も担っている。資料保存機関は多く、設置母体や館種はそれぞれだが、各々の設置目的等によって事業を展開している。その中では来館者や資料の寄贈・寄託者といった多くの地域の人びととの関わりがあり、その積み重ねにより資料が保存され、また地域の記憶が継承されている。

また、資料保存機関自らの防災計画の策定や資料保存機関間の災害時の連携体制が構築されはじめている。資料保存機関の取り組みとしては神奈川県寒川町が挙げられる。多くの自治体では、災害対策基本法にもとづく地域防災計画の下に「災害時職員行動マニュアル」が策定され、職場ごとに職員がいざという時何をすべきかがマニュアル化されている。寒川町ではその中で、寒川文書館の職員は「公文書、古文書、写真資料など館内に保存している寒川地域に関する記録資料について被災状況を確認し、被害があれば救出、補修など、関係各機関に協力を要請しながら進める。」ことが定められている。[8] この「関係各機関」という文言は、神奈川資料ネットの存在を念頭に置いて作成したものであるという。[9] また、資料保存機関間の連携としては、神奈川県博物館協会が平成二十七年（二〇一五）度末を目途に協会としての防災計画の策定と緊急時に必要な資金をすぐに確保するための基金の設立を目指している。[10] また、神奈川県立図書館などで構成している関東地区公共図書館協議会は平成二十四年（二〇一二）三月九日に「大規模災害時における都県立図書館相互の応援に関する申合せ」[11]を決議し、初期応援の内容等を定めている。

また、資料保存機関自体が住民のニーズを把握して事業を展開している。寒川文書館では東日本大震災後の町民のレファレンスを鑑み、平成二十三年（二〇一一）六月にミニ展示「関東大震災の記録」を開催して過去の被害の様子を伝える記録資料を紹介するなどの事業を行った［高木二〇一三〕。また、大磯町郷土資料館では関東大震災から九十年になる平成二十五年（二〇一三）に行った企画展「大磯の災害――かつてこの地で起きたこと」で、関東大震災によって発生した津波は伊豆半島、三浦半島、房総半島を襲ったため、大磯は被害を受けていないこと。一方で、大磯付近の海岸は二m隆起したこと等を資料を用いて示した〔大磯町郷土資料館二〇一三〕。

このように、県内の資料保存機関内においてさまざまな取り組みがなされている。その機関・団体の諸活動を尊重し、できることを行っていくことが神奈川資料ネットには求められてゆくと考える。

二　設立の経緯と神奈川資料ネットの活動

ここでは神奈川資料ネットの活動について概観する。以下では神奈川県内の活動を記すが、二〇一五年二月現在で全国に二十二ある資料保全ネットワーク〔歴史資料ネットワーク二〇一五〕及び県内の諸機関には助言・協力をいただいている。

（一）　設立の経緯

神奈川資料ネットの設立のきっかけは、昭和五十九年（一九八四）一月に設立した神奈川地域史研究会による活動である。同会の会則第二条には、会の目的の三番目として「地域文化を支える文化財・資史料の保存」が挙げられている［有光二〇〇七ａ］。平成十八年（二〇〇六）度には総会記念シンポジウム「首都圏大地震と文化財保存を考える」を開催するなど、災害時の対応を検討していた。

平成二十三年（二〇一一）二月五日、「大災害と文化財保存を考える一」と題した例会を開催した。その前年に筆者等が神奈川県内で被災史料確認調査（幸いなことに、この時は被害がなかった）を行ったことがこの例会を開催する直接的な契機であった。例会では歴史資料ネットワークが取り組んできた水損資料保全活動について松下正和氏に報告していただき、筆者が被災史料確認調査の報告をした。また、神奈川地域史研究会代表委員の有光友學氏が「神奈川地域史研究会の今後の取り組みについて」の題で報告し、県下の資史料保存施設を対象とした保存と防災に関するアンケート調査を行う必要があると提言され、神奈川地域史研究会で今後のあり方を検討しようという結論に至った。

平成二十三年（二〇一一年）東北地方太平洋沖地震（東日本大震災）では神奈川県（東部・西部）は震度五強を観測した［内閣府二〇一一］。人的被害は死者四人・負傷者一三四人、住宅被害は半壊三十九棟、一部破損四四五棟と報告されている［内閣府二〇一二］。県内の資料保存機関等において、書架から書籍が落下する等の被害はあったが、県内の文化財等でレスキューの対象となったものはなかった。しかし、相模トラフを擁する神奈川県にとって、今後の発災は不可避であり、備えておく必要がある。そこで、平成二十三年（二〇一一）六月四日に神奈川地域史研究会の常任委員間で話し合いが持たれ、「大災害が起こる前の段階での文化財の救出・保全の手だて（ネットワーク）作り」を具体的に進めることになった〔有光二〇一二〕。有光氏がさまざまな機関等との話し合いを持ち、神奈川地域史研究会有志と神奈川大学日本常民文化研究所有志により神奈川歴史資料保全ネットワーク準備会を構成した。平成二十三年（二〇一一）七月三十日には「大災害における文化財の救出・保全を考える緊急集会」を開催し、神奈川資料ネットを設立した。

（二）　神奈川資料ネットの体制

神奈川資料ネットは運営委員七名、監査役にあたる評議員五名で構成している。メーリングリストには五十名弱の登録をいただいているが、メーリングリストは活動を知っていただく場ととらえており、登録者を構成員とみなす形にはしていない。運営委員は横浜国立大学や神奈川大学、関東学院大学など県内に拠点がある複数の大学教職員及び神奈川県図書館協会（神奈川県立図書館）や寒川文書館の職員などがなっている。事務局は横浜国立大学教育人間科学部多和田研究室に置いているが、大学教員の研究プロジェクト等からの予算支出はない。予算や人員に限りはあるが、水損資料応急処置ワークショップを行う際は神奈川大学日本常民文化研究所に協力を依頼し、刷毛などの修復道具をお借りした。また、平成二十六年（二〇一四）にシンポジウムを開催した際は関東学院大学のサテライト会場をお借りするなど、「持ち寄り型」の運営を行っている。

（三）　神奈川資料ネットの四年間

神奈川資料ネットは、早急に対処すべき被災現場を持たない「予防ネット」として設立した。そのため、被災資料の救出やクリーニング活動等を主催することは行っておらず、活動は運営委員会と主催事業が主となる。ここでは四年間の活動を簡単に振り返る。設立が七月のため、八月から翌年七月までを一年とする。

一年目は体制づくりを中心とした。最初に行った主催事業は平成二十四年（二〇一二）二月七日に開催した「被災公文書レスキュー事業見学会」だった。神奈川県立公文書館は当時、平成二十三年（二〇一一年）東北地方太平洋沖地震に伴う大津波により水損した陸前高田市役所の公文書の乾燥・クリーニング作業を館内で行っていた。その見学会である。また、同年四月十五日に第一回水損資料応急処置ワークショップを神奈川大学にて開催した。この頃、神奈川資料ネットの立ち上げに尽力し、代表を務められた有光友學氏が急逝された。運営委員はショックを受けつつも運営体制を再検討し、代表を置かずにそれぞれができることを行う「持ち寄り型」で行う現在の体制とした。

二年目は前述の一周年シンポジウム「大災害から地域資料を救いだす――関東の資料保全ネットワークのとりくみ」の開催からはじまった。このシンポジウムの開催は、平成二十四年（二〇一二）五月に茨城史料ネットが幹事となり、ふくしま史料ネット、宮城資料ネット、千葉資料救済ネット、神奈川資料ネットが連帯して行った、福島県いわき市勿来でのレスキューに運営委員三名が参加したことがテーマ決定に大きな影響をもたらした。また、大磯町郷土資料館から平成二十五年（二〇一三）三月九日から五月十二日まで開催された企画展『大磯の災害――かつてこの地で起きたこと』の関連企画の共催の話をいただき、パネル展示「災害から地域資料を守る――全国・県内でのとりくみ」のパネルを制作した。

三年目に入った平成二十五年（二〇一三）九月八日、寒川文書館との共催で第二回水損資料応急処置ワークショップ「資料保存ワークショップ『水損資料等の応急措置を学ぶ』」を寒川町民センターにて開催した。筆者は当日参加できなかったが、寒川町内で残されてきた襖の下貼り文書を寒川町民の方が剥がし、関東大震災直後の書類等が見出されたこと。その内容に関わる現在の御当主のお話しに関心を持って聞いてもらう場が持てたことは運営委員に強い印象を与えた［多和田二〇一四・二〇一五］。

このような活動を重ねていく中で、運営委員会では神奈川資料ネットの役割を考えつづけ、組織名を改称すべきとの結論に至った。詳細は別節で述べるが、四年目に入った平成二十六年（二〇一四）八月に開催したシンポジウムのテーマ「地域と人びとをささえる資料――文字資料から自然史資料まで」は、神奈川資料ネットが関わっていきたい資料の範囲を示している。

三　「地域と人びとをささえる資料」を保全するネットワークへ

「歴史資料保全ネット」から「地域資料保全ネット」への改称は、活動により確認した自分たちの意思を言葉で捉えなおすことであった。ここでは、どのようなネットワークをめざしているのかについて述べたい。

（一）保全すべき資料は何かを問い続ける

平成二十三年（二〇一一）七月三十日に行った設立シンポジウムの意見交換の際、「全く場違いなところに来たと考えています」とのご発言があったことが今でも強く印象に残っている。仏像の修復に携わる方のご発言だった。準備会のメンバーの多くが歴史学を専攻しているため、どうしても古文書等のイメージが先行する話になってしまうが、民具や公文書、仏像、絵画、写真等さまざまなものを見据えていく必要は認識しており、多くの方のご教示を得て、連携させていただきたいとお答えしたが、伝わる説明になっていたとは言い難いと今も感じている。

「資料（史料）レスキュー」の対象は古文書や書籍、公文書、絵画、民具、写真、ビデオテープ、標本資料など多岐にわたる。平成二十三年（二〇一一年）東北地方太平洋沖地震とそれに伴う大津波による被災資料への対応のうち、神奈川県内で実施されたものを管見の限り挙げると、神奈川県立公文書館は被災公文書のクリーニング作業を、真鶴町立遠藤貝類博物館は貝類標本の洗浄・ラベルの書きなおしを、富士フイルム神奈川工場足柄サイトでは被災写真の洗浄を行っている。阪神・淡路大震災以降、さまざまな種類の資料がレスキューされていることを知っていたため、そのことが前提となり「歴史資料」の語に全てを代弁させようとしていたのかもしれない。(12)

資料の多様性と共に、阪神・淡路大震災後に指摘された「歴史資料への認識やその価値基準の置き方をめぐり、研究者と市民との間には、大きなズレが見られる」〔坂江一九九七〕ことも意識していた。よって、人びとの身の回りにある生活記録等も資料となることを伝えるようにした。平成二十五年（二〇一三）に開催したパネル展示「災害から地域資料を守る――全国・県内でのとりくみ」では、後世に伝えていきたい資料の例として「家族の大切なアルバム」「懐かしい録音テープや八ミリフィルム」「いただいた手紙類」「日常を記録した手帳や日記」を挙げ、対象となるのは指定文化財だけではなく、資料（史料）ネットがレスキュー対象を示す表現を用いれば、「どこにでもあるけれども、ここにしかないもの」を含むことを自然に理解してもらえるようにした。

（二）　地域と人びとをささえる資料

平成二十六年（二〇一四）八月二日に「神奈川歴史資料保全ネットワーク」から「神奈川地域資料保全ネットワーク」へと改称した際の趣旨文を挙げる。

神奈川県内には、昔から文字資料や絵画資料、美術品、伝承、地名、自然史資料など、さまざまな資料が伝えられてきました。こうした資料は現在でも社会の営みに伴って日々作られ続け、またあらたに自然環境のなかから発見されていますが、同時に生活様式の変化や災害などによって、急激に失われ続けてもいます。しかし、これらは**歴史学・自然科学などの学術研究に役立つだけでなく、何よりも地域に暮らすすべての人びとの生存や生活と深く関わっており、**人びとが現在から未来にわたって、よりよい生活のありかたを主体的に創造していくうえで、かけがえのない価値を持つはずです。**資料はまさに地域と人びとを支えるものなのです。**

設立当初から意識していた、さまざまな資料の保全に携わるという意識を明確にしたと共に、資料は地域と人びとをささえるものであるという三年間の活動により導き出した結論を示した。奥村弘氏が「地域社会の中で活用し、次の世代へと引き継いでいく人々の姿が、素材である歴史資料と連関して捉えられ、地域社会の中で通念化していくもの」とした「地域歴史遺産」〔奥村二〇一二〕と意味するところは変わらないが、私たちは「地域資料」の語にその意味を込めた。

（三）　地域でいきる「ネットワーク」をめざして

神奈川資料ネットの中で議論を重ねていくうちに変化したことがほかにもある。それは平時のつながりの中で災害が起き、復旧のための活動を経て再び平時のつながりの中に戻るというタイムラインが、議論を重ねた中で想定されたことである。発災も地域の時間の流れの中の一つの出来事であり、地域資料を残せるか否かに比重が置かれてきている。

平成二十四年（二〇一二）に記し、翌年刊行された報告の中で筆者は「神奈川資料ネットのメンバーは私自身も含め、自然災害時に資料をレスキュー（救出・保全）することへの意識が強い。」と記した［宇野二〇一三］。自然災害への対応の必要性は今も感じており、運営委員会の一部の時間を使って、県内の自治体が作成したハザードマップを確認し、地理的条件を把握すること等は行っている。しかし、運営委員が関わることのできる地域資料の保全現場は数が限られる。そもそも地域資料は何かの研究領域に資するために存在するのではなく、運営委員も含めた一人ひとりの日々の生活の中で資料は作成され、保存され、時には廃棄されていく。多くの人に生活をささえる資料を守り・伝えることを知ってもらう機会を作っていくことが必要ではないか、と運営委員会の中で検討を重ねていった結果、このようなタイムラインが想定された。

このことは神奈川資料ネットが資料保全活動を行う際に拠って立つところを結果的にではあるが変えたと、筆者は考える。阪神・淡路大震災及び平成二十三年（二〇一一年）東北地方太平洋沖地震の際に文化庁主導で設置された「被災文化財等救援事業（文化財レスキュー事業）」は時限付きのものである。東北地方太平洋沖地震被災文化財等救援事業は平成二十三年（二〇一一）四月一日から平成二十五年（二〇一三）三月三十一日まで実施され、文化財等の一時的な避難・応急処置を行い、終了した。(13) 全国の資料(史料)ネットは資料レスキュー後、その資料の目録作成などに携わる場合もあるが、対応自体のフェーズは緊急時対応から変わっているだろう。そのように被災資料の保全活動は時限的に設定され、初期に行う緊急対応の後は資料が培われた地域ないしは個人に資料の保存が委ねられるのが一般的である。よって、神奈川資料ネットが活動をしていく中で想定したタイムラインは災害対応に拠って立つのではなく、地域における恒常的な資料保全活動に拠って立つことになるだろう。「地域資料」の意味するところを深め、日常的に地域資料保全活動に携わるには神奈川資料ネットはささやかな組織であり、実際にできることは限られている。しかし、「ネットワーク」は「人と人をつなぐ」ということであり、その役割を軸としてできる活動を確実に行うのが最善ではないかと考えている。

被災資料の救済に特化したネットワークでも、地域史研究会でもないあり方。そのあり方を活動実績として示すことはまだできていない。現在、運営委員の中で議論していることは「さまざまな立場の人が集う『場』づくり」である。

有光友學氏は、平成十八年(二〇〇六)度神奈川地域史研究会総会シンポジウム「首都圏大地震と文化財保存を考える」の閉会の辞で次のように述べている[有光二〇〇七b]

私は、決してこの救出や保全を皆が同じようにやればいいというものではなく、それぞれの部署がその部署として行うべき役割を十分考えていただき、分担していく必要があると思っております。しかしながら、お互いに連携をとらなければ、とても大地震には対処できないのであって、その連携のためにネットワーク作りが重要であり、今後是非ともそれを進めて行きたいと考えております。

災害時に資料の所蔵者情報やスペースの確保を自治体に求める声もあるが、所蔵者情報は個人情報・財産情報であり、その取扱いには慎重を期する。また、スペースの提供も防犯上等の理由により容易ではないのが実際だ。そもそも、民間所在資料への公金の投入にはさまざまな意見があろう。そのようなことを全てクリアして支援せよというのは無理である。ただ、自治体立を含む資料保存機関（主管課等を含む）との協議の後、資料保存機関内で行われる作業の一部を手伝うことは可能かもしれない。よって、自治体立の資料保存機関等が日々の業務の中で培っている、来館者・資料所蔵者との関係及び民間所在資料を含む災害時の対応などの中で連携できる場面があった時に委ねていただけるような信頼を持ち続ける組織として存在すること。多くの地域資料が保全される一助を恒常的に担えるような組織となることが神奈川資料ネットに求められることであり、それがかなった時、資料ネットは連携対象として意義を持つのではないかと考える。そのような実績を積むことで、たとえ自治体に間に立っていただき、実質的には資料ネットがレスキューを行うことがあっても、所蔵者に不安を与えずに済むだろう。有光氏が指摘する「分担」も可能になろう。そのためにはネットワークづくりと共に、神奈川資料ネットの運営委員の間で災害時の行動についてのシミュレーションや被災資料の応急処置を習得するといった、基本的な技術・知識の習得をさらに行うことも同時に行っていくべきであると考えている。

おわりに

平成二十五年（二〇一三）度シンポジウムで報告をしてくださった「かまくら女性史の会」の横松佐智子会長が討論の中で「地域の資料は生まれるものであり引き出すもの」と仰ったことが印象深く残っている。「史料はあるものではなく、なるもの」という話は、資料（史料）ネット関連の話の中で聞くことばではあるが、一市民として資料と向き合った横松氏がそのことを導き出した意義は大きいと考える。神奈川資料ネットの一員として地域資料を守り・伝えることを考えている運営委員も、日々の生活で見ている神奈川の姿はさまざまである。個人の体験はささやかなものであっても、それらを集積していくことが今を伝えることにつながっていくだろう。

シンポジウムの閉会の辞の中で高木運営委員が「神奈川の資料は神奈川県民みんなで守る。そんな気持ちでこれからも活動を進めて参りたい」とあいさつした。神奈川資料ネットは、地域と人びとをささえる資料（地域資料）を次世代へつなぐ一助を担い、地域でいきる（生きる・活きる）ネットワークとしてあり続けたいと考えている。

末筆となりますが、この四年間助言・協力をしてくださったみなさまに感謝すると共に、今後もご指導いただけますようお願い申し上げます。

注

（1）神奈川県「神奈川県の位置・地勢・人口・気象」（http://www.pref.kanagawa.jp/cnt/f530001/p780101.html）（最終確認：二〇一五年八月十三日（最終確認日は以下同じ））。

（2）神奈川県「神奈川県人口統計調査結果　平成二十七年七月一日現在」（http://www.pref.kanagawa.jp/cnt/f10748/）。

（3）横浜市建築局企画部都市計画課『横浜市　土地利用のあらまし：平成二十一・二十二年度横浜市都市計画基礎調査（土地利用現況・建物現況）』（http://www.city.yokohama.lg.jp/kenchiku/kikaku/cityplan/kisocho/）。

（4）前掲注1に同じ。

（5）神奈川県「県立の図書館・博物館・美術館」（http://www.pref.kanagawa.jp/cnt/f62/）。

（6）神奈川県「神奈川県機構図（平成二十七年六月一日現在）」（http://www.pref.kanagawa.jp/uploaded/life/913367_2849251_misc.pdf）。

（7）神奈川県博物館協会「神奈川県博物館協会　加入館園一覧」（http://kanagawa-kenpakukyo.server-shared.com/kamei.html）。

（8）寒川町「総務部災害応急対策活動マニュアル」（http://www.town.samukawa.kanagawa.jp/ikkrwebBrowse/material/files/group/3/soumubu4.pdf）。

（9）寒川文書館の高木秀彰氏のご教示による。

(10)　神奈川新聞「貴重な展示物どう守る　神奈川県博物館協会が防災計画」(二〇一五年二月十二日公開 (http://www.kanaloco.jp/article/71495))。
(11)　「大規模災害時における都県立図書館相互の応援に関する申合せ」は日本図書館協会のホームページにて閲覧可能 (http://www.jla.or.jp/Portals/0/data/content/shinsai/kyoutei20120309.pdf)。
(12)　「富士フイルムの写真救済プロジェクト」(http://fujifilm.jp/support/fukkoshien/about/)「被災地で写真救済の技術指導を実施。神奈川工場でも、十七万枚以上を洗浄。」との説明文が記されている。
(13)　文化庁「『文化財レスキュー事業』の発展的解消について――二年間の活動への御礼と今後の展望」(http://www.bunka.go.jp/earthquake/rescue/chokan_201304.html)。

参考文献

有光友學二〇〇七「神奈川地域史研究会の現状と問題点」(『神奈川地域史研究』第二四号)
有光友學二〇〇七「閉会の辞」(『神奈川地域史研究』第二五号)
有光友學二〇一一「神奈川歴史資料保全ネットワークの立ち上げ」(『神奈川地域史研究』第二九号)
宇野淳子二〇一三「神奈川県内の資料保全活動と神奈川資料ネットの一年」(『神奈川地域史研究』第三〇号)
大磯町郷土資料館二〇一三『大磯の災害――かつてこの地で起きたこと』
奥村弘二〇一三「地域歴史遺産という可能性――豊かな地域歴史文化の形成のために」(神戸大学大学院人文学研究科地域連携センター編『「地域歴史遺産」の可能性』岩田書院)
坂江渉一九九七「歴史研究と市民の歴史意識――被災地神戸での歴史資料の救済・保存活動を通じて」(全国歴史資料保存利用機関連絡協議会『記録と史料』第八号)
高木秀彰二〇一三「市町村アーカイブズの役割――地域のコンシェルジュをめざして」(地方史研究協議会編『地方史活動の再構築――新たな実践のかたち：地方史研究協議会　第六十三回(東京)大会

成果論集』雄山閣）
多和田雅保二〇一四「資料保存ワークショップ『水損資料等の応急措置を学ぶ』」（寒川町史編集委員会『寒川町史研究』第二六号）
多和田雅保二〇一五「地域と人びとをささえる資料――神奈川資料ネットから」（『歴史学研究』九三五号）
内閣府二〇一一『防災白書（平成二十三年版）』
内閣府二〇一二『防災白書（平成二十四年版）』
歴史資料ネットワーク二〇一五「各地の資料保全ネットワーク一覧」（『歴史資料ネットワーク設立二〇周年記念　全国史料ネット研究交流集会　予稿集』）

附記　本稿入稿後、神奈川資料ネットは組織力の強化を検討し、運営委員の互選により多和田雅保（横浜国立大学教授）が平成二十八年（二〇一六）四月より代表に就任した。

今を未来に伝えるために

——地域資料を守るとは？

林　貴史

はじめに

本稿は筆者が地域資料の保全活動や文化財レスキュー活動への参加を通して考えたこと、感じたことをまとめたものである。歴史学やアーカイブズ学、資料保存科学などとは学問的には反することも少なくないかもしれない。しかし、学問的に優れた資料保存と地域で可能な資料保存の間には大きな温度差があり、その差を埋めるためには地域という枠組みの中で何ができるかを考え、地域における資料保存を考える必要があるのではないだろうか。

先ずは筆者の考えの基盤となる「地域資料との出会い」と「資料レスキューとの関わり」を示し、そこから導き出された地域資料を未来に伝えるための地域活動、さらには地域資料ネットの活動について述べていきたい。

一　地域資料との出会い

高校では地理地学部に所属した。しかし、地理でもなく、地学でもなく、考古学を活動の中心としていた。活動日には学校の脇にある崖に行き、土器を拾った。六月のある日、顧問に呼ばれて日本史準備室に行くと考古学を専攻する教育実習生を紹介された。期末テストの終了後には実習生の紹介で発掘調査に参加した。その後の遺物整理にも参加し、土器洗い・注記・接合などを経験した。文化祭では調査した遺跡から発掘された竪穴住居の復元模型や接合して復元した土器を展示した。

高校二年の夏、地元の自治体史編さん室が主催した拓本講座に参加した。十代の参加者は二人で、翌日には夏休みのアルバイトが決まった。平日は寺院を回り、古い墓石を調査した。調査から戻ると涼しい部屋で古文書を読む大学生がいた。夜には歴史講座の手伝いにも駆り出され、日曜日には地元地方史研究会の史跡巡りに参加した。

大学に入学して古文書研究会に入った。初めての所在確認調査で縁側に山積になっている大量の古文書を見つけたが、すでに他の組織が調査をしているようだった。二度目の所在確認調査で土蔵に入った。空の長持が一つあるだけだったが、長持がガタガタ揺れるので動かしてみると一冊の検地帳が出てきた。文禄三年の検地帳であった。

大学二年の夏、家庭教師をしていた中学生の夏休みの宿題の資料をもらいに自治体史編さん室を訪ねた。古文書研究会に所属していると話すとアルバイトが決まった。授業のないときは編さん室に入り浸り、古文書の整理をしていた。長期休暇中は他大学の学生とともに所在確認調査を行った。大学の卒業と同時にアルバイトから嘱託職員となった。翌年、編さん事業を始めた隣接する自治体に臨時職員として雇用されることとなった。

大学を卒業して二年半、就職活動用の書類を準備するため休暇を取った。臨時職員として勤めている職場から電話が入り、翌日スーツで早めに出勤するように指示された。出勤すると正職員として勤務を命ずる辞令が交付された。

正職員となるとすぐ、隣町の教育委員会から古文書解読講座の講師を頼まれた。五年間続けると参加者からサークルを作りたいので、講師として継続して教えてほしいと頼まれた。多くの人が替わってしまったが、今でもサークルは続いている。

三十歳の時、自治体史編さん担当者の県協議会の専門研究委員会に参加した。個人所蔵文書の収集・整理・保存・活用がテーマであった。毎月のように集まって議論し、当初の予定を時間も紙幅も大幅にオーバーしたが、どうにか報告書をまとめることができた。

約十年の自治体史編さん室勤務が終わりを迎えた。他の部署への異動が命じられた。仕事として地域資料との関わりはなくなると思い、近隣自治体の歴史学を学んできた文化財担当者や自治体史編さん担当者とともに勉強会を立ち上げた。多くの自治体は担当者が一人だったため、職場では相談できない地域の資料に基づいた歴史学や資料学、展示など様々なことを議論した。異動した部署では古文書や地域史の知識が役立つことが少なからずあった。その代表が崩し字を読めることと合併前の自治体名で現在の自治体がわかることであった。当時残されていた戸籍には手書きで墨書のものもあったため、崩し字で書かれているものも少なくなかった。また、明治と昭和の合併により記載された自治体名から現行の自治体を調べるために時間を要していたため、他の職員から見ると筆者が文字や自治体名を言い当てることが特殊能力のように思われていた。

二　資料レスキューとの関わり

平成七年一月早朝、神戸が大地震に襲われた。しばらくすると史料レスキュー活動が始まるとの情報が入り、仲間とともにワゴン車で神戸に向かった。高槻市内に車を駐車して公共交通機関で神戸に向かった。何度かの乗り換えを経て集合場所に到着した。活動開始の初日だったので、広報活動と被害状況の把握を行った。神戸市内を移動する中で多くの倒壊した建物や避難所に集まるたくさんの人々など大きな被害を目の当たりにした。

翌日には淡路島に入り、同様に被害状況の把握と広報活動を行った。島に到着して最初に目に入ったのは、がれきの山であった。しかし、神戸市内と異なり、島内では倒壊建物や避難住民を目にすることはなかった。資料館の看板を見つけ、訪ねてみたが、休館中であった。引き返そうと道路に向かうと入口の家人が声をかけてきたので、事情を話すと資料館の館長さんであった。せっかく来たのだからと資料館を開けてくださり、地震直後の状況を話してくださった。地震で散乱した展示資料は地元の高校生が片付けてくれたとのことで、新たな展示資料へと差し替えられていた。

ある夏の日、始業のチャイムとほぼ同時に一本の電話が入った。火災による被災文書を救助したいとのことだった。地元自治体が必要な資機材・搬出先を手配し、県の支援により真空凍結乾燥を実施することとなった。近隣自治体の文化財・自治体史編さん担当者を中心に十数名が駆け付け、夕方冷凍倉庫に向かう車を見送った。

五十歳を区切りとして退職をした。一年経たずに東北地方が地震と津波に襲われた。四月下旬、釜石市役所の公文書レスキューを行うとの情報を得た。迷わず参加すると連絡し、その活動は現在も続いている。釜石市での活動の中で三陸沿岸の各自治体に伺い、公文書の被災状況を確認したが、明確な回答を得ることはできなかった。その後、陸前高田市でも公文書レスキュー活動が開始されると、自宅と岩手を月二回往復する日々を過ごすこととなった。また、福島県、茨城県、栃木県で行われた個人所蔵文書のレスキュー活動や避難所資料の保全活動にも一人のボランティアとして参加した。

現在では関東・東北豪雨で被災した常総市の公文書レスキュー活動、地元自治体の古文書整理を中心に、今まで関係した九自治体で文化財保護審議委員、文書資料審議委員、古文書解読員、史料調査員、行政文書保全指導員、古文書サークル講師、郷土史研究会副会長などの活動をしている。

三　地域資料がなぜ残されてきたのか？

ここでは、地域資料とは何か、ということを再度考えてみたい。筆者が考える地域資料とは、地域における個人や組織などが、地域において、永続的に、地域を伝えるための資料と考える。

文化財的な側面から考えると今までの資料レスキューの中では、「指定文化財」・「未指定文化財」という言葉で表現されているが、この二つの用語では地域資料のすべてを包括できないと考え、これに「非指定文化財」という用語を合わせ、地域資料と位置づけたいと考える。「指定文化財」とは国及び地方公共団体において法令に基づきすでに指定されている文化財を、「未指定文化財」とは指定されていないがすでに文化財と認識できるものを、「非指定文化財」とは現段階では文化財と認識できないが所蔵者や管理者が地域において永続的に地域を伝えるために保存したいと考えるものと位置付けたい。

ここで問題になるのが、「未指定文化財」や「非指定文化財」のうち、地域における個人や組織などが、地域において、永続的に、地域を伝えるという必要性を持たない資料の扱いである。この場合、地域を超えた個人や組織などが永続的に特定の目的のために収集し、「収集資料」として伝えていく資料と位置づけるものとする。「収集資料」も時の経過とともに地域に根付くことや文化財的価値の高まりによって再び地域資料として位置づけられると考える。

地域には様々な資料が様々な形で残されている。これらの資料は偶然残されたのではなく、地域社会の中でそれらの資料が地域や所蔵者の義務や権利の証拠として残されてきたものと考える。そこには所蔵者や地域の努力と覚悟の上に地域資料の保存と継承が成り立っていたと思われる。

地域資料を考えるときその主たるものとして取り上げられる近世文書を中心に考えてみよう。近世文書は領主によりその保存を義務付けられ、様々な権利・義務の証拠として使用されてきた。検地帳は土地台帳として耕地の権利義務を明示した文書であり、村の基本台帳であった。宗門人別帳は過去に遡ってキリスト教徒ではないことを証明するものであり、一度でもキリスト教徒となったことのあるものは子子孫孫に至るまで別の人別帳が仕立てられている例もある。年貢の減免を求める場合は過去十年間にわたる年貢割付の写しの添付を求められることがあった。また、用水や入会地、境界などの争論では過去の状況、現在に至る経緯などが有利な裁許を得る上で不可欠なものであったため、大切に保管されていたと考える。

明治になっても農業を始めとする第一次産業によって成り立つ村落は近世的な基盤の上に成り立っており、近世文書は一定の役割を持ち、近世文書を保管管理する家は地域の中心的な家としての様々な役割を果たしてきている。しかし、耕地整理や河川改修、農業構造の変化は近世的な慣行から新たな秩序へと変わることが求められ、特に高度成長期になると都市近郊地域の住宅等の開発により、農業を中心とした権利・義務関係の証拠としての近世文書の役割は希薄となっていった。そして、村の中心だった名主家の証明として、また地域の歴史を伝える史料としてその姿を変えていくこととなる。

現在の地域社会においては、地方では過疎化により、都市部では価値観の多様化により、地域コミュニティはその機能を失いつつあり、地域資料を保全するための負担は増大し、消滅の危機に瀕している。そのため、地域アイデンティティの醸成とともに新たな歴史的な価値を見出し、地域おこしによる経済的な価値を生み出すことにより地域資料の保全方法を見出そうとしているのではないだろうか。

地域資料には様々な価値が内包されており、一つの価値観によってその価値を見出すことはできないものである。地域の歴史を伝える歴史資料は時の経過とともにその数を減じ、残されたものはその史料的価値が高まり、量が限られていたためにすべてを保全対象とすることが可能であった。しかし、現代社会では大量の地域資料が生み出され、さらに歴史的価値や地域資料の多様化に伴って保全対象は拡大し、そのすべてを伝え続けることは従来の手法では不可能となっている。地域資料を保全することは、将来にわたって地域資料を保全し続けることが担保されて初めてその価値を生み出すこととなるのである。

四　私が資料レスキューに関わる理由

筆者が資料レスキューに関わる理由の一つは、何もしなければ失われる資料を未来に伝える一助になればとの思いからである。地域資料は日々作成と廃棄の中で形成されて行くものであるから地域資料が失われることも地域の歴史を示すものであるので許容すべきことであると考えている。しかし、災害によって失われる地域資料は、地域の歴史を根こそぎ奪うものであり、被災資料のレスキューは、地域資料の被災という事実とともに、地域資料を伝えてきた人々の思いを未来に伝える活動と考えている。また、今伝わる地域資料を将来の地域資料利用者に伝えることは、歴史学を学び、地域資料を利用したものの責務ではないかと考えている。

もう一つの理由は、自治体職員として勤務をしているときに、自分が関係する地域が被災地になったとき、自分自身が被災文書の保全活動に従事できるだろうかという疑念があったことである。自治体職員は災害時には日常業務に優先して被災住民への対応のための業務に就くこととなる。資料レスキューが必要となるような災害時には当然被災住民への対応が必要となり、資料保全活動に関わることは困難であろうと考え、資料レスキューを依頼できる相手とつながりを持つことが必要であると考えた。また、被災資料を速やかに安全な場所へ移動し、劣化防止の安定化処置を行うには多くの人々に協力してもらうことが必要である。

資料レスキューは、筆者にとって日常の活動への情報を得る場であり、日常の活動の確認の場ともなっている。被災場所からの搬出作業は資料搬出の、安定化処理や復旧作業は整理時のクリーニングや補修作業などのスキルの確認ができる。また、被災資料群の構成や内容には日常のフィールドとは異なることもあり、地域資料保存や時代認識などに対する新たな視点に気づかされることも少なくない。保管場所に対する安全性、書架や棚への配架、封筒や保存箱に対する考え方なども資料レスキューに参加したことによって再確認できたことにあげられよう。

五　自治体に求められること

基礎自治体である市町村では、文化財保護条例を定め、文化財保護審議委員会を設置し、自治体として長く守っていく文化財を指定している。また、埋蔵文化財包蔵地を指定して包蔵地内及び包蔵地周辺の開発に際しては、埋蔵文化財の有無を確認して埋蔵文化財が確認された場合は調査・記録を行っている。埋蔵文化財の調査に関する費用は国費や受益者負担によって賄われており、埋蔵文化財以外の文化財についても同様の措置の必要性を訴えていく必要がある。国においては市町村の古文書調査についても補助金の交付をしているケースが見受けられることから、都道府県文化財担当部局と市町村の調整が必要となると思われる。

文化財保護以外にも市町村では、年次を区切って行う自治体史の編さん事業において地域資料の調査・記録化を行うこと、博物館・資料館や図書館、公文書館等を設置して継続的に地域資料の収集・調査・記録化などを事業化していることも少なくない。しかしながら、それぞれの事業は独立して行われており、規模の大きな自治体ではそれぞれの担当の独立性が高く自治体としての地域資料に対する姿勢に一貫性があるとは言えない。一方で小さな自治体では予算や人員配置が十分とは言えず、指定文化財を中心にした事業のみで十分な取り組みがなされているとは言い難い。

自治体の運営が税によって行われている以上、住民のコンセンサスなしに負担を求めるわけにはいかず、財政担当が行う査定に基づく予算、人事担当による人員配置の範囲内で事業を実施する必要がある。しかし、どこの自治体でも予算・人員とも十分に配分されているとは言い難い。これらを拡充するには、地域資料保全の意義の啓発を積極的に行う必要があると考える。歴史講座や古文書解読講座などが多くの自治体で開催されている。しかし、歴史知識や古文書解読技術が中心の講座が多く、その根拠やテキストとなる地域資料が残されてきた意味を伝えることができているのだろうか。地域資料が残されてきたからこそ、過去を紐解くことができ、新たな発見ができる可能性があることを伝えることが、地域資料や文化財を保全する環境の充実につながるのではないだろうか。

災害時には一度に多くの地域資料が滅失の危機に陥り、すべてに地域資料を救助することが困難な場面に遭遇することがある。十分なかつ適切な技能を持った人員、豊富な資機材、十分な作業場所があればすべての地域資料を救うことができるかもしれない。しかし、被災地ではそのすべてを確保することは困難である。

筆者が関わった二万点（A４換算で五〇〇万枚）を超えるような公文書レスキューでは安定化処置を終えるまで、半年以上の月日、延べ一〇〇〇人を超える人々が作業に従事している。一〇〇〇人が数日で作業をするためにはそのための作業スペースが必要となるし、一〇〇〇人分の資機材が必要となる。限られた条件で、適切なレスキューを行うには「守るべき地域資料の選定」を行う必要がある。

地域資料の被災状況を確認する過程で被災を確認した場合、その場でレスキュー活動に入ってしまうと他の資料の被災状況の確認が後回しになってしまう。後日被災が確認され、レスキューしたが劣化が進み、滅失してしまうことや所蔵者が廃棄してしまった後ということも起こりうることである。このようなことを想定し、限られた条件下で資料レスキュー活動ができるよう計画を策定しておくことが求められる。

さらに自治体ごとに策定される地域防災計画に明文化することによって、災害時の地域資料保全のための活動を他の被災時の活動とともに行うことの裏付けとなり、予算や人員、活動場所などを確保するための根拠となると考える。

六　資料ネットに求められること

資料ネットが地域資料の保全活動を行う場合、様々なことを想定してその中で何ができるのかを考える必要がある。保全対象の規模により単独で保全できるものもあれば、自治体や他の資料ネットなどと連携しなければ保全できないものもあるであろう。特に自治体などの公共団体と連携を行う場合は、詳細な調整が必要となる。

資料ネットが地域資料の保全活動を行う場合、活動の主体を明確にすることが求められる。自治体はすべての事業は「予算の範囲以内で」という条件が付けられる。保全対象が多くある場合、予算の範囲を超えた部分については、予算の裏付けができるまでは行うことはできない。また、予算の認定は議会の議決を要するものであるので、議会で否決・修正された場合も同様である。そのため、自治体と協力して地域保全活動を行う場合、自治体と資料ネットの役割分担を事前に協議する必要があると考える。

地域活動の基礎を担うのは良くも悪くも基礎自治体である市町村であろう。しかし、市町村は表面的には同じように見えてもその内実は大きく異なる。特に資料ネットの活動に対応する部署は文化財担当や自治体史編さん担当、博物館・資料館、文書館、図書館など市町村ごとに異なると言っても過言ではないだろう。公文書がレスキュー対処になれば文書担当となることさえある。また、これらの担当が複数ある場合はそれぞれが縄張り意識を持ち、それぞれ独自の事業を行っていることさえある。被災時にいきなり尋ねても門前払いやあいまいな回答で活動を行うこととなり、適切な協議はできないであろう。

協議に当たっては、資料ネットとしてどのような活動が可能であるかを示す必要があると考える。レスキュー対象となる地域資料の範囲や被災資料の有無の確認、資料の移動、安定化処理、復旧作業などに対する負担の分担、情報提供が考えられる。

活動に対する負担の協議では、活動参加者の確保、被災資料の搬出場所の提供、資機材の調達などの活動により発生する費用負担の分担が大きな課題となるであろう。また、情報提供については、自治体から地域資料所在情報の提供を受けるだけではなく、資料レスキューに関する情報を提供することが必要となる。特に活動メンバーの専門性の情報提供は資料ネットの信頼性を高めることにつながるものと思われる。災害時だけではなく、普段の自治体との連携活動が災害時の活動をより良きものへと導くカギとなるのではないだろうか。

七　災害に備える資料保全活動とは

地域資料をまもるためには、「地域資料の把握」をすることが欠かせない。所在情報を収集して資料台帳を整備することから地域資料の保全が始まるといえよう。資料の所在情報は活動の積み重ねの上で集積できるものである。さまざまな地域資料の把握は一朝一夕でできるものではない。

筆者が関わった自治体では、江戸時代の村ごとに文化財調査員を置いて地域資料調査を行っていた。古文書や石塔、屋号、地名由来、昔話など、毎年調査員自身がテーマを決めて実施していた。また、社寺総合調査と称して神社や寺院の文化財を網羅的に調査していた。自治体史編さんが始まると、文化財で実施した調査で未調査の地域を中心に、毎年テーマを設定して遺跡分布や耕作等で集められた所蔵遺物、記念碑や供養塔などの金石文、高度成長期ごろまでの写真、戦争に関する資料などの調査を行うと同時に、随時古文書の所在確認調査や民俗学的な聞き取り調査を実施していた。資料調査によって得られた情報は、資料カードを作成し、必要性に応じて目録化、写真撮影、複製の作成などを実施した。

資料の所在情報は活動の積み重ねの上で集積できるものであり、災害時にはこれらの情報を利用して、地域資料の被災状況を確認することができる。地域にとって優先順位の高い資料から保全活動を実施することも可能であろう。地域にとって欠くことのできないもの、情報を伝えることで保全に替えるもの、資料の存在のみを伝えればよいものなどを分類し、災害や保全活動の規模に応じてさらに優先順位を細分化していくことが必要となる。

災害から地域資料を守るには、安全な場所で保存することが欠かせない。しかし、災害はいつ、どこで、どのような形で起こるかは誰にもわからない。また、地域に保存されていることによって生まれる資料の価値も大きなものである。安全だからと安易に移動するのではなく、現在の保存場所の中で被災リスクを軽減する方策をとり、被災しても最低限の被害で済むための保存を心がけることが肝要である。

地域資料保全活動を行うには、人の存在が不可欠である。所蔵者には被災しても資料を廃棄しないよう依頼して理解してもらわなければ、保全の機会さえ失われてしまう。また、活動にかかわる人は多ければ多いほど、多くの地域資料を滅失の危機から救うことが可能となる。資料取扱いの基本や資料の重要性を啓蒙し、多くの理解者を得ることは地域資料を守るうえで最も大事なことであるといえよう。そのうえで災害に備え、被災時の行動計画を策定し、組織化することにより地域資料が守られると考える。

八　被災資料を滅失の危機から救う

どんなに災害に備えて活動を行っても、地域資料が被災を免れることはないであろう。災害が発生したら、地域資料の被災状況を確認し、滅失の危機を回避するために安全な場所への移動が必要となる。そして劣化防止のための安定化処理、さらには利用可能な状態への修復作業が必要となる。レスキュー対象の地域資料が今まで把握されていない資料であればその後の活用も視野に入れた活動が必要であると考える。これらの活動を行うためには、資機材、活動者、資料保管および作業場所、資金などの確保が必須となり、そのための労力は大きな負担となる。

災害の規模や種類、所蔵者・自治体の理解、資料ネットの規模など、その条件により一概に言えないが、一つの例として資料レスキューの流れを示したい。自治体提供による資料所在情報に基づき、資料ネットが資料被災情報の収集を行う。資料ネットのみの負担で資料レスキューが行える場合は、継続して活動して資料を保全する。資料ネット単独では活動を継続できない場合は自治体との協議を行い、文化財防災ネットワークへの支援要請、予算措置、作業場所等の確保など、その後の活動の流れを調整する。資料ネットは任意の組織であり、永続的に資料を保存していくことを担保できない。資料ネットの活動を意義あるものとするには自治体との連携は不可欠なものだと思われる。

まとめにかえて

被災資料はその状況によって大きく異なる。東日本大震災で被災した資料に行った安定化処置は、関東・東北豪雨で被災した資料では同じ効果を得られなかった。災害現場は千差万別である。様々な経験と積み重ね、あらゆる資料に対応できるスキルを身に着けるための活動は終わりがない。地域資料も未来に伝えることは終わりがないことである。

昨年末、東京都内の幼稚園の文書のレスキュー活動に参加した。現在も運営している幼稚園である。「子どもたちの記録を失いたくない」と幼稚園の先生方からの依頼である。

新年度になると新たな試みの古文書講座が始まる。埼玉のとある自治体の依頼である。年間を通して開講し、古文書を読むと同時に、地域の資料保存への理解を深め、地域資料保全の担い手を養成することを目的としている。この事業の立ち上げに半年にわたって協議を行った。

本稿は地域資料の保全活動を考える材料として、筆者の活動から考えたものである。地域資料も資料ネットも同じものは二つとない。それぞれがそれぞれの活動を考える際の一助となれば幸いである。

あとがき

あとがきとして、本書刊行の意義を二点書いてみることにします。

第一に、本書には、二〇一四年八月に神奈川歴史資料保全ネットワーク（当日に神奈川地域資料保全ネットワークに改名）主催で行われたシンポジウム「地域の人びとをささえる資料――文字資料から自然史資料まで」の記録という性格もあります。当日のシンポジウム参加者は数十名という規模でした。この種の地域シンポとしては平均的な人数かと思いますが、やはり多いとはいえないでしょう。しかし、シンポジウムの持つ意味合いは参加人数の多い、少ないで決まるものではないと考えます。実際、このシンポジウムの後に横浜中華街で行った懇親会の司会を私は任されたのですが、意見交換、議論が白熱し、懇親会を終了させるきっかけをつかむのに苦労したという記憶があります。シンポジウムは開催したが、詳細な記録は刊行しないこともよくあります。しかし、このシンポジウムの熱気、さらには懇親会の活気などから、何らかの記録を作成した方がよいと、神奈川資料ネットの運営委員会も空気も進んでいったと感じています。ただし、シンポジウム開催からは二年弱という年月がたってしまいました。二年もたつと、社会状況の変化や研究の進展などにより、論点がずれてきてしまうことも起こり得ます。私はもちろんシンポジウム当日も参加していましたが、このあとがきを書くために、本書の原稿を改めて通読してみました。その結果、本書の内容は現在にも十分通用するものであると考えています。読者の方々には、シンポジウムに参加し本書も読んでみたという方や、シンポジウムには参加しなかったが本書を読んでみたという方がいらっしゃるでしょう。どちらの方々も、本書第一部でシンポジウムの内容（その発展系）を確認できますし、第二部「地域資料と対話する」では各地で実際に地域資料と何らかのかかわりを持つ方々の論考により、現在的論点がさらに深められ、また広げられているため、自分なりの考えを持ち、発展させることにつながっていくことができるようになっています。この点に本書刊行の意義の一つがあると考えます。

第二に、私は神奈川資料ネットの設立準備から関わり、現在は運営委員の一人になっていますが、それでは、大災害の際に地域資料保全に向けて何かできるのだろうかということをよく考えてしまいます。それと関連して、本書のような書籍を刊行することにどのような意義があるのかということも問われるとも思っています。このあとがきでは、その点に関して比喩的に書いてみることにします。まず、大地震や台風などの大災害が起こることは不幸なことといえます。逆に、そのような大災害が今後絶対に起こらないと確認されれば、それは幸福なことといえるでしょう。しかし、地球がこのような幸福な状態になることはありえないわけで、不幸は避けられないことであるといえます。さらに、不幸な大災害が起こった後も、それにより幸福な状態に変わるわけではなく、次なる不幸が襲ってくることも避けられないわけです。とすると、私たちは繰り返す不幸の中でうちひしがれていくしかないのでしょうか。私はそれではいけないと思っています。私たちは、不幸を幸福に変えることも、幸福につなげることもできませんが、不幸を改善することはできるはずです。そのような改善策は、不幸の事前にも事後にできるのであって、そしてとても多様なあり方があると考えます。具体的にいえば、たとえば、事前に住宅の耐震化を進めていくこともその一つでしょうし、事後には、資料ネット的関心でいえば、被災した地域資料のレスキューなどもそれに当たるでしょう。本書で焦点を当てている地域資料は、レスキューにとどまらず、全体としても右の多様なあり方の一つであると考えることができます。そして、ミクロの方向性でいけば、その地域資料はさらに多様なあり方に分かれていくことを本書の内容は示しています。マクロの方向性でいけば、大災害という側面にとどまらず、日常生活の中で人びとをささえるという側面にも、地域資料を考える対象を広げている点に本書の特色があります。また、読者の方々は「本書のAの論考の内容はよくわかるが、Bの論考の内容は自分の生活や仕事とは関わっていない世界のことだな」という感想を持った方もいらっしゃると思います。実はそれは重要で、関わっていない世界を認識する、つまり多様性を認識するということにはとても意味があると考えます。以上つまり、地域資料を通じて、さまざまな位相の多様性を所持し、認識することを示しているという点に本書の持つ意義が存在すると私は考えています。

最後に、良いとはいえない出版事情の中で本書の刊行をお引き受けいただいた勉誠出版に謝意を示します。特に、本書の出版について、企画の段階からずっとお世話になった勉誠出版の吉田祐輔氏には感謝いたします。

神奈川資料ネット運営委員　**浅野　充**

執筆者一覧

執筆者（掲載順）

田中史生（たなか・ふみお）

一九六七年生まれ。関東学院大学経済学部教授。

専門は日本古代史。

著書に『日本古代国家の民族支配と渡来人』（校倉書房、一九九七年）、『倭国と渡来人──交錯する「内」と「外」』（吉川弘文館、二〇〇五年）、『越境の古代史──倭と日本をめぐるアジアンネットワーク』（ちくま新書、二〇〇九年）、『国際交易と古代日本』（吉川弘文館、二〇一二年）、『入唐僧恵蕚と東アジア　附 恵蕚関連史料集』（勉誠出版、二〇一四年）、『国際交易の古代列島』（角川選書、二〇一六年）などがある。

多和田雅保（たわだ・まさやす）

一九七一年生まれ。横浜国立大学教育人間科学部教授・神奈川地域資料保全ネットワーク代表。

専門は日本近世史。

著書に『飯田・上飯田の歴史』上巻（共著、飯田市教育委員会、二〇一二年）、論文に「社会認識の視座と歴史教育」（『歴史科学』二〇九号、二〇一二年）、「十八世紀前半期における市町の展開」（『都市史研究』二号、二〇一五年）などがある。

大門正克（おおかど・まさかつ）

一九五三年生まれ。横浜国立大学大学院国際社会科学研究院教授。

専門は日本近現代史。

著書に『歴史への問い／現在への問い』（校倉書房、二〇〇八年）、『全集日本の歴史15　戦争と戦後を生きる』（小学館、二〇〇九年）、『Jr.日本の歴史7　国際社会と日本』小学館、二〇一一年）などがある。

横松佐智子（よこまつ・さちこ）

一九四六年生まれ。一級建築士事務所すまい設計工房主宰（一級建築士）、かまくら女性史の会会長、公益財団法人鎌倉婦人子供会館理事、鎌倉市固定資産評価審査委員会委員、大分県・豊の国木造建築賞優秀賞受賞（金谷の家と書庫）。

山本真土（やまもと・まさと）

一九八一年生まれ。真鶴町立遠藤貝類博物館学芸員。専門は海洋生物学（軟体動物）。

著書に『THE SHELL 綺麗で希少な貝類コレクション303』（真鶴町立遠藤貝類博物館、成山堂書店、二〇一五年）、論文に「文化財レスキューと博物館ネットワークの重要性」（『神奈川県博物館協会協会報』八五号、二〇一四年）などがある。

菊池知彦（きくち・ともひこ）

一九五六年生まれ。横浜国立大学大学院環境情報研究院教授。

専門は生物海洋学、海洋プランクトン学、動物分類学。

著書に『環境教育　基礎と実践』（共著、共立出版、二〇〇八年）、『海はめぐる　人と生命を支える海の科学』（共著、地人書館、二〇一二年）などがある。

多和田真理子（たわだ・まりこ）

一九七四年生まれ。相模女子大学学芸学部専任講師。

専門は日本教育史、教育学。

論文に「「学制」にもとづく小学校設立における校舎の確保――筑摩県の事例より」（『相模女子大学紀要』Vol. 77C、相模女子大学、二〇一四年）、「教育学研究における「個人情報保護」と「固有名」認識――学校所蔵資料の保存活用問題を中心に」（『子ども教育研究』八号、相模女子大学子ども教育学会、二〇一六年）などがある。

松岡弘之（まつおか・ひろゆき）

一九七六年生まれ。尼崎市立地域研究史料館（職員）。

専門は日本近現代史。

著書に『隔離の島に生きる』（ふくろう出版、二〇一一年）、論文に「ハンセン病回復者の社会復帰と宮城県本吉郡唐桑町」（荒武賢一朗編『東北からみえる近世・近現代』岩田書院、二〇一六年）、「総力戦下のハンセン病療養所」（『部落問題研究』二〇五号、部落問題研究所、二〇一三年）などがある。

窪田涼子（くぼた・りょうこ）
一九六〇年生まれ。神奈川大学日本常民文化研究所職員。
専門は日本中世史。
論文に「如法経信仰をめぐる財と村落――近江国蒲生郡を中心として」（『史苑』第七五巻第一号、立教大学史学会、二〇一五年）、「供養と契約」（『生活と文化の歴史学6　契約・誓約・盟約』（竹林舎、二〇一五年）、「寺社造営にみる禅定寺在地社会の動向」（『京郊圏の中世社会』高志書院、二〇一一年）などがある。

小田真裕（おだ・まさひろ）
一九八〇年生まれ。船橋市郷土資料館主事。
専門は日本近世史。
論文に「嘉永・安政年間の宮負定雄」（『國學院大學研究開発推進機構紀要』三、二〇一一年）、「武州二郷半領の村々と虚無僧」（『三郷市史研究　葦のみち』二四、二〇一三年）、「善光寺地震後の「奇特者」をめぐって」（渡辺尚志・福澤徹三編『藩地域の農政と学問・金融――信濃国松代藩地域の研究Ⅳ』岩田書院、二〇一四年）などがある。

平松晃一（ひらまつ・こういち）
一九八二年生まれ。神奈川新聞社編集局映像編集部（神奈川新聞アーカイブズ）。
専門はアーカイブズ学・人文地理学。
論文に「空間アーカイブズに向けて――EAD目録とPI地名辞典による試み」（『記録と史料』一九号、全国歴史資料保存利用機関連絡協議会、二〇〇九年）、「顕彰されない場所の解釈――大船捕虜収容所を事例として」（『人文地理』六四巻一号、人文地理学会、二〇一二年）などがある。

水品左千子（みずしな・さちこ）
一九五七年生まれ。神奈川県立図書館資料部長。

高木秀彰（たかき・ひであき）
一九六一年生まれ。寒川文書館館長。
専門は日本近世史。
論文に「地方公文書館と行政改革」（『歴史科学』二〇二号、大阪歴史科学協議会、二〇一〇年）、「市町村アーカイブズの役割」（『地方史活動の再構築　新たな実践のかたち』雄山閣、二〇一三年）などがある。

宇野淳子（うの・じゅんこ）

一九七五年生まれ。立教大学共生社会研究センター研究員。

専門はアーカイブズ学。

論文に「研究発表音声の資料化とアーカイブ」（『人文科学と画像資料研究：國學院大學研究開発推進機構学術資料館プロジェクト研究報告』第六集、國學院大學研究開発推進機構学術資料館、二〇一一年）、「記憶の声、記録の音——声の継承、音の保存」（『別冊Muse2015』、帝国データバンク史料館、二〇一五年）などがある。

林　貴史（はやし・たかし）

一九五九年生まれ。埼玉県白岡市文化財保護審議委員、常総市行政文書保全指導員。

専門は日本近世史。

論文に「災害時における地域史料の保存対策について」（『埼葛地域文化の研究　下津弘君・君越哲也君追悼論文集』下津弘君・塚越哲也君追悼論文集刊行委員会編、一九九六年）、「騎西郡と騎東郡について——境界としての日川」（『八潮市史研究　13』八潮市立資料館、一九九三年）、「『日川』と『山城堀』について」（『埼玉史談』第三四巻第三号、埼玉県郷土文化会、一九八七年）などがある。

浅野　充（あさの・みつる）

一九五九年生まれ。関東学院大学経済学部、日本大学経済学部・法学部非常勤講師。

専門は日本古代史。

著書に『日本古代の国家形成と都市』（校倉書房、二〇〇七年）、論文に「古代宮都の成立と展開」（歴史学研究会・日本史研究会編『日本史講座』二、東京大学出版会、二〇〇四年）、「日本古代における遷都と国家」（『日本古代の王権と東アジア』吉川弘文館、二〇一二年）などがある。

編者紹介

神奈川地域資料保全ネットワーク（神奈川資料ネット）

http://d.hatena.ne.jp/kanagawa-shiryounet/

2011年7月、神奈川県内の歴史研究者有志により「神奈川歴史資料保全ネットワーク」として設立。

2014年8月、現在の名称に改名。文書館・図書館関係者なども加わり、県内の地域資料を来るべき災害から保全して未来の地域住民に継承すべく、さまざまな活動を行っている。

代表は多和田雅保（横浜国立大学教授）。

事務局は横浜国立大学教育人間科学部多和田研究室（〒240-8501 神奈川県横浜市保土ヶ谷区常盤台79-2、電話・FAX 045（339）3434、メールアドレス tawada-masayasu-vj@ynu.ac.jp）

地域と人びとをささえる資料
――古文書からプランクトンまで

編者　神奈川地域資料保全ネットワーク
発行者　池嶋洋次
発行所　勉誠出版㈱
〒101-0051 東京都千代田区神田神保町三―一〇―二
電話　〇三―五二一五―九〇二一㈹

二〇一六年五月二十日　初版発行

印刷製本　平河工業社

ISBN978-4-585-22150-0　C1021

© 神奈川地域資料保全ネットワーク 2016, Printed in Japan

文化財学の構想

考古学、保存科学、美術史、建築史、日本史…個々の学問の枠を超え、衆知を合わせて文化財のための新たな学問「文化財学」を提唱する一冊。

三輪嘉六 編・本体二七〇〇円（＋税）

文化財学の課題
和紙文化の継承

麻紙、楮紙、檀紙、杉原紙、奉書紙、美濃紙、雁皮紙、鳥ノ子紙、間似合紙、三椏紙…日本が世界に誇る「紙の文化の伝承」を、醍醐寺の史料を中心にまなぶ。

湯山賢一 編・本体三二〇〇円（＋税）

文化財と古文書学
筆跡論

書誌学はもとより、伝来・様式・形態・機能・料紙など、古文書学の視座との連携のなかから、総合的な「筆跡」論へのあらたな道標を示す。

湯山賢一 編・本体三六〇〇円（＋税）

地域と文化財
ボランティア活動と文化財保護

文化財の保存には地域と伝統文化の在り方が深く関わっている。それにはどのようなアプローチが必要なのか。地域住民や行政による文化財保護・活用のこれからを考える。

渡邊明義 編・本体三四〇〇円（＋税）

アーカイブズと文書管理
米国型記録管理システムの形成と日本

日本が米国型を導入しつつも、どのように独自のアーカイブシステムをつくりあげてきたのか、戦後のシステム導入から現在までの、民・官・学の取り組みを追った。

坂口貴弘 著・本体六〇〇〇円（＋税）

アーカイブのつくりかた
構築と活用入門

アーカイブはどのようにつくられるのか。企画、デザイン、ツール、法律上の問題など、アーカイブ構築の際に直面する問題を整理し、クリアするための実践例を紹介。

NPO知的資源イニシアティブ 編・本体二五〇〇円（＋税）

これからのアーキビスト
デジタル時代の人材育成入門

社会制度としてのアーカイブづくりに貢献できる人材のあり方に視野を拡大。デジタル化を前提とする将来的なアーキビストのあり方を論じる。

NPO知的資源イニシアティブ 編・本体二五〇〇円（＋税）

デジタル・アーカイブとは何か
理論と実践

増え続けるデジタル・アーカイブ。何を見せればよいのか。どこを探せばよいのか。混迷の中にいる制作者・利用者のために、積み重ねた知恵と実例。

岡本真・柳与志夫 責任編集・本体二五〇〇円（＋税）

デジタル文化資源の活用
地域の記憶とアーカイブ

文化資源を保存・活用していくための、デジタル技術の具体例を紹介。求められる人材養成・財源・知的財産のありかたに対する政策を緊急提言する。

NPO知的資源イニシアティブ 編・本体二五〇〇円（＋税）

デジタル人文学のすすめ

デジタルアーカイブや電子図書館など、変化し続けるデジタル人文学の環境を、実際の現場から捉え直し、人文学の未来を考える立ち位置と思考の拠り所を提供する。

楊暁捷・小松和彦・荒木浩 編・本体二五〇〇円（＋税）

モノとヒトの新史料学
古代地中海世界と前近代メディア

モノからみる歴史学へ。言葉や図像を刻まれたメディアから地中海史を考察。実際に現地を訪れ、都市を見つめ、モノに触れ、立ち現れる歴史の様々な姿を提示する。

豊田浩志 編・本体二七〇〇円（＋税）

博物館という装置
帝国・植民地・アイデンティティ

時代毎の思想と寄り添ってきた歴史と、アイデンティティを創出する紐帯としてのあり方。双方向からのアプローチにより「博物館」という存在の意義と歴史的位置を捉え返す。

石井正己 編・本体四二〇〇円（＋税）